安田理深

正信偈講義

第二巻

法藏館

正信偈講義　第二巻

*

目次

第六章　依釈段　総讃

第七章　龍　樹　章

第八章　天親章

12、帰入功徳大宝海　201

目　次

凡例

一、本書の表記は、新漢字で統一した。

一、出典や経典については、左記のように略記、または本文中に略記の旨を示した。

『真宗聖典』（東本願寺出版部）　→　聖典

『真宗聖教全書』（大八木興文堂）　→　真聖全

『大正新脩大蔵経』（大正新脩大蔵経刊行会）　→　大正

『無量清浄平等覚経』　→　『平等覚経』

『勧一切衆生願生西方極楽世界阿弥陀仏国六時礼讃偈』　→　『往生礼讃』

一、漢文とその書き下し文を同時に引用する場合は、漢文を主にし、書き下し文を（　）に入れて併記した。

正信偈講義

第二巻

第六章　依釈段　総讃

8、印度西天之論家

印度西天之論家　中夏日域之高僧
顕大聖興世正意　明如来本誓応機

印度《いんど》・西天《さいてん》の論家《ろんげ》、中夏《ちゅうか》・日域《じちいき》の高僧《こうそう》、大聖《だいしょう》興世の正意《しょうい》を顕《あらわ》し、如来の本誓《ほんぜい》、機《き》に応ぜることを明かす。

解釈は今現在説法

ここからは、偈前の言葉で言えば、「大祖《だいそ》の解釈《げしゃく》」（『教行信証』聖典二〇三頁）によって制作されたことがはっきりわかる。これまでは「大聖《だいしょう》の真言《しんごん》」（同頁）、『仏説無量寿経』（以降、『大経』と略）の教説によって制作された。釈迦出世の正意として弥陀の本願を説かれたのである。広く本願を出世の本意として説く。本願を説くということが『大経』の教説の宗《むね》とするところであり、名号を体として、それにおいて本願を明らかにする。我われの仏道の問題、つまり一切衆生をして無上涅槃を成就せしめる無上仏道の問題が本願によって明らかにされるところに、本願を説く意義がある。名号がすべてであるということを明らかにするのが、四十八願である。仏法と言えば名号である。仏法をして仏法たらしめている原理が本願である。本願の仏法を掲げて、五濁悪時の群生海たる我らに懇切に信を勧めている。それがこれまでの言葉である。法として本願を掲げ、それに我らの信心を勧めるということである。

『大経』に依って前半が作られ、それに対して大祖の解釈、つまり三国の高僧の論釈によって後半が作られる。論釈は、大聖の真言の解釈である。『大経』とその解釈によって、そこに仏法の歴史があらわされている。南無阿弥陀仏の歴史を一貫して支えているのは選択本願である。真言が、いつでも生きてはたらいていることを証明するのが解釈である。解釈のないときは、真言は亡《ほろ》んだことになる。今現在説法という意義をあらわすのが解釈である。解釈というところに真言が歩んでいる。『大経』の教説が時代を媒介として、一歩一歩明らかになっていく。だから大祖の解釈と言っても、大聖の真言に教えられた歴史である。教えられることがなくなったときは、念仏が滅亡したときである。真言をいかに解釈しても真言の歩みであって、いかに解釈しても大聖の真言である。大聖の真言はわかった、それに続いて大祖の解釈がある、というのではなく、教えをいただいたままが解釈である。教えに解釈を付け加えたのではなく、解釈が真言の歩みである。真言と歩みとがあるわけではなく、真言の歩みである。それが解釈、だから真言にかえる。七高僧の解釈を見ると、一歩一歩それが明らかになる。新たなるものが出ているが、そういうものが生まれることによって、古いものに新しいものが付くのではなく、それによって古いものが新しいのだということが証明される。

経は教法を内容とした古典であるが、古いということだけではなく、いつでも新しい。こういうところに古典の意味がある。新しいものを見出すのを己証と言う。七高僧にはそれぞれの教学、新たなるものが生まれている。伝承と己証と言うが、二つ並べるのではなく、伝承の歩みが己証である。伝承と言っても、もとのまま伝えるというのではなく、新しく歩む。新しさのない古さという同一性に止《とど》まるなら、千年経っても同じことを言っていることになる。それはサボタージュである。一歩も歩んでいない。何も教えられなかったのである。つまり問題がなかった。それでは伝承ということすら言えない。新しく教えられる己証によって、古いものがいつまでも新しい。一歩一歩出ることによって、いつでも深く根元にかえる。反復である。

そういうところに、歴史の展開がある。出ることはかえる所以《ゆえん》である。一歩出ることは一歩深くかえることである。大聖の真言だけで大祖の解釈がないなら、亡んだのである。人間であろうが思想であろうが、本当のものには歴史が生まれる。そのものが真であれば、真なるものを呼び起こす。真なるものが単独ということはない。「去《こ》・来《らい》・現《げん》の仏、仏と仏と相念《あいねん》じたまえり」（『大経』聖典七頁）と言われる。仏は仏に連続する。仏は仏法の歴史によって成り立つ。仏法が仏法でない歴史から成り立つことはない。人間の歴史を積み重ねて、仏が出るはずがない。仏が出るのは、人間が仏法の因位であったのである。仏法の因が仏法の果になったことである。

人間でも思想でも、本当のものには必ず歴史が生まれる。歴史の生まれないものは一時的である。仏法と言っても、仏法であるということは仏法に成ることで成り立つ。そのものが何であるかは、そのものがいかなる経歴をもったかが決定する。成るということなしに有るのは幻影である。ザイン（Sein）と言うが、ヴェルデン（Werden）というものの他にはない。

成ったものによって証明される、成るが本有なのである。成ってみれば、本来成り得るものであったことが証明された。無限の可能性を歴史は証明する。仏法もこれで了《しま》いということはない。人間がいかに流転しても、人間の流転に終わりがない。流転の歴史を通じて法に終わりがないことを証明する。法には底がない。底のあるものは実在と言えない。法性深遠と言われる所以である。

本願は諸仏の称讃によって自己を成就しようとする

そういうわけで、大聖の真言に大祖の解釈がある。そこに大聖の真言の歴史が成り立っている。「正信偈」は仏法の歴史を示す。一歩一歩新しいとともに、「建立常然」（『大経』聖典二七頁）である。歴史の現成を示して、それを我われに勧めることが「正信偈」全体の意義であろう。前半を受けているのが「応信如来如実言」（「正信偈」聖典二〇四頁）であり、後半を結んで「唯可信斯高僧説」（同二〇八頁）である。権威をもって我らに勧めている。権威を示してある。やってみよ、何とかなるかも知れない、と言うのではない。権威は歴史が与えている。仏法の歴史的権威をもって我らに勧めている。個人的意味では、応や可とは言えない。「正信偈」は「行巻」に置いてあるが、それは「信巻」に

「別序」が置いてあるのに対応している。

「行巻」には、諸仏称名と大行が掲げてある。第十七願が歴史を成り立たせる。七高僧が大聖の真言をいただいて、本願にたすけられた。たすけられたことの他に解釈はない。人間がたすけられることによって、たすけるその法の虚しくないことを証明する。たすかる人々が次々に出てきたのは我らの予定を許さないことであり、外から見て論理的に分析的に明らかにすることはできない。たすけんとする本願はそこに人を生む。七高僧は、深い歴史の魂の呼びかけに応じて生まれてきた人々であると言える。

七高僧が出られたのは偶然の現象ではない。七高僧が歴史になる、現象が歴史的になるためには総合されなければならない。現象を断片的現象たらしめない。歴史の底に大きな祈りがある。それが歴史を成り立たせるものである。その祈りを四十八願に求めるなら、第十七願である。第十七願は諸仏によって我が名をほめられんという願だが、ほめられんということは「重誓名声聞十方」(「正信偈」聖典二〇四頁)とあるように、本願そのものがはっきりしてくることである。歴史的現実の形をとることが、はっきりすることである。本願そのものは、真に歴史の内に歴史の底に流れていて、しかも歴史を超えている。それが歴史として形をとる。いかなる人にも無視できない事実となる。聞十方とは、十方諸仏に称讃せしめ、それを衆生に聞かしめんということである。いわゆる本願が歴史的現実の形をとる場合に、三宝という形をとる。本願が本願自身で自己を成就しようとせず、本願は諸仏の称讃によって自己を成就しようとする。こういうところに意味の深いものがある。

阿弥陀仏の本願が単独に自己を成就しようとするなら啓示、我われから言うと、インスピレーション（inspiration）である。本願が直接に無媒介に成就するのではなくて、諸仏を通して諸仏を媒介として自己を成就するところに歴史がある。本願が歴史となる。本当のものには、歴史が成り立つ。歴史が成り立ったとき、諸仏が称讃したときに、「本誓重願不虚」（『教行信証』聖典二九九頁）が成り立つ。本当のものには人がうなずく。他人が何と言おうと自分がわかっていればよいという孤高も大切であるが、名誉や宣伝を気にかけず、人が何と言っても自分を貫くということも、歴史があるから言えることであろう。

本当に内面的なものは外面を嫌うのではない。外面を、客観性を通さなければ、内面的なものも一時的なものに終わり、成り立たないのではないかと思う。自分の真実は自分で成就するのではなく、内面に閉じこもることでは証明されないのであって、かえって歴史がこれを証明する。人がうなずく。自己のまことには他がうなずく。内面的なものはかえって客観的なのではないか。外的なものはかえって主観的であり、内面的なものは必ずしも主観的ではない。

第十七願は願文が象徴的であるから的確に意義をつかむことは容易ではないが、仏法の歴史を成り立たせる深い本願の祈りというものであろう。「大聖の真言」の「大聖」と「大祖の解釈」の「大祖」は偶然に出たのではなく、深い本願の祈りに応えて出られたものである。前のところに「如来所以興出世」（「正信偈」聖典二〇四頁）とあったが、「大聖興世」や「龍樹大士出於世」（同二〇五頁）も興出ということである。七祖は興出されたということが、本願に立った見方である。それでないと、人間から生まれた人、世から生まれた人になってしまう。そうではなく、人間に生まれた人、世に生まれた人が七祖である。こういうことは、トランスツェンデント（transzendent）、超越的な根拠をもたないと言えない。世から出たと言えば、天才になってしまう。今でもそう思っている人がいる。そうすると、親鸞聖人も宗教的天才になるが、それでは歴史観が内在的である。そういうのは法の歴史ではない。

親鸞聖人が「正信偈」を作られる立場は、諸仏の位

仏法の歴史と頭から言うと独断になり、神学的歴史のようになるが、そうではない。仏法の歴史はもろもろの見方のうちの一つの見方に過ぎないということになると、科学的歴史観と変わらなくなってしまうが、人間の歴史はただ人間からだけでは成り立たない。人間そのものは、必ずしも人間だけには尽きない。人間を超えたものに触れて、人間が成り立つ。本願という特別の歴史観があるのではなく、歴史が本願に触れなければ成り立たない。

世界の中で我われは霞を食って生きているわけではなく、経済の支配も受ける。ある意味で我われは微々たる存在だが、その私が本願に触れた。どんな微かな私でも、本願にうなずいたということによって、私が於いてある世界を破っているような意義をもつ。蚊のようにちっぽけな私でも、本願にうなずいて本願に満足すれば、世界を破る意義をもつ。そういうところから、世界は何も世界だけで成り立つのではない。超越的なものにおいてこそ世界も成り立つと言わなければならない。

釈尊が世に出られた人間であることには違いないが、ただ人間というものではなく、人間のままが法という意味をもつ。法身の応化であろう。つまり応化身である。七祖は、七祖に遇う私、遇う私を抜きにしてはない。私に対する七祖は、教えを受ける立場からは応化である。七祖はただの人間だが、私のために世に出興された。天才なら赤の他人である。私と七祖の間には本願という関係があり、深い祈りに応えられている。遇ったのではなく、遇うことができた。人間を超えて願を総合する祈り、それが第十七願である。だから七祖も諸仏と言える。諸仏がどういう存在であったかはわかりにくいが、親鸞聖人においては第十七願の諸仏や六方恒沙の諸仏が、単なる私的な構想力で描かれただけのものではない。

「正信偈」は、諸仏称名の歴史をあらわす。ここに大聖の真言、大祖の解釈に諸仏称名の歴史が具体的に語られている。歴史は知らん顔をしているものではなく、証誠《しょうじょう》があり護念があり讃嘆がある（『愚禿鈔』聖典四二六～四二七頁）。本願が成就した徳を讃嘆し、それを通して我らに勧信する意味がある。我われに呼びかけ我われに勧めている意味がある。気がついたらやって来い、というのではない。こういうことが、応信や唯可ということである。それは、歴史の勧信の言葉である。我らに歴史が呼びかけている。歴史に遇ってもそれを忘れている我われを、歴史が呼びかえしている。

だから親鸞聖人でも、自分では言われないが、「正信偈」を作られる立場は諸仏の位であろう。その立場の親鸞聖人は、「信巻」の問答や三願転入を語っておられる場合の親鸞聖人とは違う。あの場合は告白である。しかし「正信偈」では、自ら歴史に立って「自信教人信」（「自ら信じ人を教えて信ぜしむ」〈『教行信証』聖典二四七頁〉される。本願に召された立場に立って、本願に我らを勧められる。これが「正信偈」というものである。「応信如来如実言」「唯可信斯高僧説」をもしニーチェの言葉で翻訳するなら、来たってこの歴史を見よ、ということであろう。

「正信偈」は親鸞聖人御自身の諸仏称讃の言葉、第十七願の体験である。来たってこの歴史を見よ、と言って、そこに本願を示し、我らに呼びかけてくださっている意義をもつ。高い格調をもった言葉である。「信巻」のごとき告白的な内面的な言葉と相対するものである。まったく親鸞聖人御自身が歴史の全体を担って、歴史の権威をもって我らに語られる言葉である。前半もそうであるが、後半もそうである。

七高僧が本願の歴史を代表する七人として選ばれたことは、立教開宗について重要な意義をもつ。七高僧がなくても立教開宗ができたというものではない。本願の歴史が見出されたことが、立教開宗の意義をもつ。今さら親鸞聖人が個人の意見として本願を説くのではない。「さらに親鸞《しんらん》めずらしき法をもひろめず」（『御文』聖典七六〇頁）であり、まったく私のない親鸞聖人の信仰が語られている。本願の歴史の全体が、親鸞聖人の信仰の内容である。親鸞聖人の特別な個人的主張ではない。

法然上人では、つまり浄土教の伝統では未完成である。龍樹菩薩が入らず馬鳴《めみょう》が入ったりする。源信僧都も入らない。中国でも道綽禅師は影が薄い。だから『歎異抄』第二章で、釈尊以後は善導大師で代表されている。七高僧によって『大経』の歴史が明瞭にされたのは、『教行信証』の大きな事業である。これが、親鸞聖人の仏教史観であろう。そういう内容をもって、立教開宗が成り立つ。法然上人から見れば多少影の薄い龍樹菩薩、道綽禅師、源信僧都に、みな平等の位置を見出された。平等というところに法の歴史がある。平等とはかえって違うものによってあらわされる一つであり、そういうところに歴史が見えてくる。善導大師を高く、道綽禅師を低く見るというのは個人的見方の残滓があるのではないか。個人によって個人を見るのは、歴史的見方がはっきりしないからではないかと思われる。

第七章　龍　樹　章

9、釈迦如来楞伽山

釈迦如来楞伽山　為衆告命南天竺
龍樹大士出於世　悉能摧破有無見
宣説大乗無上法　証歓喜地生安楽
顕示難行陸路苦　信楽易行水道楽
憶念弥陀仏本願　自然即時入必定
唯能常称如来号　応報大悲弘誓恩

釈迦《しゃか》如来、楞伽山《りょうがせん》にして、衆《しゅう》のために告命《ごうみょう》したまわく、南天竺《なんてんじく》に、
龍樹大士《りゅうじゅだいじ》世に出《い》でて、ことごとく、よく有無《うむ》の見を摧破《ざいは》せん。
大乗無上の法を宣説《せんぜつ》し、歓喜地《かんぎじ》を証して、安楽に生ぜん、と。
難行《なんぎょう》の陸路《ろくろ》、苦しきことを顕示《けんじ》して、易行《いぎょう》の水道、楽しきことを信楽《しんぎょう》せしむ。
弥陀仏の本願を憶念《おくねん》すれば、自然《じねん》に即《そく》の時、必定《ひつじょう》に入《い》る。
ただよく、常に如来の号《みな》を称して、大悲弘誓《ぐぜい》の恩を報ずべし、
といえり。

龍樹菩薩が初めて『大経』の歴史を開かれた

初めの六句は龍樹菩薩の行徳をたたえている。「釈迦如来楞伽山　為衆告命南天竺」（「正信偈」聖典二〇五頁）は、『楞伽経』における懸記の言葉、予言である。

懸記は未来記とも言うが、これによって龍樹菩薩という人の徳をたたえてある。後半は正《まさ》しく龍樹菩薩の御制作による『大智度論』（以降、『智度論』と略）をその中に包んで、『十住毘婆沙論』によって開顕された法門に基づいて制作されたのである。「文類偈」の方にははっきりと「『十住《じゅうじゅう》毘婆《びば》沙論《しゃろん》』を造りて」（『浄土文類聚鈔』〈以降、『略文類』と略〉聖典四一一頁）と論の名前を挙げてある。

『略文類』の方は、もっぱら「易行品」の教説によってできている。「行巻」の方を分析すれば、「顕示難行陸路苦　信楽易行水道楽　憶念弥陀仏本願　自然即時入必定」（「正信偈」聖典二〇五頁）の四句は、「易行品」によるものであり、「唯能常称如来号　応報大悲弘誓恩」（同頁）の最後の二句は『智度論』である。これは「易行品」と『智度論』というわけではなく、もとは『智度論』の言葉である。けれども、それは「易行品」の中の言葉を補う意味をもっている。「易行品」の偈文に「憶念弥陀仏本願」そのままの言葉はないが、「人よくこの仏の、無量力《むりょうりき》功徳を念ずれば、即《そく》の時に必定《ひつじょう》に入《い》る。このゆえに我《われ》常に念じたてまつる」（『教行信証』聖典一六六頁）とある。

散文には「この諸仏世尊、現在十方の清浄《しょうじょう》世界に、みな名《みな》を称し阿弥陀《あみだ》仏の本願を憶念《おくねん》することかくのごとし」（『教行信証』聖典一六五～一六六頁）という言葉があるが、散文と偈文と合わせて、散文の方からは「憶念」、偈文の方からは「入必定」をとられた。それとともに、称名の意義を「唯能常

称如来号　応報大悲弘誓恩（ただよく、常に如来の号《みな》を称して、大悲弘誓《ぐぜい》の恩を報ずべし、といえり）」と押さえられる。念仏と称名とを分けて、称名の方は後にして、『智度論』によって称名を明らかにする。『智度論』の教説は、『十住毘婆沙論』におさめて明らかにしてある。後半に、龍樹菩薩の開顕された法門について述べてある。前半は、『楞伽経』の伝説によって龍樹菩薩の行徳、人徳をたたえてある。

「正信偈」を見ると、三国七高僧の中で行徳をたたえてあるのは、七人全員ではなく龍樹菩薩と曇鸞大師に限られている。「本師曇鸞梁天子　常向鸞処菩薩礼　三蔵流支授浄教　焚焼仙経帰楽邦」（「正信偈」聖典二〇六頁）と、初めの四句をもって曇鸞大師の行徳をたたえて、後の八句は正しく曇鸞大師御制作の『無量寿経優婆提舎願生偈註』（以降、『論註』と略）によって述べてある。そのように曇鸞大師の場合は、迦才の『浄土論』に基づいて、伝説によって行徳をたたえてある。七高僧の中では特に、曇鸞大師と龍樹菩薩については、人の徳があらわされてある。法から言えば、もっぱら三経一論についてあらわし、人から言えば、龍樹菩薩と曇鸞大師の重要性をあらわしておられるのだと思う。

三経一論を明瞭にされたのは曇鸞大師であるが、それを受けて法然上人は三経一論をもって浄土宗の聖典と決定されたのである。しかし、三経と言うけれども、帰するところは『大経』であり、『大経』が根本経典である。『大経』の教説に我われが触れることのできるのは龍樹菩薩によってであり、『大経』の唯一の論である『無量寿経優婆提舎願生偈』（以降、『浄土論』と略）に我われが触れることのできるのは、曇鸞大師の『論註』によってである。

龍樹菩薩が出られても出られなくても『大経』の教説に触れることができる、というのではない。今日我われが『大経』の法門に遇うことのできるのは、龍樹菩薩が『十住毘婆沙論』において「易行品」を開顕してくださったことに基づくのである。難行に対して易行を開かれたことによって、初めて『大経』が易行の聖典になった。易行を開かれたことが、『大経』に説かれている本願を見る眼を開いてくださった。龍樹菩薩がおられなければ、たとえ『大経』があったとしても、易行の聖典になったかどうかは疑問である。大乗仏教の経典として、菩薩道を説かれた聖道の経典でもあり得たかも知れない。

『大経』は、もろもろの大乗経典の中において独自の法界をあらわしている。阿弥陀仏の本願が説かれているのは、易行道を成立せしめるという意義がある。本願の念仏こそ、正しく易行の道である。もちろん、もろもろの大乗の法門もそれぞれ一法界を明らかにしているのであるが、『大経』の一法界の独自の意義は、易行道ということにおいて初めて明らかにされたのである。そのことによって、『大経』が我が聖典、「いずれの行もおよびがたき身」（『歎異抄』聖典六二七頁）であるところの我ら凡夫のために易行道を説く聖典になる。仏道は聖道を歩むように説いてあるようだが、実は凡夫道を成就するのが仏道である。易行において初めて、我われの聖典になる。龍樹菩薩が明らかにされた易行道がなければ、『大経』が我われの聖典であるかどうかは疑問である。龍樹菩薩がおられてもおられなくても、『大経』に遇えるというものではない。龍樹菩薩が初めて『大経』の歴史を開かれた。後の『大経』の歴史の方向を決定するような、独特の歴史を開かれた。七高僧をもってあらわされる歴史を開かれたのである。龍樹菩薩がおられなければ、『大経』の歴史ができたかどうかは疑問である。また歴史があっても、その中から天親・曇鸞・善導・法然・親鸞と生まれてくるような歴史が開かれたかどうかは疑問である。

今日我われが『大経』の本願の教えに遇うことができるのは、まったく龍樹菩薩の御苦労による。龍樹菩薩が、知識人として『大経』を解釈された、というのではない。龍樹菩薩御自身の求道の御苦労によって初めて、我われが『大経』に遇うことができる。このことに親鸞聖人は、非常な感謝を表明された。これは『浄土論』の場合も同様である。龍樹菩薩の易行の眼において、『大経』の歴史が初めて方向づけられたのである。

『論註』によって初めて、『浄土論』が真宗の聖典になる

それに対して『浄土論』はどういうものか。もし龍樹菩薩がおられなければ、『大経』も菩薩道一般の経典として終わったかも知れないのと同様に、『浄土論』も曇鸞大師の『論註』がなければ菩薩道の論として終わったであろう。やはり、『浄土論』をそれ自身として見れば、天親菩薩の瑜伽の論の一つではないかと思う。天親菩薩は、龍樹菩薩と異なって瑜伽の論家である。喩伽大乗は、弥勒によって始まり、無着《むちゃく》によって継承され、天親菩薩において完成した。つまり、喩伽大乗の完成者が天親菩薩である。だから「願生偈」や五念門は、やはり止観の実践体験と言われるべきものである。止観は行としての瑜伽であり、瑜伽は『瑜伽師地論』に基づくのである。

『瑜伽師地論』を解釈したものを見ると、瑜伽については境瑜伽、行瑜伽、果瑜伽と三種類あり、その中でも、特に行だけが瑜伽という字に結びついて喩伽行と言う。だから、行ということが三瑜伽を代表するものであるかも知れない。また、境・行・果とも言われていて、五念門の止観を行瑜伽であらわしてある。『解深密経』には「分別瑜伽品」があって、そこに行瑜伽が語られていて、その内容は止観である。玄奘はそれを分別瑜伽と訳すのであるが、『浄土論』を翻訳した菩提流支は、如実修行と訳している。

『浄土論』では、五念門の作願・観察によって「実のごとく奢摩他《しゃまた》を修行せんと欲《おも》うがゆえに」「実のごとく毘婆舎那《びばしゃな》を修行せんと欲《おも》うがゆえなり」（聖典一三八頁）と、まったく行瑜伽によって統一されている。瑜伽の行は外境を観察するのではなくて、教法を止観する。くわしく言えば、教法に照らされた心、教法に教えられた心を明らかにするのが止観である。教法そのものを明らかにするというよりも、教法によって照らされた心を明らかにする。止観は、心を観ずる観心の方法である。それを行学と言う。瑜伽の『浄土論』の場合、行は止観であるが、教は『大経』である。『大経』の教と行とが、『大経』の止観である。それを二十九種荘厳功徳と言い、それによって阿耨多羅三藐三菩提を明らかにするのである。

『浄土論』の結語は、「菩薩、かくのごとく五念門の行を修して、自利利他して速やかに阿耨多羅三《あのくたらさん》藐三菩《みゃくさんぼ》提《だい》を成就したまえることを得たまえるがゆえに」（聖典一四五頁）である。『浄土論』は、たとえ無量寿経の論と言っても、瑜伽の論である。「願生偈」の帰敬序に、「我依修多羅　真実功徳相　説

願偈総持　与仏教相応」（『浄土論』聖典一三五頁）とある。瑜伽が仏教と相応する方法であり、瑜伽を相応と訳す。瑜伽の教学をもって無量寿経の教説に相応する。『浄土論』それ自身として見れば、これはそのまま瑜伽の大乗の論の一つである。もしそのようにしか見なかったならば、『浄土論』は、歴史的意義をたいしてもたずに、歴史から消えていたかも知れない。そうならずに、「願生偈」が歴史的に非常に大きな位置をもってきたのは、まったく『論註』による。『論註』によって初めて、『浄土論』が真宗の聖典になった。『論註』がなければ、そういうことはできないと思う。『唯識三十頌』に対して『成唯識論』がもった位置を、『浄土論』に対する『論註』がもっている。そこにもし曇鸞大師がおられなければ、たとえ『浄土論』があっても、瑜伽の聖典の一論に止まっているに違いない。止まるならば、歴史的意義がほとんどなかったかも知れない。

『浄土論』の教学から『教行信証』の教学が生まれてきたのは、まったく『論註』による。『論註』があればこそ、初めて『浄土論』を解くことができたのである。『論註』は単なる『浄土論』の学問的解釈ではない。学者でできる解釈ではない。信心を予想しなければ、あのような解釈は出てこない。『論註』は、非常に深い信心の体験に裏づけられている。それも一般的に言われるような体験ではなく、本願念仏の信心、別願の信心と言うような独自な信仰体験によって裏づけられているのである。

曇鸞大師は思想的系譜から言うと、瑜伽の大乗を学ばれたのではなくて、龍樹菩薩の三論（『中論』『十二門論』、その弟子提婆の『百論』）・四論（三論と『智度論』）を学ばれた。『讃阿弥陀仏偈』には、龍樹菩薩に対する帰敬の偈が詠《うた》われている。曇鸞大師は本来、龍樹菩薩の中観の大乗という立場であって、決して瑜伽の大乗に立った方ではない。だから天親菩薩の『浄土論』を解釈するのにも、龍樹菩薩の『十住毘婆沙論』によって解釈された。『論註』の巻頭に「謹《つつし》んで龍樹菩薩《りゅうじゅぼさつ》の『十住毘婆沙《じゅうじゅうびばしゃ》』を案ずるに」（『教行信証』聖典一六七頁）と掲げられているように、天親菩薩の『浄土論』の位置を、『十住毘婆沙論』「易行品」の論として確定してある。もしそういうことがなければ、龍樹菩薩と天親菩薩の間に伝統があるのかないのか、はっきりしない。曇鸞大師は龍樹菩薩の「易行品」によって、『大経』の歴史に遇われた。

曇鸞大師は、ただ学問的に三論の学派に学んだというだけではない。解学として龍樹菩薩に触れたというよりもむしろ、行学として龍樹菩薩の伝統に立たれた。龍樹菩薩の行学は、「易行品」が示している。曇鸞大師は、三論を学んでも、龍樹菩薩のあの純粋なる無所得中道の境地に触れることができず、三蔵流支によって回転《えてん》された。龍樹菩薩の般若の行学では安心が決定できなかったのではないか。それだから迷われたのであろう。曇鸞大師が信念を確立されたのは、『大経』の本願に触れられたからである。『大経』に歴史を成立せしめたのは、龍樹菩薩である。曇鸞大師は、天親菩薩の『浄土論』において初めて本願に触れられたのではない。本願に触れた立場から、『浄土論』を解釈されたのである。

三蔵流支が曇鸞大師に浄教を授けたという、その浄教の内容はわからないが、現在では『仏説観無量寿経』（以降、『観経』と略）とも言われている。いずれにしても『大経』を通して阿弥陀仏の本願に触れられたのである。『論註』は、『浄土論』を瑜伽の聖典として解釈されたというようなものではない。曇鸞大師は『大経』の一つの歴史の上に、『浄土論』を置かれた。『大経』の歴史の展開としての意義、『大経』の歩みとしての意義を、『論註』において明らかにされた。『浄土論』の歴史的意義を解釈して明らかにしたのが、『論註』である。単に天親菩薩の『瑜伽論』という個人的なものではなく、天親菩薩を超えて、本願から天親菩薩を見られた。『論註』を通してこそ、『浄土論』が『大経』の歴史の上に永遠不滅の意義をもつのである。その永遠不滅の意義を明らかにするのが『教行信証』である。

天親には曇鸞によって、善導には法然によってこそ遇うことができる

『浄土論』も、『浄土論』だけ見れば聖道自力の聖典であったかも知れない。他力回向の道ということは、『論註』を俟たなければ明らかにできなかった。『大経』は、龍樹菩薩によって易行道としての歴史が方向づけられたのであるが、さらに曇鸞大師によって、その歴史の中で、『浄土論』をその展開の歩みとしてもつことになった。『浄土論』に触れることができたのは、まったく曇鸞大師の功績による。曇鸞大師は三蔵流支に浄教を授けられ、仙経を焼き捨てたと言われている。三蔵流支に遇って、痛棒を喫し、迷いの夢を覚まされた。決して頭がよかったのではない。龍樹を学んだが、迷っておられた。その夢を覚まされたのである。曇鸞大師は、迷いを転じて道を求めてくださった。その修道の御苦労によって親鸞聖人もまた、『浄土論』に遇うことができたのである。人から言えば龍樹菩薩・曇鸞大師であるが、法門から言えば『大経』と『浄土論』である。『大経』ならびに、その論であるところの『浄土論』というような法門に今日我われが遇うことができるのも、龍樹菩薩ならびに曇鸞大師の修道の御苦労によるものである。末代の求道する者を代表して、親鸞聖人がその徳をたたえられたのである。

後に親鸞聖人は、「正信偈」に基づいて、さらに和讃を制作されている。和讃まで含めると、ただ龍樹菩薩・曇鸞大師というだけではない。最も目立つのは法然上人である。法然上人を通して善導大師に遇われた。『大経』の歴史そのものを決定しているのは龍樹菩薩であり、七高僧と言うけれども、天親・善導はその中の二大高峰であり、その天親菩薩には曇鸞大師によって遇うことができたのであり、善導大師の御精神には法然上人によって遇うことができたのである。とにかく、行徳ということがこのお二人の章においてあるのは、そういうことなのである。

三経一論ということが語られるが、曇鸞大師が『浄土論』を解釈されたのは、ただ頭がよくて解釈されたということではない。曇鸞大師は、三蔵流支に触れて仙経を焚焼された。龍樹菩薩の高い純粋な教学というものを学びつつ、なお仙経というような外道に迷われた。馬脚をあらわした。それが三蔵流支によって、その迷いを自覚せしめられたのである。「正信偈」では「焚焼仙経帰楽邦」というところで、曇鸞大師の回心が語られている。

龍樹菩薩御自身が難行から易行を開かれた

それに対して龍樹菩薩の場合、『十住毘婆沙論』は『十地経』の毘婆沙であって無量寿経の毘婆沙ではない。そういうところから、法然上人は『浄土論』を高い位置に置かれても、龍樹菩薩には高い位置を与えられなかった。しかし、「易行品」において初めて難易二行を明らかにされたのは、龍樹菩薩である。難と易は学問的分類概念ではないと思う。難と易は、横に並んでいるものではなく、縦に展開している。龍樹菩薩が御自身で易行という問題を起こし自ら答えておられるが、易行の問いそのものを「儜弱《にょうにゃく》怯劣《これつ》にして大心《だいしん》あることなし」（「易行品」）（真聖全一、二五三頁）と、叱責しておられる。無上仏道において難易を問題にするのは不真面目であると叱責しておられる。仏道というものは、いかなる世界の問題より大きい問題、言わば根元的関心たるべきものである。そういうものに対して、易行の方法を問うことを叱責されている。称讃されていない。易行道ということは、そういう意味を含むのである。曇鸞大師の他力回向という裏づけをもってくると、易行ということも、ただたやすいことではなくなる。

他力であるがゆえに易行、という意味から言えば、ナチュラル、自然に可能なるがゆえに易行である。ただし、叱責されているところから見ると、叱責されなければならないような意味があるはずである。難行に耐えられない者、弱い者の問いだから、そこには深い問題がある。龍樹菩薩の自覚の裏に、時代の背景があるのだろうと思う。龍樹菩薩が易行道を開顕されたということは、龍樹菩薩にとっての一つの回転である。難行道・易行道と言っても、自分と無関係にあるのではない。どのようにして不退を得るかということが、『十住経』という経典でも、菩薩の住するところの大地、菩薩地の問題とされている。いかにして無上仏道において不退であり得るか。易行というのは、そういう問題から出ている。無上仏道において、いかにして不退転の確証を得るか。難も易もそういう問題から生まれてきている。

龍樹菩薩にとって、不退を得るために易行を求めることは他人事ではない。自分は難行において不退を得たが、時代の民衆もまた不退を得ることができるように易行を求めよう、というのではない。他人事ではないということが、「易行品」の中の、阿弥陀仏の本願の易行を述べてある偈文に「我」という字が置いてあることでわかるのである。『浄土論』を見れば、いかなる人にも明確に、「我」という字が示されてあることがわかる。「我」ということを言われたのは、天親菩薩だけではない。「易行品」の中に「我いま身口意《しんくい》をして、合掌《がっしょう》し稽首《けいしゅ》し礼《らい》したてまつる」（『教行信証』聖典一六六頁）とあり、「我」という字から見ると、易行道は龍樹菩薩御自身の安心、信念をあらわす。

龍樹菩薩は叱ったけれども、龍樹御自身が叱られる者の中にあった。龍樹菩薩は、自分の内に民衆を自覚し、その内なる民衆の代表者として自己を自覚された。民衆の歴史的社会的現実の先端として、自己を自覚された。龍樹菩薩御自身が難行から易行を開かれたのである。難行も易行も、龍樹菩薩御自身の信念の道程を物語る。無上仏道において不退を得難いという難行道の挫折が、龍樹菩薩にあったと考えられる。

もちろん、これは非常にデリケートな問題である。『中論』を見ると、龍樹菩薩がいかにはっきりしたところにおられたかということがよくわかる。難行の龍樹という面もあるが、同時に難行によって挫折したという面もある。易行もまた、龍樹菩薩の信念である、個人としての龍樹菩薩だけではなく、代表的個人、民衆としての龍樹が易行の龍樹ではないかと思う。易行道は、称讃されて出てきたものではない。民衆と言っても、英雄主義的ではない。儜弱怯劣というのは弱いということであり、難行道に負けたということである。ただし、負けて勝つ道がある。弱さが単なる弱さというものではない。個人的には弱いが、歴史的には現実の強さがある。

龍樹菩薩や曇鸞大師は、我われのために生まれられた方

そういう点から考えてみても、龍樹菩薩においても曇鸞大師においても、いわゆる易行道を明らかにされたと言える。易行の道を示されたということは、単なる知識人の仕事ではない。菩薩道は、単なる知識人の仕事ではなくて修道の苦労がある。負けて勝つとか死して生きるとか、修道における回転がそこにある。ただ頭脳で分析したとか難易二道を分けたとかということではない。龍樹菩薩は我らのために、未来の人類のために苦労してくださったのである。

その御苦労によって我らが本願に遇うことができる。龍樹菩薩が修行されたことも、曇鸞大師が求道されたことも、本願の歴史における事件として、つまり本願の歴史に総合されている。「前《さき》に生まれん者は後《のち》を導き、後《のち》に生まれん者《ひと》は前《さき》を訪《とぶら》え、連続無窮《れんぞくむぐう》にして、願わくは休止《くし》せざらしめんと欲《ほっ》す。無辺の生死海《しょうじかい》を尽《つ》くさんがためのゆえなり」（『教行信証』聖典四〇一頁）ということである。もし龍樹菩薩や天親菩薩を、時代を異にし、民族を異にしている単なる思想家として見るならば、我われには関係ない。ただ宗教的天才としての意義ならば、我われには無関係である。そうではなく、本願の歴

史に総合されている。だから龍樹菩薩でも曇鸞大師でも、我われのために生まれられた方である。天親菩薩や曇鸞大師が我われのことを知っておられるはずはないけれども、歴史が我われの生まれるということにまでちゃんと響いている。

本願に総合されることにおいて前に出た人は、諸仏である。諸仏の歴史が後に生まれた者を呼び覚ます。我われは衆生、凡夫である。諸仏と衆生とが総合されるのは本願による。諸仏の歴史が無辺の衆生を呼び覚まし、呼び覚まされた衆生はまた、諸仏の歴史を形成していく。我らが三経一論の法に遇うことができるのは、龍樹菩薩と曇鸞大師の御苦労があったからである。だからこそ、親鸞聖人はお二人の行徳を特にたたえられたのであろう。未来の衆生を代表して、親鸞聖人が称讃と感謝をあらわされたのである。

龍樹菩薩によって今初めて、『大経』の歴史が決定され、独自の歴史が『大経』から生まれた。易行の歴史が展開してきたのである。我われが『大経』に遇うのは、『大経』の歴史に遇うということである。単なる知識人であった龍樹菩薩が、自分の内に時代の民衆を見出された。本願に遇う立場は、民衆という立場である。龍樹菩薩も天親菩薩も、七高僧はみな民衆の代表であり、「いずれの行もおよびがたき身」（『歎異抄』聖典六二七頁）というところに一線に並ぶのである。本願を取ってしまえば、凡夫と聖者の区別はあるが、本願一実の智慧から見れば、常に凡夫に帰する。一如の歴史というところから言えば、凡夫が歴史の地盤であり、歴史は本願に総合される。凡夫の宿業が歴史の基体である。人間の業という部分を代表するのが凡夫である。人間の最も深い部分が業であり、理性は上層的部分である。理性で捉えられるようなところは、非常に浅薄な部分である。人間が生きているということの非常に深い部分、人間をして人間たらしめている深い部分をあらわすのが宿業である。そのように、宿業が人間を本願の歴史の契機とする。我われのみが凡夫ではないのであって、五濁悪世に出世なさったからには釈迦牟尼仏も凡夫として出られたのである。知識人は五濁悪世から浮いているものだが、それが民衆を見出した。民衆が本願の門である。本願の基盤である。

龍樹菩薩が回転されたことには、本願の人類的意義がある

とにかく、龍樹菩薩は我という言葉をもって、自己の信念、安心として易行を表明しておられる。龍樹菩薩にとって、易行の本願を見出したことは、非常に大きな出来事である。空前絶後の出来事である。龍樹菩薩にとって『大経』の本願に遇ったということは、天地がひっくり返るほどの事件であったに違いない。ただし、『大経』の歴史が方向づけられたということから考えると、龍樹菩薩が本願に遇ったのは龍樹菩薩にとっての大事件であったが、逆に『大経』自身から見ればどうであるか。『大経』が龍樹菩薩を得たことは、『大経』にとっても大事件である。『大経』は、龍樹菩薩を俟って龍樹菩薩を縁として初めて、もろもろの大乗の法門一般の中に解消しないような、独自なものを開示できた。本願を易行道と見たのは、龍樹菩薩の勝手な解釈ではなく、かえってそれが本願の面目であり、阿弥陀仏の本願の別願の意義をあらわすのである。『大経』独自の意義が、易行道ということであらわされる。

龍樹菩薩の回転は龍樹菩薩の事件には違いないけれども、その意義は龍樹菩薩だけのものではない。親鸞聖人から見れば、我われのために道を得てくださったという人類的意義がある。龍樹菩薩の易行道は、龍樹菩薩だけを救ったのではない。龍樹菩薩において我われの道が開かれた。人類が不退を得る道が発見されたのである。釈尊を人類の教主と言うが、釈尊の証《さと》りが釈尊だけのことであるならば、人類の教主ではない。釈尊が成道されたということで、人類の道が開かれた。それで、人類の教主釈迦牟尼仏と言うのである。釈尊が成道された道は、無数の仏の道である。一仏に止まらない。仏が仏を呼び起こすという人類的意義をもつ。龍樹菩薩の回転には、そういう意義がある。それが本願の人類的意義である。龍樹菩薩の「易行品」は龍樹菩薩の一大事であるに違いないけれども、それはまた本願にとっても、『大経』にとっても一大事であり、むしろそれが龍樹菩薩の一大事の歴史的意義を明らかにする。龍樹菩薩が『大経』の易行道を開かれたということは、易行道でもあり得るということではない。また、龍樹菩薩以外の人でもできたということではない。時機到来して龍樹菩薩があらわれた。『大経』の本願から見れば、待ちかまえていた。龍樹菩薩の出現は、ただ偶然に世に出て、ただ偶然に『大経』に遇ったということではない、本願自身、『大経』自身が待っていた人が世に出た。本願の歴史が時機純熟して、龍樹菩薩があらわれたのである。

龍樹菩薩の出現について予言がある。予言は、龍樹菩薩の出世の歴史的事件をあらわす。龍樹菩薩が本願に遇うよりも先に、本願の方が龍樹菩薩を発見し、求めていた。そこに、懸記ということがあるのである。龍樹菩薩の出世は、龍樹菩薩からは考えられない。龍樹菩薩の意義は、龍樹菩薩を超えて見出された。我われが本願に遇うのも、ただ偶然にぶつかったというのではない。他の教えにはそういうことがあるかも知れないけれども、本願はそういうものではない。そこに我われの血脈、血の歴史がある。本願の発された底に、我われがあった、そうでなければ、今日我われが共鳴するということはできない。易行道は、一面には叱責されている言葉であって、それが意義の深いことではないかと思う。阿弥陀仏の本願には、ほめられるような立場では遇うことはできない。人間の挫折において遇うことができるのである。

『大経』が易行道の経典でないならば、大乗仏教一般の中に解消していたであろう。ただ思想と言うだけなら、『華厳経』や『涅槃経』の方が優れているのではないか。それらの経典の方に、思想的には誘惑を感ずる。私自身は若いときには『大経』に深い感銘はなかった。思想的人間は考える者であるから、『華厳経』の唯心縁起とか『涅槃経』の如来蔵や法身、自性空の法門の思想に、甚大なる刺激を受けた。そういう点に思想的関心をもつということは、身に覚えがある。果たして青年が、初めから『大経』に関心をもつだろうか。

『大経』の歴史は、龍樹菩薩によって決定された。歴史が成り立つということは、人が人だけに終わらずに、そこに思想が展開するということである。歴史が生まれることによって、それが真実であると証明される。歴史が生まれないものは、それだけのものであったということである。本当のものからは、必ず歴史が成り立つ。その歴史に対する信頼があるから、個人的野心を捨てて真面目に道を求めることができるのである。歴史に対する信頼の結論が、願作仏心である。本当に自利一本槍ということができるのは、歴史に対する信頼があるからである。歴史があればこそ、真に子が子であり得る。

本当のものには、必ず歴史が成り立つ。だから龍樹菩薩・天親菩薩・曇鸞大師、あるいは七高僧全体と言ってよいが、特に龍樹菩薩・天親菩薩は大乗仏教の代表的論家である。大乗仏教とともに、浄土の法門が始まったのである。最高の知識人を動かすものが『大経』の本願にあった。民衆とともにうなずくものがあった。『大経』の中には、華厳や般若のような思想的教学というものではないが、もっと深いところにおいて人間に訴えるものがある。我われの思想的理知的というところではわからないけれども、理知を超えてもっと深く我われを動かすものがある。素朴であるけれども、そこにいかなる愚かな者にも響くものがある。宿業に響くものがある。

本願は、思弁には響かないかも知れないけれども、思弁を超えて本能宿業というところに響くものがある。そこに叫んでいるものがある。そういうものがあればこそ、龍樹菩薩・天親菩薩という代表的論家が、論家でありつつも本願をいただかれたのではないか。阿弥陀仏の本願はどんな愚かなる者にも響き、最高の知識人をも、うなずかせるものがある。そういうことにおいて、歴史が生まれたのである。歴史を生み出すものが本願の中にある。思想的に感心するような若さでは、本願にうなずくことができないけれども、人生の労苦を経てきた魂には響くのではないか。念仏は、知識人にしてみれば何ら尊敬に値しないものかも知れない。念仏といっても何ら光らない。知識人から見ればそのようなものでしかない念仏に、仏道を成り立たしめ、歴史を成り立たしめ、人間を成り立たしめるものがある。そういうことを明らかにした龍樹菩薩・天親菩薩の功績が輝いている。とにかく、龍樹菩薩が知識人であったということも意義深いことで、釈迦牟尼仏・龍樹菩薩を俟って『大経』の本願は、自己の光を輝かすことができたのである。

初地不退を民衆に開放する道が易行

龍樹菩薩の出世を仏道の予言のうちにあらわされた。それが懸記の文である。長い『楞伽経』の経文を「悉能摧破有無見　宣説大乗無上法　証歓喜地生安楽（ことごとく、よく有無《うむ》の見を摧破《ざいは》せん。大乗無上の法を宣説《せんぜつ》し、歓喜《かんぎ》地《じ》を証して、安楽に生ぜん）」（「正信偈」聖典二〇五頁）と、簡潔に要約されてある。これが、龍樹菩薩の教学を圧縮している。有無の見を摧破するということは、空ということをも否定した空である。龍樹菩薩の言われる空は、諸法は空によって空ならず、つまり空じたという意味で空と言うのではない。あるがまま空である。諸法が諸法として本来空ということである。だから、空というのは否定をあらわすのではなくて、諸法の実相をあらわす中道である。否定の跡も残さない。分別の足場の置きようもないまでに磨かれ、玲瓏な玉のごとく、手のかけようもないものである。あらゆる思想の有無の見を摧破したというのは思想問題であるから、自己を批判したものだけが他を批判することができる。自己批判に即して、思想批判というものがある。龍樹菩薩の批判は、もう批判という形もないところまで批判されている絶対批判である。中道というところまで、否定が徹底している。法性というところまで、否定が徹底している。否定の徹底したものを、懺悔と言うのではないかと思う。「ことごとく、有無の見を摧破せん」ということは、『中論』で代表される。それによって大乗無上の法を宣説する。大乗の中の無上の法ということではなく、大乗即無上の法、無所得中道の法、その結語が「歓喜地を証して、安楽に生ぜん」である。このことは『十住毘婆沙論』で語られている。歓喜地を証して安楽に生ずるというのは、『十住毘婆沙論』における「易行品」にあらわしてある。自ら安楽というところに、龍樹菩薩一代の事業が帰結してある。無所得中道の帰結である。

親鸞聖人は、「易行品」だけを尊敬しておられるのではない。「行巻」を見ると、易行だけを取り上げておられるのではない。初地不退の経文を非常に重要に親鸞聖人は見ておられることがわかる。初地不退と易行不退、二種類別々の不退があるのではない。初地不退を民衆に開放する道が易行である。初地不退は菩薩道であり、菩薩道を民衆に開放してある。菩薩道に対して易行というのではない。菩薩の不退を名も無き民衆のために門を開いた。それが易行である。『大経』は、易行不退を語っている。不退そのものの意義はむしろ、『十地経』の方がくわしく説いてある。

不退を得る道は易行であるが、易行において得られる道は、『十地経』の方に明瞭に説かれている。それによって、『大経』にとってなければならないものが、かえって明らかになるわけである。

『十住毘婆沙論』と『十地経』は、『大経』と深い関係にある

「釈迦如来楞伽山　為衆告命南天竺　龍樹大士出於世　悉能摧破有無見　宣説大乗無上法　証歓喜

地生安楽　顕示難行陸路苦　信楽易行水道楽　憶念弥陀仏本願　自然即時入必定　唯能常称如来号　応報大悲弘誓恩」。

前半は、『楞伽経』懸記の経説に依って徳をたたえてあり、後半は正しく『十住毘婆沙論』によって制作された。そこに自ずから連絡がある。親鸞聖人は、懸記の経文に依って、七高僧の中で龍樹菩薩の置かれた意義を、ていねいに示されたのである。もちろん、親鸞聖人が龍樹菩薩を『大経』伝承の初祖とされたのは、まったく曇鸞大師によられたものである。釈尊と龍樹菩薩、龍樹菩薩と天親菩薩の間には何ら関わりがないようであるが、親鸞聖人は曇鸞大師の『論註』を通して、龍樹菩薩・天親菩薩に『大経』の伝承があることを明らかにされた。まず初めに、『大経』を伝承された高僧としての龍樹菩薩を、曇鸞大師を通して見出された。龍樹菩薩を初祖とすることは曇鸞大師によるのである。「ことごとく、よく有無の見を摧破せん。大乗無上の法を宣説し、歓喜地を証して、安楽に生ぜん」という内容の懸記の経文があり、その初祖であるという意義を、その『楞伽経』懸記の経文に依って示された。

龍樹菩薩は大乗仏教八宗の祖師であり、我われはいつでも八宗ともに伝承を龍樹菩薩に求める。「悉能摧破有無見　宣説大乗無上法　証歓喜地生安楽」の三句で、龍樹菩薩一生の事業を語っている。「悉能摧破有無見」を通して大乗を明らかにし、「証歓喜地生安楽」によって『十住毘婆沙論』が語られている。『十住毘婆沙論』が『楞伽経』懸記に応えるという意義をもつということが、この言葉であらわされてある。要するに「悉能摧破有無見　宣説大乗無上法」ということの帰結が、「証歓喜地生安楽」ということである。それをあらわすものとして『十住毘婆沙論』がある。「安楽に生ぜん」と特に「易行品」を開かれたことが、『楞伽経』の懸記に応えるものであることを証明している。その最後の句を受けて、次の二句が展開する。

その二句とは「顕示難行陸路苦　信楽易行水道楽」であるが、これは『十住毘婆沙論』によって制作された。懸記の経文の最後の句との連関がここにある。浄土教の伝承という問題が、法然上人によって『選択本願念仏集』（以降、『選択集』と略）に取り上げられているが、それが未完成である。未完成と言うと、言い過ぎかも知れないが、浄土教の歴史が明確になっていない。『選択集』では、龍樹菩薩は傍明の祖師である。『浄土論』は三経一論という位置をもっているが、『十住毘婆沙論』には、そういう位置を法然上人は与えておられない。しかし親鸞聖人は、曇鸞大師を通して龍樹菩薩を最初に置かれた。龍樹菩薩が明らかにされた易行道の内容は、諸仏の名を称するということである。『浄土論』の讃嘆門のように、弥陀の本願の名を称することには必ずしもなっていない。難行・易行は不退の問題であるが、それが願生ということによって基礎づけられているのは、不退ということに力点が置かれているからである。

諸仏の称名では、本願が鮮明さを欠いている。願生によって無上仏道の不退を得る、ということがはっきりしていない。そういうこともあって、『選択集』では称名往生の中に位置を与えておられない。しかし『教行信証』はそうではない。浄土の三部経があるのと同時に、華厳や涅槃という大乗経典も一面には浄土の三部経という組織をもっている。『大経』『涅槃経』『華厳経』という三部経の組織も見出された。『華厳経』と『涅槃経』を捨てても『大経』があればよいとも言えるが、『大経』の本願の眼から、再び『華厳経』や『涅槃経』をもって代表される大乗仏教を基礎づける。それが『教行信証』である。『十地経』は『華厳経』のもとになる経典であり、『華厳経』は『大方広仏華厳経』というものの中に組織されている。『十地経』や「入法界品」は、『華厳経』の中にあって『華厳経』を生み出し『華厳経』を示すものである。『十地経』であるがゆえに傍明であると言うのだけれども、『十地経』をもって本願を証明する。こういう新しい眼を開いて、親鸞聖人は龍樹菩薩に『浄土論』と同じ位置を与えられたわけである。『大経』に立つということは、決して『華厳経』を否定するというのではなく、むしろ『華厳経』を基礎づける。そういうことが諸仏についても言える。『浄土論』も阿弥陀仏の本願と言うけれども、その阿弥陀ということも、諸仏を否定することではない。

それから、願生とは、無上仏道においていかにして不退を得るかという問題である。無上仏道という問題が出て、無上仏道の根本問題を完成するものとして願生道がある。そういうところから考えると、称名念仏の道を四十八願の中に求めるならば第十八願であるが、第十八願に先立って、そこに正定聚に住して滅度に至らしめるという第十一願がある。第十一願を第十八願とともに見出されたのは、龍樹菩薩である。そういうことがあって、傍明として考えられてきたものを、傍明であればこそかえって正明に転じた。こういう関係になっているのである。

『十住毘婆沙論』『十地経』は、『大経』と無関係ではない。願にも総願と別願があり、菩薩の十大願は総願、阿弥陀の願は別願と言われている。阿弥陀の別願は、ただ無前提に別願というものではない。総願を受けて、しかも総願というような、一般性を底に超えてそこに独自の別願を見出し、ついに総願を基礎づけるようなものとして別願が出ている。これは天親菩薩の『浄土論』を見てもそうである。二十九種荘厳功徳の中で、その眼目と言うべきものは、不虚作住持の功徳で、そこに仏本願力をあらわされてある。「願生偈」の「仏《ぶつ》の本願力《ほんがんりき》を観ずるに、遇《もうお》うて空《むな》しく過ぐる者なし」（『浄土論』聖典一三七頁）が不虚作であることを、天親菩薩御自身が語っておられる。不虚作ということを天親菩薩自らが、「すなわちかの仏を見たてまつれば、未証浄心《みしょうじょうしん》の菩薩畢竟《ぼさつひっきょう》じて平等法身を得証《とくしょう》して、浄《じょう》心《しん》の菩薩と上地《じょうじ》のもろもろの菩薩と畢竟じて同じく寂滅《じゃくめつ》平等を得しむるがゆえなり」（同一四一頁）と解釈しておられる。ここに、未証浄心の菩薩や浄心の菩薩ということが出てくる。菩薩の位を分けるということは、『十地経』に基づいていなければ出ないことである。『十地経』は、菩薩をして菩薩たらしめる大地を見出した。その地を見出したと同時に、地における難関をも見出した。いまだ地を見出さない者には触れることのできない難関である。そういうものが見出されたということが、『十地経』の意義の深いところである。未証浄心の菩薩は七地以前の菩薩であり、浄心は八地である。菩薩についてもそういう難関がある。それを見出し、かつ克服したという記録が十地である。『十地経』自身では、ただ難関ということではなくて、難関を見出すとともに、またそれを克服したのである。いかにして克服したかということを『十地経』では、諸仏勧励、諸仏の激励という形で示してある。それが象徴的である。『大経』は果たして難関を克服し得るかという問題ではなく、克服したという事実を証明する。

菩薩の難関を突破することが果たして可能か否かということではなく、いかにして可能なりや、という問題に応えるものが阿弥陀仏の本願である。『十地経』を阿弥陀仏の本願というのではなく、十地をして十地たらしめるものとして、別願たる阿弥陀仏の本願が『十地経』では諸仏の勧励という象徴をもって示されてある。

十地を通して一層深く、十地の背景を求めて、阿弥陀仏の本願が見出されてきたのである。『十地経』では地という問題、阿弥陀の本願は国、安楽国土という問題である。大地の問題が国土によって成就するという、こういう意義があると思う。

信心歓喜の歓喜と歓喜地の歓喜

『浄土論』は『無量寿経優婆提舎願生偈』であり、『大経』を受けているが、また『十地経』も受けている。天親菩薩には『十地経論』、龍樹菩薩には『十住毘婆沙論』があって、『十地経』は大乗にとって非常に支配的位置をもった経典である。龍樹菩薩は難易二行を示されているが、「行巻」を見てみると、「易行品」だけでなく歓喜地を証するという『十住毘婆沙論』の解釈を、非常に重要に見ておられるということがわかる。歓喜地を語るところは、入初地品・地相品・浄地品である。これらをもって、初歓喜地の構造が示されてある。この三品の解釈の言葉を、親鸞聖人は非常に重要視されて、「行巻」の証文として用いておられる。重要視されたのは、「易行品」だけではない。初めの三品は、初地不退ということを示すものである。「易行品」には、正しく易行不退、あるいは念仏不退が示されている。易行不退ということを言うとき、「易行品」の不退だけが重要であるのではなくて、入初地・地相・浄地によって説かれた初地不退ということを重要なものとして取り扱われた。ただ易行不退だけではなく、初地不退の意義を明らかにするのである。初歓喜地をいかにして得るかということに応えているのが易行である。易行によって得られる不退のほかに、また別の不退があるわけではない。易行によって得られる不退そのものの意義を明らかにするのは、『大経』よりもかえって『十地経』である。いかにしてその不退を得るかということに応えているのは、『大経』の本願である。「聞其名号、信心歓喜」（聖典四四頁）と言われる歓喜は、歓喜地の歓喜である。

信心歓喜と歓喜地の歓喜と、二つあるわけではない。易行と言えば「いずれの行もおよびがたき身」（『歎異抄』聖典六二七頁）ということがある。名も無き民衆を機とするということがある。凡夫が仏たらしめられるその内容は、菩薩によって仏たらしめられるということである。菩薩も与えずして仏たらしめることはない。凡夫をして菩薩たらしめる、そういうところに初地不退があるのである。願生道と菩薩道と、二つあるのではない。願生道によって、無上仏道において不退であることを、あらゆる民衆に広開する。そういう意義をもつものだと思う。

龍樹菩薩が初歓喜地を解釈されたことによって、龍樹菩薩が初めて初歓喜地を証せられた方だということがわかる。大乗仏教においても浄土教の伝統においても大切なのは、龍樹菩薩が初めて初地を得られ、歓喜地を証せられた聖者であるということである。「易行品」の龍樹菩薩御自身の言葉によると「この身において」（『教行信証』聖典一六五頁）である。この身においてこの現身において阿惟越致を求める。身ということが、現在生きていることを語る。現生をあらわすのは、身である。現生において不退を得ることを明らかにされたところに、浄土教にとっても大乗仏教にとっても、龍樹菩薩が大きな位置をもつと言うことができる。

七高僧においても、現生不退を明確に言われたのは龍樹菩薩だけである。だから、非常に貴重である。『大経』の本願を、身をもって証明された、本願を現身において証したということが、現生不退である。現生不退は、真宗教学の眼目であり、その現生不退を最初に言われた人が龍樹菩薩である。

初歓喜地を最初に得られたがゆえに、初地不退をはっきり言うことができた人が、龍樹菩薩である。「顕示難行陸路苦　信楽易行水道楽」の難易二行ということが、正しく「易行品」を開いている。『大経』の教学展開の意義は、難易二行の判を立てられたところにあるが、それから見ると、初地不退は難行不退と言える。初めに入初地品・地相品・浄地品をもって示されたのは、一応難行不退であるから、難行・易行両方とも龍樹菩薩にあったわけである。

難行・易行と言っても、分類ではない。自分は難行不退であるが、次代の民衆のために易行を開くということではない。難行も易行も龍樹菩薩御自身の現身において求められ、初めて歓喜地を証された。そこに難・易の二道が語ってある。これはただ分類したものではなくて、龍樹菩薩個人における展開を示している。

現身において歓喜地を証したということは、悪戦苦闘の修道があったということである。その悪戦苦闘を通して、歓喜地を正しく見出された。歓喜地を見出してみれば、もうそれは易行である。難行と易行と連続して展開の道を示してある。難行・易行はただ分類したという分類的概念ではない。努力なくしては得ることのできないものを、努力を通して見出された。見出されてみれば努力を超えたものである。真に努力を尽くした人だけが、努力を超えたものを知る。努力の無効を知る。見出す道から言えば難行であるが、見出したところから見れば易行である。龍樹菩薩の回心、立場の転換が、難易二行を立てられたところにある。そうして易行に触れてみれば、龍樹菩薩だけでなくみな見出していた。名も無き民衆が称名としてそれを伝承していた。初めて龍樹菩薩は、民衆にかえることができた。自分が眼を開いてみれば、人もみな開いていた。人が眼を開いていることも、自分が開かなければ見えない。眼を見るのも眼である。

　そのように、難行・易行ということが、「易行品」を展開されたところに述べられているが、難行を捨てて易行に帰したことは書かれていない。難・易は矛盾ではない。外から見れば難行、内から見れば易行である。難行と言うけれども、勝ちとったという意義がある。悪戦苦闘を通して勝ちとった。ただの天下りではない。勝ちとった人だけが、与えられたことを知る。難易二行はただの分類ではない。難易二行によって龍樹菩薩の回転《えてん》を示される。歓喜地は、そういう難易二道という構造をもっている。歓喜地の体験そのものに、難易二道という回転が含まれている。

　真の不退は難行の能《よ》くするところではない。難行によって与えられるものではないということを、難行によって知るのである。

努力を超えたものに触れて初歓喜地は成り立っている

前半は、『楞伽経』に依って龍樹菩薩の懸記を証明するものである。後半は、正しく「易行品」に依って龍樹菩薩が釈迦出世の『大経』の御精神を開顕されたものとして御制作なさったものである。その「易行品」の御制作は、懸記の虚しくないことを示している。『大経』の伝承者として三国の高僧の最初に龍樹菩薩を親鸞聖人が見出された。その意義は、二行の教判、つまり無上仏道について難行・易行という二つの道を示された点にある。後半六句は「易行品」の龍樹菩薩の教説に基づいて制作された御言葉であるが、「行巻」を見てみると、ただ「易行品」だけをお引きになっているのではなくて、「易行品」に先立って入初地品・地相品・浄地品と三品の論文が引かれている。これは入地・地相・浄地という三法によって初地不退をあらわしてある。天親菩薩の『十地経論』においてもそうである。三品の論文には、いかにして初地に入るか、入った地はどういう特色をもつかが述べられており、多歓喜という言葉がその地の特色をあらわしていると言われている。菩薩歓喜の行、歓喜地の菩薩はどういうものであるかが述べられている。

こういう具合に、いかにして地に入るか、入った地はどういうものであるかを述べ、その地は歓喜が相とされている。次いでその地において、菩薩がいかにして地を浄めるかが述べられている。そのようなことを、天親菩薩は初地を解釈することにおいて明らかにしておられる。この解釈は、龍樹菩薩の解釈と相応じている。これは経文そのものの次第に基づいて分けてあって、これにおいてほぼ初地の内容が尽くされている。初地不退の相を尽くしてある。親鸞聖人は「易行品」に先立って、そういう三品の論を引用されたのである。なるほど初地を得る方法は易行であるが、易行によって得られた不退の相は三品において語ってある。龍樹菩薩は、歓喜地を証するという懸記の文にあるように、歓喜地を証された菩薩である。

そういう点から考えてみると、やはり龍樹菩薩は『大経』において易行不退の道を明らかにされたのであるが、その「易行品」によって得られた不退の相はむしろ、『十地経』において述べられている。『大経』と『十地経』と相矛盾するものではない。易行によって得られた不退と『十地経』に語る不退と、この二つの不退があるのではなく、一つの不退があるだけである。ここに龍樹菩薩は難易二道と言われるのであるが、難行道も易行道もともに龍樹菩薩の体験を証する。自分は難行において不退を得、他の民衆のために易行不退を説くというのではなく、難行も易行もともに龍樹菩薩御自身の体験に基づく。龍樹菩薩が初めて歓喜地を証したと言われる歓喜地であるが、『十地経』における菩薩歓喜と、『大経』における信心歓喜と、二つの歓喜があるわけではない。信心歓喜の歓喜は、菩薩歓喜地の歓喜である。龍樹菩薩御自身においても初歓喜地を証されたが、その初歓喜地は、単なる難行道ではない。『十地経』に語られている歓喜地は、単なる難行道において得られるものではない。龍樹菩薩ももとから言えば難行道であるが、得られた側から言えば易行道である。『十地経』に語られている歓喜地も、易行道として初めて成立するものでなければならない。

歓喜地は、単なる人間の努力によって成り立つものではない。なるほど人間の努力なしには、初歓喜地にもならない。初歓喜地は勝ちとるものであるが、ただし努力によって努力を超える。努力を超えたものに触れて初歓喜地は成り立っているのである。無上仏道は、ただ難行道において尽くされるものではない。そこに新しく易行道を見出す。不退を得ないあいだは難行だったであろうが、得てみれば易行であった。そういう具合に、『十地経』の語っている歓喜地が、『大経』に説かれている本願によって初めて成り立つと言うことができる。易行道ということにおいて、初めて『大経』の南無阿弥陀仏の大道が明らかにされた。『大経』の真の面目が、易行の法門としてはっきりされた。そこにおいて親鸞聖人は、龍樹菩薩を『大経』の最初の伝承者とされたわけである。

龍樹菩薩の「易行品」を開いてみると、非常に新しいものに触れる。「易行品」の内容に我われが驚異をもって接することは、そこに何ら理屈がない、理論がないことである。難行道の教理に対して易行道の教理が説かれているわけではない。「易行品」を開いてみれば、ただ仏の名を称する、称名ということがあるだけである。称名とは、理屈のないことをあらわす。称名念仏の道は、理屈のないことをあらわすのである。義なきを義とする道である。それが易行ということである。難行という点から見れば、不退はどこまでも永遠の理想である。難行道の立場から初歓喜地を見れば、永遠に理想である。

しかしながら本願に触れるならば、その永遠に理想であると考えられるものが脚下の現実として見出されてくる。難行道は、理想主義と言い換えてもよい。仏道が理想主義的に考えられる。選ばれた人の理想として、歓喜地が考えられる。ところが阿弥陀仏の本願となると、歓喜地は誰にでも開かれている。阿弥陀仏の本願に帰する者は、いつでもどこでも初地不退である。称名は、理屈のないことをあらわす。称名念仏の道は、易行道と言っても、難行道の教理に対して易行道の教理が説かれているわけではない。あるのは、仏を念ずる称名だけである。称名とは仏の名であるが、決して弥陀一仏の名を称するということではなく、十方十仏の名を称するという形で説かれている。一応それでよいようであるが、仏の名を称するということは十方諸仏の名に限るかどうかと、さらに問いを設けて、それに答えて、そこに無量無数の仏菩薩の名を称することが展開する。

龍樹菩薩の到達された世界は、すでに無数の民衆が得ていた世界

初めに阿弥陀仏を中心とする称名易行の道が展開され、それからさらに、釈迦仏を中心とする三世諸仏、その他なお無数の諸仏諸菩薩等の称名を説く。このように「易行品」の内容はまったく諸仏諸菩薩の名号の世界ということに尽きる。信方便の行は称名である。もっと簡単に言えば、仏の名である。仏菩薩の名は無量無数にあり、その無量無数の仏の名が紹介されている。まだある、まだあるというようなものである。「易行品」を開いてみると、「易行品」独自の世界がある。「易行品」の内容はただ、無量無数の仏菩薩の名であろう。「易行品」の理解は、無量無数の仏菩薩の名の理解である。そういう、名であらわされている世界が龍樹菩薩に見えてきた。それが歴史というものではないか。難行道の個人の眼からしか見ていなかった仏道を、名も無き民衆の歴史として見出されてきた。そこに龍樹菩薩の大きな回転が語ってある。方向転換である。勝ちとったという点から考えると、易行不退に与えられた世界である。龍樹菩薩の到達された世界は、到達してみれば、すでに初地不退を得た

無数の民衆が得ていた世界である。得た人が得ていた人を見出す。易行を得た人が易行を見出す。龍樹菩薩を『大経』の歴史の初めに見出すということは、親鸞聖人によってこそできたことである。法然上人の場合は、大きな位置を与えられなかった。龍樹菩薩を見出すところに親鸞聖人がある。初地不退を得られた親鸞聖人が初めて龍樹菩薩を見出されたが、それと同じように、初地不退を得られた龍樹菩薩が、初地不退を得た人を見出されたのである。初地不退を得ていた無数の民衆があった。自分が得てみれば誰もが得ていた。誰もが得る道において自分も得た。そのように、難行道を超えた易行道は、理屈のない道である。

無上仏道は、選ばれた人によって伝承されているのではなく、名も無き人々によって伝承されている。一人の人だけでなく、ここにもかしこにもある。そのように、無数の伝承の織りなしている世界が、仏道の歴史である。仏道の歴史は天才によって伝承される歴史ではなく、無数の民衆によって伝承される世界である。人間の能力によって輝かされる世界ではなく、むしろ人間の能力を捨てたところに輝く歴史である。このようなまったく新しい世界を見出したということを、「易行品」が語っている。あらゆる仏の名、無量無数の名であらわされている。仏の名というものは、みな民衆、人間の歴史の上に基礎をもったものである。仏の名は地上の人間のものである。天下りではなくて、地上の民衆の成仏した名である。仏道の歴史と言っても、名の他にないわけである。

そこには、難行道の教理に対して易行道の教理があるというのではなく、まったく新しい世界が展開されている。無数の名であらわされるような世界、理屈を超えた世界である。そういう歴史を龍樹菩薩が発見された。自分の求めていた無上仏道は、難行道のときには向こうにあったが、今はむしろ背景に見出されてきた。易行道の称名というものは、必ずしも天親菩薩の『浄土論』のごとく無碍光如来の御名を称するということではない。無量無数の諸仏の名である、尽十方無碍光如来の御名と諸仏の名と矛盾しない。こういう眼を親鸞聖人が開かれた。無量無数の仏の名というところに深い意義がある。

『大経』の第十七願の眼をもって見る『十住毘婆沙論』と『浄土論』

阿弥陀は無量無数の仏を否定して阿弥陀仏があるのではなく、無量無数の仏を包んで阿弥陀仏がある。これは一見、龍樹菩薩の称名易行が『浄土論』ほど純粋でないかのごとく見られるが、そうではなく、かえって一層深い意義を語っている。『十住毘婆沙論』と『浄土論』とは、歴史的展開の関係をもって、交互に照らす。そういう意義は第十七願によるのである。無数の仏の名の意義は、一仏でないから不純粋ということではなくて、そういうことに深い意義を見出すということは、第十七願の眼を開かなければできないのではないだろうか。

第十七願の意義を真に見出したのは、親鸞聖人が初めてである。第十七願の眼をもって見れば、『十住毘婆沙論』の「易行品」と『浄土論』は相矛盾しない。それらが互いに相照らすことを、『大経』の第十七願を通して見られた。親鸞聖人は、『大経』展開の歴史として『十住毘婆沙論』と『浄土論』を、こういう具合にご覧になった。『大経』の第十七願の眼をもって、二菩薩の二論をご覧になったのである。

「易行品」の初めには十仏が説いてあり、問答を媒介として無量無数の仏の名が出てくる。初めは特に阿弥陀仏の易行を中心として出ており、特に弥陀の意義をたたえる。これは決して十仏の称名を軽いものとして見るわけではない。弥陀章にたたえてあるのが、「憶念弥陀仏本願　自然即時入必定」である。「正信偈」の後にできたと考えられる「文類偈」では、「応以恭敬心執持、称名号疾得不退(共敬心《くぎょうしん》をもって執持《しゅうじ》して、名号を称して疾《と》く不退を得《う》べし)」(『略文類』聖典四一二頁)と、こういう形で易行が説かれている。これは、十仏章によって説かれたものである。このことによって、決して十仏章を軽く見られたのではないことがわかる。

十仏章の中で、「この身において」(『教行信証』聖典一六五頁)不退を得るとある。「この身において」と、現生において不退ということを語られた。「正信偈」は「この身において」という言葉の代わりに、「即時(即の時)」ということで、それをあらわしている。「正信偈」では時、十仏章では場所であらわされている。「この身」ということは、宿業の身、穢土の身である。穢土の身において不退を得る。そういう中で、十仏の師である「海徳」仏(同頁参照)が出ているのである。十方の諸仏は海徳仏によって願を発し修行されたとして、十方の現在の諸仏がその基づくところの海徳仏を挙げて語られている。「行巻」には「西方《さいほう》に善世界の仏を無量明《むりょうみょう》と号す」「過去無数劫《こう》に仏まします、海徳と号す」(同頁)が引かれている。十仏の中から西方の仏と、十方の仏を十方の仏たらしめた海徳仏と、この二仏についての記述を注意して引いてある。これが、弥陀をあらわしているのである。一応、阿弥陀も諸仏の中の一仏である。それが西方の仏の意義であり、同時にまた、諸仏をして諸仏たらしめているることから言えば、海徳仏の意義をもつ。

阿弥陀仏と諸仏の関係

このように、十仏章は阿弥陀仏と諸仏の関係をあらわしている。阿弥陀仏は諸仏の中の一仏であり、また諸仏をして諸仏たらしめる仏である。『大経』を見ても、阿弥陀仏の因位である法蔵菩薩には、世自在王仏という師があった。だから阿弥陀仏は、あらゆる仏に君臨する独裁者という意味ではない。阿弥陀一神教ではない。諸仏を否定すれば、阿弥陀一神教になってしまう。これは人間の考えである。そうではなくて、いかにも自然なものを示している。あらゆる諸仏は阿弥陀仏の中に流れ入り、それが阿弥陀仏から流れ出てくる。

阿弥陀仏の本願に帰入し、また阿弥陀仏の本願から流れ出て本願を証明する。こういう関係、つまり相承という関係をもっている。そういうのは人間の考えではなくて、法界の道理である。一即一切という法界の道理であって、人間の考えではない。十仏章から特に阿弥陀章が出てきて、別して弥陀をたたえる。こういう順序はいかにも自然ではないか。十仏をたたえたけれども、その中から自ずから阿弥陀仏の易行道が輝いてくる。それは、いかにも自然である。無量無数の易行道のあった中に、自ら阿弥陀仏の易行道に帰したのである。歴史の自然としてそうなってきた。最後には、称名と言えば、阿弥陀仏を称することになる。往生は、もとは十方諸仏の世界にあったが、それが往生と言えば、歴史の自然として西方となってきた。理屈で帰命したのではない。一般に諸仏と阿弥陀仏とは、名においても浄土においてもどういう違いがあるのか。

『十地経』の場合は、諸仏の名と阿弥陀仏の名ということになる。『浄土論』の場合は、阿弥陀仏の浄土である。『浄土論』の背景には『摂大乗論』があって、十八円浄ということがある。『浄土論』には、二十九種荘厳ということがある。十八円浄というのは、諸仏一般の浄土、諸仏に通じての浄土であり、二十九種荘厳功徳は阿弥陀仏の浄土である。諸仏一般の浄土と阿弥陀仏の浄土とは、どのような関係があるのか。諸仏一般の称名と、阿弥陀仏の称名とどういう違いがあるか。それは、本願という一点に、初めてそういう違いがある。諸仏が阿弥陀仏に帰し、また阿弥陀仏から生まれて阿弥陀仏を証明するという関係は、本願において初めて明瞭になる。選択本願である。諸仏にあっては、その名と本願との関係が明瞭ではない。名のない仏はないけれども、本願の名であるということが明瞭を欠いている。称名易行ということは、阿弥陀仏の本願においては、称名をもって行とする。称名念仏が選択本願である。その点が、諸仏の場合は明瞭さを欠いている。

安楽世界と蓮華蔵世界

浄土でもそうである。十八円浄と二十九種荘厳との違いは願である。二十九種荘厳功徳を見ると、国土荘厳の終わりに「衆生《しゅじょう》の願楽《がんぎょう》するところ、一切よく満足す」（『浄土論』聖典一三六頁）とあり、仏荘厳の終わりに「仏《ぶつ》の本願力《ほんがんりき》を観ずるに、遇《もうお》うて空《むな》しく過ぐる者なし」（同一三七頁）とある。また、菩薩の荘厳功徳を結んで「我《われ》願わくはみな往生《おうじょう》して、仏法を示すこと仏のごとくせんと」（同一三八頁）とあるが、これは、仏法なき世界に往生して仏法を興隆しようということである。このように、「願生偈」の内容として出ている願が三つある。天親菩薩の「願生偈」が非常に大切なのはこの点である。阿弥陀仏の浄土は、一面から言えば『摂大乗論』と同じく第一義諦「蓮華《れんげ》蔵《ぞう》世界」（『浄土論』聖典一四四頁）である。一面にこういうことが考えられるとともに、それが本願の浄土として「安楽世界」（同頁）であるという二重の義をもっている。一面には純粋な仏の自内証の世界であって、自然の浄土という意義をもつ。唯仏与仏の世界という意義をもつとともに、一面には我われのために本願によって荘厳された世界という二重の意義をもつ。本願というところに我われに関係する。まったく我われを超えた仏の世界が本願を通して誰にも関係してくる。無為自然の浄土が業道自然の我われに関係してくる。こういうことがあると思う。

「易行品」の弥陀章において、初めて本願ということが出ている。「この諸仏世尊、現在十方の清《しょう》浄《じょう》世界に、みな名《みな》を称し阿弥陀《あみだ》仏の本願を憶念《おくねん》することかくのごとし」（『教行信証』聖典一六五～一六六頁）と言って、本願ということが初めて語られている。この点が大切なことであると思う。覚りという点では、諸仏も阿弥陀仏も区別がない。因の本願というところに初めて区別がある。ある仏の覚りは高く、ある仏の覚りは低いということはない。だから、仏は「無等等」、つまり無等にして平等であると言われる。仏は果においては平等であるが、因において差別がある。因位の本願に、阿弥陀仏独自の意義が出てくる。本願を離れるならば、あらゆるものはみな理想的観念である。阿弥陀仏の本願を離れるならば、仏道全体が観念である。

諸仏は阿弥陀仏の本願の中に、死してまた生まれてくる

阿弥陀仏の本願によって仏道が現実の脚下に見出されてくる。最も遠いものが一番近い。本願が一番近いということをあらわす。本願を離れるならば、仏の世界は一番遠い。仏の世界は仏でなくてはわからない唯仏与仏の世界である。だから、人間が仏にうなずくということはできない。

その一番遠いということが一番近いことをあらわすのが本願である。本願を離れるならば、仏教全体が観念論である。全体が論理でしかない。たとえ弁証法と言っても、阿弥陀仏の本願を離れるならば、いかにしても思惟を離れることはできない。それでも離れようとするなら、神秘主義になってしまう。絶対無ということを言っても、絶対無という観念である。有に非ず無に非ずと言っても、有にしてまた無と言っても、みな観念である。観念を否定すれば、否定したという体験になり、言わばその体験も人間の思いである。阿弥陀仏の本願を離れるならば、人間の思いを出ることはできない。

諸仏と阿弥陀仏は果（覚り）という点では平等であり、因という点では差別がある。諸仏の因位として阿弥陀仏がある。どんな仏も阿弥陀仏の本願から始まるのである。諸仏と阿弥陀仏には、そういう因果の関係がある。諸仏は、ただ西方というのではない。尽十方である。諸仏はみな、阿弥陀仏の本願に帰入する。阿弥陀仏は一番初めにあったものではない。阿弥陀仏の初めは何か。阿弥陀仏の前には世自在王仏があるから、決して阿弥陀仏が初めの仏ではない。哲学で初めということが問題にな

るが、阿弥陀仏は時間的に初めにあったものではない。けれども真に時間を超えた意味で、初めである。諸仏は諸仏の中に阿弥陀仏の本願に触れて、その初めに触れるのである。途中において初めに触れる。阿弥陀仏の本願は、諸仏をして諸仏たらしめる。十仏章を受けた海徳仏の意義は、諸仏をして諸仏たらしめるということである。法蔵菩薩の本願は、諸仏における海徳仏の意義を語るものである。諸仏は本願に帰入し、本願から流れ出る。その流れ出た諸仏の名号があっても、本願がないと歴史にならないことは、自ら歴史が証明してきた。本願がないために歴史にならない。阿弥陀仏の本願に帰入し、阿弥陀仏の本願の中に涅槃する。阿弥陀仏の本願の中に、死してまた生まれてくる。阿弥陀仏の本願から復活してくる。流れ出て証明する。諸仏の名号はついに歴史にならない。本願の中に消えてしまうとともに、また生かされる。その生かされるということをあらわすのが第十七願である。阿弥陀仏の本願によって諸仏が新しい位置を与えられてきた。それが第十七願というものである。

二乗に退転するという危険

「宣説大乗無上法　証歓喜地生安楽　顕示難行陸路苦　信楽易行水道楽」。

阿弥陀仏の本願は、民衆によって伝承された。選択本願は、英雄を必要としない。「易行品」において、龍樹菩薩は難行道を通して易行道を開かれる。そのとき、必ずしも易行道が称讃されて出ているわけではない。「これ儜弱《にょうにゃく》怯劣《これつ》にして大心《だいしん》あることなし。これ丈夫志《じょうぶし》幹《かん》の言《ごん》にあらず」（真聖全一、二五三頁）と易行を求めることを叱責されている。そういうところから考えてみても、易行は叱責されるだけの意義をもっている。

難行道は一歩一歩の道、個人の努力を前提としている。容易ならないことである。だからその歩みは、非常な危険にさらされている。それはどういう点かと言うと、二乗に退転するという危険である。無上仏道における不退転、という場合の退転の意味は、地獄に退転するというのではない。地獄に堕《お》ちるという危険ではない。むしろ、二乗地に退転する。二乗とは、菩薩の死である。死に至る病ということがあるが、致命傷である。地獄に堕ちたということは致命傷ではない。地獄に堕ちるということは苦しいことであるが、人間が苦しみ悩むということは救いがないということの証明ではない。かえって救いの縁となる。二乗地はむしろ安住であり、それこそ無上仏道の致命傷である。二乗に堕ちたということは、永遠にそれを脱する道がない。『十地経』でも、そういうことが第七地沈空として説かれている。親鸞聖人の御言葉では、「悲しきかな、垢障《くしょう》の凡愚《ぼんぐ》、無際より已来《このかた》、助・正間雑《けんぞう》し、定散心雑するがゆえに、出離その期《ご》なし。自ら流転輪回《るてんりんね》を度《はか》るに、微塵劫《みじんごう》を超過すれども、仏願力に帰しがたく、大信海に入りがたし」（『教行信証』聖典三五六頁）にあたると思う。そういう危険を菩薩は恐れる。二乗こそ菩薩の恐れであり、地獄は菩薩にとって恐れではない。地獄を恐れるのは、かえって二乗である。生死の限界状況が地獄であろう。生死は菩薩にとって不安の対象ではなく、かえって大悲の対象である。生死というところこそ、また菩薩道を行ずる場所である。生死のあるところ、そこがまた生死を転ずる場所、菩薩道の場所である。二乗の涅槃こそ、かえって菩薩の恐れである。

『大経』で言えば、宮殿であろう。個人の能力の上では、絶えずそういう二乗の危険にさらされている。そういうところから、龍樹菩薩は一応易行を叱責しておられるが、しかしながら、それによって真の易行の道を求めるならば、別にないわけではない。方向を転じて、この易行の門を開いておられる。易行の要求によって直ちに開くということではなく、一応叱責を通して開いてある。

難行の限界を尽くし、易行の大道に触れる

『大経』に、阿難が仏仏相念の境を念じて、「今日、世尊、諸根悦予《しょこんえつよ》し姿《し》色《しき》清浄《しょうじょう》にして、光顔巍巍《こうげんぎぎ》とましますこと、明《あき》らかなる浄鏡の表裏に影暢《ようちょう》するがごとし。威容顕曜《いようけんよう》にして超絶したまえること無量なり」（聖典七頁）と述べた後、「何がゆえぞ威神光光《いじんこうこう》たること乃《いま》し爾《しか》る」（同頁）と問うところがある。それに対して釈尊は、直ちに答えず問いを吟味しておられる。「諸天《しょてん》の汝《なんじ》を教えて仏に来《きた》し問わしむるや。自ら慧見《えけん》をもって威顔《いげん》を問いたてまつるや」（同頁）と、審問しておられる。軽卒に答えておられない。問いが吟味されている。それと同じで、易行の要求に対して直ちに答えるということをせずに、叱責を通されるのである。無上仏道を歩むことは、困難な道である。だからと言って何か便法はないかというのは功利的な要求であり、それを叱責してあるわけである。易行も一面から言えば簡便法であり、便法と言えば法を侮蔑したことになる。法を侮蔑するという意味を払拭して、真に易行を開く。

曇鸞大師は難易二道を受けて、『浄土論』を通して自力他力を明らかにされた。『十住毘婆沙論』と

『浄土論』を交互に照らし、難行の難行たる所以は自力であり、易行の易行たる所以は他力であることを明らかにされた。ただたやすいのが易行ではない、他力であるがゆえに易行である。そういう意義が、すでに龍樹菩薩の叱責の中に含まれている。他力易行は、人間の努力を加える必要がない。それは法を尊敬したことである。人間の努力を必要としない。ただ便法を求めるというような、不真面目な要求は叱責されている。曇鸞大師の他力が龍樹菩薩のところへ含蓄されているのは、問いを糾《ただ》すというところに意義をもっている。難行という難行を尽くして、難行の限界を尽くすところに易行の大道に触れてくる。

『十住毘婆沙論』では、難行も易行もどちらも道と書いてあるが、「正信偈」の方では難行は路、易行は道と字を改めてある。易行を水道と喩えることで、そこに個人の能力を超えた本願の大道というものがあらわされている。それを信楽せしめる。信方便の易行と言われるように、信をもって方便とする、信心をもって方法とするのである。それに対して難行道というものは、信はあるのだけれども、およそ意義をなさない。信は問題にならない。易信難行である。信じたところを、信念を実行するということが大切である。易行道というのは信心の道である。行の代わりに信を立てるのではない。行があるから信がある。行はすでにある、易行は与えられている。だから、我われはそれを信楽するだけである。難行道の方は行がない。行がないから、これからやらねばならない。易行道は、行はすでにある。善導大師の言葉をもってすれば、「すでにこの道あり。必ず度すべし」（『教行信証』聖典二二〇頁）ということになる。だから、我われはそれに乗ずるだけである。易行の船があるということは、乗ぜよという呼びかけを意味している。我われに残っているのは、その乗托の呼びかけにただ信順することのみである。難行道は乗托するものがないから、足を舟にしなければならない。

親鸞聖人の教学は信心為本と言われるけれども、行の代わりに信を立てるのではない。信は大行の帰結である。だから易行難信という。龍樹菩薩は、信方便の易行と言っておられる。そういう点を親鸞聖人は信楽と言い、純粋の信方便の易行をあらわされた。道を路に対することによって、易行と難行を区別された。易行の水道は本願である。本願に托して疑いがない。本願を信ずれば、本願自身が我われを運載する。我われが本願をたのめば、本願自身が不退に至らしめ正定聚に住せしめる。本願に正しく定められる。我われがこちらから定めるのではない。本願から決まってくる。難行という立場から見れば、決めようとするから決まらない。決まらないから、いよいよ決めなければならない。そうではなく、それが向こうから決まってくる。本願に帰すれば、帰する我われが本願から決められてくる。本願の大道を信楽する、それが信心である。そういうことをあらわすために、易行の問いを叱責して単なる便法でないということを示されたのである。ただ簡単な道ということではない。かたじけなくも、我われの問題に先立って、易行が応えられてある。それがやがて、曇鸞大師の他力にあらわされてくることを示してある。

この現身においていかにして不退を得るかという問題

難行易行ということも、不退という問題である。仏道の問題も結局、不退というところに帰結するのではないか。仏地に対する菩薩の十地の地の問題は、要約すれば不退ということである。不退の自覚を地ということであらわす。仏道の問題は不退の問題に帰結し、初歓喜地の問題は阿惟越致の問題に帰結する。阿惟越致について「易行品」が引かれてきた。難行の阿惟越致と易行の阿惟越致と二つあるのではなく、一つの問題である。一つの問題だということを明らかにするために展開がある。この現身において不退を得るということが、難易という展開をもって明らかにされた。これが龍樹菩薩の歩みであると思う。

易行が天下りではなく、難を通して易が開かれる。そこに自覚の展開がある。難行道を今の言葉で言えば、理想主義である。有限の人間が自分を無限に高めよう、有限を捨てて無限に高めようとするのであるから、理想主義に一貫する考えであると思う。それに対して難行易行という形で示されたものは、有限の人間が有限を捨てるのではなく有限だということを知らされ、有限にかえるところに無限が来ている。その無限の開かれている道を易行称名と言う。有限の人間に語りかけている。有限を忘れるところに無限があるのではない。有限にかえるところに無限が開かれる。有限なる衆生ということを通して、無限の確証を与えられる。それが凡夫をして菩薩たらしめる。凡夫であるけれども菩薩と名づけられる。親鸞聖人は、龍樹菩薩を歓喜地の菩薩・必定の菩薩と言われる。「自然即時入必定」というのはそういうことである。

「必定」ということは、善導大師の二河譬に「汝《なんじ》一心に正念《しょうねん》にして直ちに来《きた》れ」(『教行信証』聖典二二〇頁)と如来の招喚が述べられているが、それに対して親鸞聖人は、『愚禿鈔』で「「汝《なんじ》」の言は行者《ぎょうじゃ》なり、これすなわち必定《ひつじょう》の菩薩《ぼさつ》と名づく」（聖典四五五頁）と解釈されている。なりに対して名づ、、くとある。行者を止《や》めて菩薩ではない。易行を選ぶしかない、いずれの行もおよびがたき身の凡夫であるけれども、菩薩に位《くらい》づけられる、易行ということは、そういう二つの意義をもっている。一方は凡夫のために選ばれたということ、もう一方はその凡夫を菩薩たらしめるということである。凡夫であるこの現身において、この身は宿業の身である。この身において、善導大師が「自身は現にこれ罪《ざい》悪生死《あくしょうじ》の凡夫《ぼんぷ》」（『教行信証』聖典二一五頁）と言われた。身は業に応えるものである。自己の業に応えて身を得た。宿業の身の行者である。宿業の身というのは儜弱怯劣ではあるが、人間は弱い者であるということを前提として、その身に無上仏道を荷負する力を与えられる。凡夫を止めて菩薩にするのではない。宿業の身をして菩薩たらしめる。弱い身をして、無上仏道を荷負する菩薩たらしめる。弱いということを一応認めて、弱い者をして強い者たらしめる。そういう意義を易行道が与えるわけである。

難行道とは無限に到達しようとする道だが、有限の道でいかに積み重ねても無限には達しない。人間をいかに積み重ねても菩提には達しない。痩せ馬に鞭打つようなものである。そういう悪戦苦闘の修道生活が龍樹菩薩の上にあったのであろう。後に自力と言われるのだが、我われは自力を徹底しない。だから自力を有効と思う。有効と思うのは自力を徹底しないからである。徹底すれば無効である。自力と無効と二つあるのではなく、無効が自力である。自力は積み重ねても無効であるということが本質なのである。龍樹菩薩は、そういう道を通して初地に触れられた。触れたところの初地は難行によって成り立っているものではない。まったく与えられたものである。龍樹菩薩が易行と言われたのは信心であるが、信心の内容は称名の道である。これは『十住毘婆沙論』を見てみると、称名と言っても阿弥陀仏の本願の名を称するというようなものではない。そういう点で、法然上人などは龍樹菩薩に高い位置を与えられなかったのだと思うけれども、むしろそこに深い意義があると思う。

天才の歴史と、名も無き者の歴史

「易行品」では、十方諸仏について称名ということが説かれてある。そこは、十仏章と呼ばれている。それで終わったらよさそうなものであるのに、さらに問いを起こしてある。称名は十仏の称名に限るのか。延々として無量無数の諸仏があるではないか。その問いに対して、まず阿弥陀仏によって代表される諸仏、それから過去七仏などの過去の諸仏、未来の仏である弥勒などの三世諸仏が出てくる。これは釈尊の伝統を示す。仏だけではなく菩薩も出てくる。一応十仏を示してあるが、さらに、そこにもある、ここにもあると念を押してある。称名の道は遠大であり、仏は数え切れないほどおられる。そういうことが非常に意味深い。これは、称名の道が名も無い民衆の伝承であることを示している。難行は選ばれた人の道であり、歴史も選ばれた人によってできている。歴史のエポック、いわゆる天才によって歴史は造られている。その天才の挫折によって、名も無き人によって伝えられている道が見出される。そういう形で称名がある。個人の光に隠れていたが、個人の挫折を通してそういう道が浮かんでくる。そこにもここにもある、無限にある。称名はそういう歴史の世界を象徴しているものであろうと思う。

今日では歴史の見方に二つある。天才の歴史と名も無き者の歴史である。我われが歴史、歴史と言っているのは歴史学者の歴史であり、選ばれた思想史、あるいは文化の歴史であろう。あるいは文化を基礎づける実証的歴史であろう。しかしそれは、選ばれた、すくい上げられた歴史ではないか。網から漏れたところの歴史がある。それは、歴史的事件に書かれて残るものではないと思う。仏教の歴史でも、龍樹菩薩のように、選ばれた人だけが歴史を造るのではなく、仏道の歴史の大地はかえって名も無き人によって造られた。そこに往生成仏の道がある。名も無き人が満足してきた道である。易行を無量無数の名が象徴する。名は、無量無数の名としてだけ象徴される。そういうことを名は意味する。

「東方善徳仏・南栴檀徳仏・西無量明仏……」と十方十仏の名が出て、それから阿弥陀仏を中心として絢爛たる名前が書かれている。これは寺で付ける戒名のようなものであろう。『三千仏名経』という経典があって、禅宗の和尚は次々に付けていく。無数の仏、菩薩の名前は、その戒名のようなものではないか。燃燈仏などの名は、実際の名ではない。太郎兵衛・次郎兵衛が、光輝燦然たる名前になっている。歴史の名前である。太郎兵衛・次郎兵衛は歴史として出すに値しないものであるが、それらの者たちが満足して荘厳してきた無名の名である。初めから光っていたものではない。無数の荘厳された名以外に歴史はない。無量無数の仏・菩薩の名は、無量無数の民衆の伝承を象徴している。伝承と伝承の流れに歴史がある。その総合する原理を、阿弥陀仏の本願と言う。ことごとく本願の大海の流れである。

親鸞聖人は「諸仏の名を称えよ」を「諸仏が弥陀の名を称える」と読まれた

「憶念弥陀仏本願　自然即時入必定　唯能常称如来号　応報大悲弘誓恩」。

親鸞聖人は阿弥陀仏を初め無数の諸仏の名を称するという「易行品」の弥陀章の言葉を変革して、無数の諸仏が名を称する、と読んでおられる。くわしく言うと、弥陀章では「いままさにつぶさに説くべし。無量寿仏・世自在王仏……このもろもろの仏世尊、現に十方の清浄世界にまします。みな名を称し憶念すべし。阿弥陀仏の本願はかくのごとし」（真聖全一、二五八～二五九頁）と、諸仏の名を掲げてこの諸仏が現に十方世界におられる、みな称名憶念せよ、阿弥陀仏の本願はかくのごとしと言って、第十八願の三心十念の本願が出してある。親鸞聖人はこれを改めて、「いま当《まさ》につぶさに無量寿《むりょうじゅ》仏《ぶつ》を説くべし。世自在王仏乃至《ないし》その余の仏まします、この諸仏世尊、現在十方の清浄《しょうじょう》世界に、みな名《みな》を称し阿弥陀《あみだ》仏の本願を憶念《おくねん》することかくのごとし」（『教行信証』聖典一六五～一六六頁）と読まれた。もとは諸仏の名を称えよという論文であるが、諸仏が弥陀の名を称え弥陀の本願を憶念すると、こういう具合に論文の訓点を改めて読まれた。

そうすることによって初めて、諸仏と阿弥陀仏との関係を明瞭にされた。第十七願の眼によって読まれたのである。諸仏と阿弥陀仏は交互に証明する。諸仏をして諸仏たらしめるのは、阿弥陀仏の本願である。だから諸仏は、阿弥陀仏の本願を証明するのである。第十七願の眼を開かなければ、「易行品」は散漫なものである。「易行品」の意義が明確にされてきたのは、まったく第十七願の眼によって一変してきたからである。この「易行品」は理屈も何もない。無量無数の仏の名が何を意味するかということが問題なのである。

これまで難行道を歩んできた眼とまったく違った世界、新しい世界が龍樹菩薩によって示されている。龍樹菩薩が自分の浄土を見出された。菩薩はインテリであるが、インテリにとっては民衆が浄土である。源信僧都に「我亦在彼摂取中（我《われ》また、かの摂取《せっしゅ》の中にあれども）」（「正信偈」聖典二〇七頁）という言葉があるが、「我また」ということがここにある。その「易行品」の内容を非常に簡潔に、「自然即時入必定」という言葉であらわしてある。仏の本願を憶念すれば、その憶念した本願の自然のはたらきによって、憶念したときに必定に入らしめられる。仏の本願を憶念すれば、憶念された本願が、憶念した我われを憶念したときに必定に位《くらい》づけたまう。仏の本願を憶念するというのは、信心である。そのときが、仏の本願が我われを成就するときである。たすかるために信ずるのではない。信じたときにたすかったのである。

即時ということがある。ここに現生不退ということがあらわされている。龍樹菩薩を第一祖として立てられたのは、難易二道を明らかにし、その易行において現生不退ということをはっきり述べられた点にある。そこに『大経』の本願成就が証明されているのである。七高僧の中で現生不退ということを言われたのは、龍樹菩薩だけである。現生不退を得られた親鸞聖人の信心の眼が、龍樹菩薩の現生不退を見出したのである。これは我われが考えると、不退は浄土においてである。七高僧と言うけれども、龍樹菩薩の前には『大経』があり、後には『浄土論』があるが、龍樹菩薩の「易行品」を除けば、不退ということはどうしても浄土に生まれてからになってしまう。浄土の不退であって現生不退ということにはならない。それだけ考えてみても、「易行品」の位置は『大経』の歴史にとって極めて大きいと言わなければならない。

龍樹菩薩の現生不退の眼によって初めて『大経』や『浄土論』が明らかになる

前の十仏章では「この身において」と言い、弥陀章では「即時入必定」と言われている。本願に帰する、即の時に現生不退である。我われには、龍樹菩薩だけが現生不退で、後の方々は現生不退ではなかったように見える。思想史から言えば、そうなる。ところが親鸞聖人は、そこを出発点とされる。龍樹菩薩は現生不退と言われた。そうして見れば、本願に帰せられた方々は誰も現生不退であると、そのようにご覧になったのである。龍樹菩薩が初めて一人、現生不退と言いきられた。『浄土論』はもとより、たとえ『大経』であっても、現生不退と見ることはできないであろう。龍樹菩薩の現生不退の眼をもって初めて、『大経』を見、また『浄土論』を見ることができるようになった。願成就の文を明らかにした『浄土論』は、浄土の徳として不退を語ってある。

その天親菩薩もみな現生不退を得られた方である。現生不退と浄土不退と矛盾するものではない。「易行品」が眼となって、前をも後をも照らす。およそ弥陀の本願に眼を開いた者は、みな現生不退に住せしめられるのである。こういうところに龍樹菩薩を第一の祖とされた点があるのである。この現生不退ということが、諸仏称名ということの意義を明らかにする。第十七願の眼を開く。第十七願の眼が、やがては本願成就の眼になる。第十七願によって第十八願が成就する。

第十八願の称名易行ということが、第十七願によって成就する。第十八願の成就するところに、第十一願の問題に応える。三願成就である。第十一願、第十七願、第十八願には、三願四法ということが言われている。『大経』の本願成就の経文の展開として、「易行品」をご覧になった。『教行信証』の教学は、本願成就の教学である。親鸞聖人の己証と言うけれども、やはり釈尊の教であると思う。『大経』の上巻には、四十八願において荘厳浄土という如来の問題が説かれている。下巻には我われの往生の道が説かれてある。上巻に四十八願を説かれ、下巻には四十八願の成就として衆生往生の道が説かれてある。とは言っても、四十八願全部の成就が説いてあるわけではない。成就については、四十八を必要としない。成就する願はまず、第十一願、第十七願、第十八願、第十九願、もう一度第十七願が出てきて第二十二願となっている。第十七願が二度も出ている。第二十二願は菩薩である。第十八願、第十九願は凡夫である。凡夫と菩薩をもって、衆生を代表する。凡夫の往生を説き、さらに菩薩の往生を重ねて説いてある。そして第十七願と重ねてある。阿弥陀仏の本願が凡夫を往生せしめると言うけれども、それだけではなく、菩薩の願を満足する。凡夫往生の意義を、菩薩往生の意義をもって明らかにしてある。第十九願は諸行往生、第十八願は念仏往生である。第十九願は諸行往生であるけれども、第十九願の成就は三輩往生である。念仏往生も諸行と対決することにおいて、一向専念無量寿仏ということが出てくる。第十九願と対決しなければ、「ただ念仏」と、「ただ」ということは出てこない。「念仏もまた」ではなく、「念仏のみ」が往生の行である。諸行と対決して、そういうことが明らかになる。

第十八願の念仏を第十一願の正定聚不退の問題として取り上げられたのは龍樹菩薩

成就ではまず初めに、真実の教・行・信・証を第十一願、第十七願、第十八願の三願をもって示されている。阿弥陀仏の四十八の本願と言っても、それが本願の成就として衆生往生が成り立つということは釈尊の教である。第十一願は証、第十七願は行、第十八願は信であり、全体が釈尊の教である。親鸞聖人四十八願の中から三願の成就によって衆生往生の因果を示すというのは、釈尊の教である。親鸞聖人の己証と言うよりも、阿弥陀仏の本願を釈尊の御言《みこと》によって解釈した。仏の本願を仏によって明らかにされた。その意義を龍樹・天親という高僧を通して、親鸞聖人はさらに明瞭にしてこられた。今『十住毘婆沙論』を見るのに、『大経』の三願成就、本願成就の精神によってご覧になった。七高僧をご覧になるのも、みなそうであった。だから第十一願というものから始まるのである。

これは釈尊の教に基づくのである。本願は四十八願あるけれども、衆生往生の問題を解決するために必要なのは四十八願全部ではない。第一願・第二願は第十一願に入るものである。第十一願によって初めて深みに触れる。第十一願から飛んで第十八願ということは、我われからは考えられない。それは釈尊の教である。阿弥陀仏の本願の中に教を見出す、それは仏の本願の中に我われを見出すことである。仏の本願の中に我われを読みとること、それが我われにおいて教を受けるということである。

これは第十一願から始まるのである。第十八願と言うけれども、第十一願から始まっている。

ところで、第十八願のみならず、第十一願の意義を見出したのは龍樹菩薩である。易行たる念仏は第十八願であるが、その易行不退の不退は本願の上で第十一願である。定聚に住して必ず滅度に至らしめんという願である。この第十一願成就は、経文だけでは現生正定聚というわけにはいかないのである。なぜなら、正定聚に住するのは「それ衆生ありてかの国に生《しょう》ずれば、みなことごとく正定《しょうじょう》の聚《じゅ》に住す」（『大経』聖典四四頁）とあるように、「かの国に生ずれば」だからである。すなわち、浄土における正定である。これを親鸞聖人が「かのくににうまれんとするものは」（『一念多念文意』聖典五三六頁）と読みかえて、現生正定とされたのは、まったく龍樹菩薩の御精神によるのである。

とにかく第十八願の念仏を、第十一願の正定聚不退の問題として取り上げられたのは、龍樹菩薩である。『十住毘婆沙論』の言葉で言えば阿惟越致である。無上仏道においていかにして阿惟越致を得るか。こういう問題は、本願の上では第十一願である。その第十一願の問題に応えるのが、第十八願の念仏である。無上仏道においていかにして不退を得るかという問題が、第十八願に「即得往生、住不退転」（『大経』聖典四四頁）と応えられている。「即得往生」というのは、現在における信の念仏、念仏の中にある信心の確かさをあらわした言葉である。つまり現生における信念をあらわした言葉である。念仏に触れて我われが信念をもつ。そういう形で不退の問題に応える。無上仏道において不退を得るということは、我われの理性の確信ではできない。理性に立っていれば難行道であって、いつでも二乗に転落する危険をはらんでいる。理性は不退を保証するものではない。選択本願に触れた信念、本願によって与えられた確信である。本願成就の確信、我われの自家製の信念ではない。そういうものとして、不退の問題に応える。

本願成就の経文は、第十一願から始まっているのである。念仏往生という第十八願から始まるのではない。第十一願の問題において第十八願の問題を取り扱ってある最初の論が、「易行品」である。後に菩薩の法が出てきて、第二十二願を見出してこられたのは曇鸞大師である。曇鸞大師に先立って、すでに龍樹菩薩によって第十一願は見出されてある。決して第十八願一つではない。曇鸞大師の三願的証は、龍樹菩薩なしには考えられない。その三願的証によって、念仏往生が二乗でも外道でもなく、第十一願の問題に応えるとともに第二十二願に応えるものであると明らかになった。第二十二願に応えるという意味で、念仏往生は菩薩道である。念仏往生は、仏道であるとともに菩薩道である。曇鸞大師によって言えば、往相還相の道である。そのような本願論が、曇鸞大師において初めて原初的成立を得た。これを親鸞聖人は継承し、完成されたのである。原初的な形をとったのは曇鸞大師であるが、それに触れているのは龍樹菩薩が最初である。龍樹菩薩は曇鸞大師に先立って第十一願の問題に触れておられる。無上仏道の問題は、決して第十八願の問題だけではない。

この易行道の念仏というのは、本願の大道である。大道であるけれども、難行道に立っている限りは大道が見出せない。名も無き民衆はただ劣ったものとして、それが大道として見出せない。仏道は人間の能力を必要としない。人間の能力を放棄するところに輝くのである。それこそ大道である。人間の能力に立っている限り、その大道は見えない。その見えなかった大道を、初めて見出されたのが龍樹菩薩である。それが称名念仏という形をとっているのは、本願の道には理屈がないということである。称名念仏には理屈がない、教理というようなことがない。本願に触れない限りは、人間は理性の固執を離れることはできない。本願に触れなかったならば、我われは満足して理屈を放棄することはできない。本願に触れれば、誰にも現生不退ということが公開されてある。「自然即時入必定」ということ、現生不退ということが公開されてあるのである。

本願の中に自己を見出した方でないと「自然即時入必定」という言葉は出ない

難行易行の問題は、難行道から易行が開かれている点にある。龍樹菩薩は、『十住毘婆沙論』の「易行品」において、『大経』の歴史の方向を易行の経典として決定されたのである。つまり本願の道を易行道の歴史として、その方向を決定されたのである。「正信偈」では易行の内容を「憶念弥陀仏本願　自然即時入必定」と言われている。非常に簡潔である。「憶念弥陀仏本願」、つまり仏を念ずれば、その念ぜられる仏の力によって念ずるそのとき、自然に必定の位に入らしめられる。「自然即時入必定」の一句が、龍樹菩薩の讃歌の中の中心をなしている言葉ではないかと思う。この一句において、易行道があらわされている。そして、この言葉が『楞伽経』の懸記に応えていることをあらわすのである。

親鸞聖人が『大経』を伝承された最初の祖師として龍樹菩薩を置かれた意義を、「自然即時入必定」の一句が語っている。これは誰でも出る言葉ではない。この一句がまさに、本願成就の信の自覚をあらわしている言葉である。そこには漠然と浄土教と言うよりも、むしろ真宗の意義が「自然即時入必定」の一句によって代表されている。だから、龍樹菩薩を『大経』の中に生まれて本願を証明された祖師として見られるのである。つまり、本願の中に自己を見出した方でないと「自然即時入必定」という言葉は出ないのである。ここに本願成就の体験が示されている。

『大経』を最初に身をもって体解してくださったということを、明白に語っている。外の方から龍樹菩薩を七高僧にされるというようなことではなく、龍樹菩薩御自身の御言葉の中に、真宗第一の祖師であるということが示されている。そこには一点の曇りもない。想像とか推察とかというようなことではなく、向こうの方から本質自身を開示している言葉である。これは何をあらわすかと言うと、別の言葉で言えば現生不退を語っている。これは龍樹菩薩における本願成就の文である。「憶念弥陀仏本願　自然即時入必定　唯能常称如来号　応報大悲弘誓恩」の四句であるけれども、中心をなすのは「自然即時入必定」である。（図1参照）

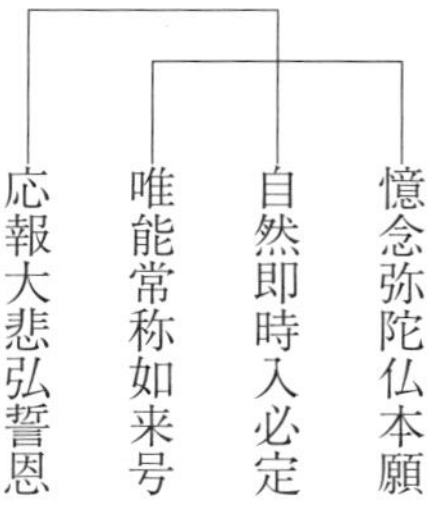
憶念弥陀仏本願
自然即時入必定
唯能常称如来号
応報大悲弘誓恩
図1

憶念弥陀仏ということは、念仏をくわしく言っており、弥陀仏の本願を憶念するということである。そこに厳密に念仏ということがあらわされている。念仏と称名とを分けて、第一句と第三句にあらわされている。その称名念仏が易行の法である。易行の法は称名念仏である。これを龍樹菩薩御自身の「易行品」の御言葉をもってすれば、称名憶念と続けてあり、また「もし人《ひと》、我を念じ名を称して自《おの》ずから帰すれば、すなわち必定《ひつじょう》に入《い》りて」（『教行信証』聖典一六六頁）とある。もとになっている「易行品」の言葉は散文と韻文とあって、「即時入必定」という言葉は偈文の方にあるのだが、散文の方では第十八願を要約して「阿弥陀《あみだ》仏の本願を憶念《おくねん》することかくのごとし。もし人《ひと》、我を念じ名を称して自《おの》ずから帰すれば、すなわち必定《ひつじょう》に入《い》りて阿耨多羅《あのくたら》三藐三菩提《さんみゃくさんぼだい》を得《う》」（同頁）とある。こういう言葉をもって第十八願の精神が言いあらわされている。自は、おのずからとみずからという意味を含んでいる。みずから帰すれば即の時必定に入る、このゆえに我常に念じたてまつる。これは、第十八願を龍樹菩薩の言葉で言いあらわしている。

本願加減の文――『観経』を通して『大経』の本願の意義を明瞭にする――

「念我称名」（「我を念じ名を称して」〈『教行信証』聖典一六六頁〉）ということで、「乃至十念」（『大経』聖典一八頁）を言いあらわしている。龍樹菩薩は第十八願の意味を「念我称名」であると受け取られて、「念我称名自帰」（「我を念じ名を称して自《おの》ずから帰すれば」〈『教行信証』聖典一六六頁〉）というように一句にされた。それをここに親鸞聖人は、憶念と称名に分けて二句にして示されたのである。善導大師では第十八願の念仏が、観念でなくて称名である。こういうことは何でもないようであるが、重要な問題になってきているのである。

乃至十念と誓ってあっても、それが称名であるということは、本願文の上からは直接に見ることはできない。乃至十念が称名でないならば、観念になる。もし観念であるならば、独自の意義は隠れてしまう。だから、善導大師はわざわざ『観経』を通して、『大経』の本願の意義を明瞭にされた。善導大師は『観経』の宗を判定するについて、一経両宗ということを言われた。『観経疏』で、「『観経』はすなわち観仏三昧《さんまい》をもって宗とす、また念仏三昧をもって宗とす」（『教行信証』聖典三三三頁）と、観仏と念仏を明瞭に分けられた。これが古今楷定の事業を語っている。

本願は『大経』に説かれているが、それがどういう形で人間にあらわれるか。阿弥陀仏の本願を自己の上に明らかにするその方法が、観である。『観経』によって初めて、『大経』の教学が成り立つ。『観経』が、念仏の教学を明らかにする。『観経』に依ると、下々品というものがある。定散九品は人間状況の一切を尽くす意味をあらわしている。その中で下品下生は人間の限界状況である。そこにおいて、第十八願が人間に具体化するということを示されたのである。『観経』下々品は転教口称の文と呼ばれているが、転教口称とはつまり、本願を憶念する方法を転じて口に称名念仏するという方法を教えるということである。臨終において苦にせめられて念仏する暇《いとま》がない無善造悪の衆生に教えて、名を称せしめることである。このように、念仏を称名として教えてある。善導大師は、これをもって第十八願の念仏は称名であるということを明瞭にして、第十八願の願文を加減された。本願文にあるものを削り、ないものを加える。加減の中心は、「乃至十念」を「称名」に改めたことである。もとの本願文から三心も唯除も削ってしまって、選択本願である第十八願を念仏往生の願として明らかにされた。その念仏は、称名の念仏である。第十八願の精神を明瞭にするために、加減されたのである。

こういう問題が善導大師に起こっているが、それは『大経』の本願を、『観経』を通して見直されたのである。それが法然上人や親鸞聖人というところで一転してきている。そこに大きな転回がある。法然・親鸞の教学は、初めから『大経』から出発する教・行・信・証の教学である。そこでは、大行の願として諸仏称名の願が見出されている。『観経』をもって第十八願を解釈するという方法ではなく、本願をもって本願を解釈する。親鸞聖人においては、第十七願を見出されたことが非常に大きな事業である。それは、第十八願を直接に受け取る立場を超えて、本願の歴史を示すのである。

諸仏は行の位、衆生は信の位

本願を直接に受け取るということでは、信仰が主観的個人的体験になる。もちろん個人の願生を否定しているわけではないけれども、本願においては、個人は歴史的な意義をもつ。本願は、私的な意味での個人的なものではなく、本願に触れるときに初めて真の個人が成立する。同時にその個人は私的な個人を超えて、本願の歴史に置かれるわけである。初めから個人を無視しているわけではない、個人性を否定して、歴史性ということを言うのではない。個人が歴史である。だから「衆生称念　必得往生」（『教行信証』聖典三九九頁）である。衆生の称名を離れて、諸仏の称名はない。衆生の称名が即、諸仏の称名である。第十七願の「十方諸仏」と第十八願の「十方衆生」とは別のものではなくて、内面の関係をもっている。十方衆生と十方諸仏とは、位が別である。しかし体が二つあるわけではない。諸仏は行の位、衆生は信の位である。

個人と歴史が別々にあるのではない。本願の歴史が個人に信として成就する。個人は、信に触れて個人となる。共同に信ずるということはない。信に触れて、初めて個人という本当の個別者が成り立つのではないか。単独者とか個別者が成り立つわけである。個の自覚だろうと思う。個人を止めて歴史があるのではなくて、信によって個人が歴史の意義をもつ。本願に触れて成り立つ個人は罪悪深重の凡夫であるが、その個人が諸仏という位置に置かれる。我われが本願によってたすけられたということは、ただたすけられたということに終わるのではなくて、たすけられたということを通して、たすける本願を証明する。証明された本願を証明し返す。照らされた本願に対して、照らし返す。こういう意義である。そういうところに諸仏ということが成り立つ。

衆生の称名の他に、諸仏の称名があるわけではない。衆生の称名は、厳密に言えば諸仏の称名である。称名の主語は、衆生よりもむしろ諸仏である。衆生を主語とすれば聞名、聞というのが衆生の立場である。称というのは諸仏である。位は諸仏をあらわすことになる。第十八願成就の経文に「聞其名号、信心歓喜」(『大経』聖典四四頁)とある。「其」ということが、前の第十七願成就を受けているわけである。第十八願成就の聞は、第十七願の称を受けている。この第十七願がなければ第十八願は永遠に願に止まる。第十七願を通して第十八願の願が、信として成就する。願が成就したのが信心である。願が信になったのである。

長らく傍明的に考えられた龍樹菩薩が正明の祖師であると見直されてきたのは、第十七願の眼を開かれたからである。龍樹菩薩の「易行品」は称名ということを説いてあるが、必ずしもそれは阿弥陀一仏の名を称するという意味ではない。無量無数の諸仏菩薩の名を称するというのが「易行品」である。そういう点も『浄土論』が「一心帰命尽十方無碍光如来」（聖典一三五頁）と表明されているのとは、非常に違う点である。傍明と言われるのもこういう点によるものであろう。ただし、その諸仏の名を称するということが一層深い意義をもつということは、第十七願の眼によってである。「一心帰命尽十方無碍光如来」と、諸仏の名を称するということとが矛盾せずに交互にそれが成就するというのが、諸仏と阿弥陀仏との関係である。そういう関係を明らかにできたのは、第十七願という本願の眼によってであると思う。十方衆生と十方諸仏と阿弥陀仏と三つの関係がそこにある。この阿弥陀仏というのも諸仏の中の一仏である。こういうことを拒まないわけであろう。

『阿弥陀経』を見ても、西方というところに阿弥陀仏の位置が置かれている。また「易行品」でも十仏章に「西方《さいほう》に善世界の仏を無量明《むりょうみょう》と号す」（『教行信証』聖典一六五頁）と、西に阿弥陀仏が置かれている。そういう意味をあえて拒む必要はない。ただしそれだけではないのであって、阿弥陀仏の本願は、諸仏をして諸仏たらしめるという意義をもつ。諸仏の中の一仏であるとともに、また諸仏をして諸仏たらしめるという意義をもつ。

名が民衆の伝承を象徴する

「易行品」の十仏章に問答がある。十方諸仏の名を称するというそれだけであるか。そうではなく、無量無数の仏がある。そういう問答である。最初に阿弥陀仏の本願によるところの易行が示されている弥陀章があって、総別の関係をもって展開する。「易行品」はどういうものであるかと言うと、難行に対して易行の教学は理屈がないということを語っている。易行として開かれた内容は、理屈が何もない。ただ無量無数の仏の名があるのみである。一変した光景である。看板の塗り替えではない。出てくるものはただ仏の名である。まだある、まだある。あるにはあったけれども、知らなかっただけである。眼を開いてみれば、無数に大きな称名の仏道が見えてきた。

仏教の教理教学を取り扱っていると、唯識・般若・真言・天台が仏教全体の代表のように思われる。しかしそうではないのであって、それはそういう世界しか知らないだけである。眼を転じてみれば、般若とか唯識という高遠な形をとっている教理のごときものは、言わば仏道の上層的なものである。その根底には、それを支える大地がある。仏教はインテリの教学ではない。そういうものは仏道の表面であった。もっと広大深遠の背景がある。こういう眼を龍樹菩薩が開いてこられたことをあらわすのが、「易行品」の名である。

名ということが、民衆の伝承を象徴する。民集には無数の伝承がある。歴史は、無数の伝承によって成り立つのであって、伝承と伝承との交流である。その交流した世界の中から、自然に阿弥陀仏の本願が表面に出てきた。初めは東方にも西方にも往生するということがあったが、ついには往生と言えば西方に往生することが代表となった。往生と言えば、阿弥陀仏の西方浄土と自然になってきたのである。人間は理論とか教理とかに打たれるものではない。ただ負けるだけであって、別に理論に負けても帰命はしない。理論は布教の道具にならない。人を押さえるだけであって、腹の虫はおさまらない。理屈で倒されたものは、隙があれば理屈で倒し返す。けれども、阿弥陀仏の名によって本願を憶念すれば、名は理屈を超えた「深広無涯底」（『大経』聖典五〇頁）の世界で、どこでも誰でも触れられるものである。「深広無涯底」の本願に、いつでもどこでも誰でも触れられる道が念仏である。名がなければ憶念しようがない。名がなければ称えることができない。

本願によって名が与えられるということによって、初めて形なき純粋な本願を憶念することができる。四十八願の中で、特に第十八願、第十九願、第二十願という我われ十方衆生を呼びかけた三願には、四十八願に流れている精神に一貫する叫びが出ている。「我が国に生まれんと欲うて」（『大経』聖典一八頁）という、こういう本当の本願の叫びが「欲生我国」である。この三つの願にだけあるのではなくて、四十八願を一貫して流れている叫びがここに出ている。ただ叫んでいるだけではなくて、十念せよと、念仏として本願の叫びが具体化している。

こういうところに、理屈を超えて人間の宿業に呼びかけるものがある。共鳴とか感動とかという言葉を使えば安っぽくなるが、何か理知を超えて感動する。ただ胸に感動するだけではなくて、我われの理知を破って最も深い部分に響く。我われの根幹をなすものであり、人間の骨髄に響く。我われの宿業にまで響いてくる。理屈を超えた本願であるがゆえに、理屈を破って宿業に感じられる。学問があってもなくても、どんな境遇の人間にも何か響く。念仏を通して語る本願には、響くものがある。一番底にあった阿弥陀仏の本願が、自然に表面にあらわれてきた所以である。誠があり、同感がある。本願の誠であるがゆえに、人間のまことに応えるものがある。そういう形で阿弥陀仏の本願があらわれてきたのであると思う。阿弥陀仏の本願は最初にあったけれども、後になってあらわれてきた。後にあらわれてきたものこそ、本来のものである。

安楽浄土は本願酬報の世界

そういうわけで、『教行信証』などを見ると、親鸞聖人は必ずしも弥陀章だけを重要には考えておられない。十仏章というものも非常に重要に、平等に考えて取り扱っておられる。「正信偈」の方は弥陀章によっておられる。

もう一つ後で御制作になった『略文類』の「文類偈」の方は、十仏章によって作られている。「恭《く》敬心《ぎょうしん》をもって執持《しゅうじ》して、名号を称して疾《と》く不退を得《う》べし」（聖典四一二頁）。これは十仏章の言葉である。十仏章の中の西方というところに阿弥陀仏が出ている。西方には「無量明仏」、それから「海徳仏」という仏がある。海徳仏は十方諸仏の師である。十方諸仏の中の西方無量明仏と十方諸仏の師である海徳仏についての「易行品」の論文を、親鸞聖人は「行巻」に引用されて、諸仏の中の西方の仏と海徳仏の二つを押さえてある。十方諸仏の中の一仏であり、諸仏をして諸仏たらしめるもとになる、こういう意義を阿弥陀仏と海徳仏はもつ。

阿弥陀仏が諸仏のもとになるということは、願ということによる。本願によるのである。これが阿弥陀仏の面目である。十方諸仏にはみな名があるが、その名と本願との関係は必ずしも明瞭であるとは言えない。十方の諸仏には仏土がないわけではないが、その仏土と本願との関係は明瞭であるとは言えないのである。ところが阿弥陀仏の名は本願の名であり、またその浄土は本願の浄土である。本願成就の世界を報土と言う。どこまでも仏の世界であるけれども、我われに関係している。報土と言われるように、どこまでも仏に属するという意味をもっているのである。浄土それ自体は、純粋に仏の自内証の世界である。そういう面をあらわすのが「蓮華《れんげ》蔵《ぞう》世界」（『浄土論』聖典一四四頁）という表現である。それが同時に、本願酬報の世界であると言う。こういう場合は「安楽世界」（同頁）であり、それは我われに関係しているのである。

純粋の仏の世界が、しかも宿業の我われに関係してくる。我われの影も宿さない世界が、かえって我われに関係してくる。我われの想像することもできない、夢にも描くことのできない世界であるが、それを荘厳された本願に帰すれば誰でも行ける。夢に見える世界ならば、行けそうであるがそれはかえって行けない。いかに美しく理想化されても、夢の世界は夢である。方便化土は、ただ描かれている世界である。真実報土は描かれない世界、だから描くことを捨てて誰でも行ける。描かれない世界を蓮華蔵世界と言う。そのような世界を願によって誰にでも与えられるところを、安楽浄土と言う。安楽浄土は本願酬報の世界であるということが大事である。

阿弥陀の名は本願である。阿弥陀仏を諸仏から区別するのは、漠然と勝れているということではないであろう。本願という点で、初めて諸仏をして諸仏たらしめるという問題が出てくる。西方の一仏という場合も否定しない。その場合は、西方は方角の一つであるから、東西南北平等である。諸仏の中の一仏であるという場合は、阿弥陀仏の証について言う。阿弥陀仏の証も釈迦仏の証も平等である。無等等平等の世界で高下がない。

禅も念仏も高下はない。念仏に立ったら禅はわからないということではない。念仏に立てば禅もわかる。念仏して禅がわかるのではない。念仏がわかれば禅もわかるのである。こういう世界がなければならない。ただし、だから同じことだというわけにはいかない。禅もわかるけれども、私は禅に立たない。自分の立場がある。自分の立場を与えるものは願である。願というところに自分の立場が成り立つ。念仏をもって自分の立場とするということは、願によって成り立つのである。禅も念仏も平等ということは宗教学の話であればよいけれども、その一般を超えて、一般の中の特殊でなしに、一般を破ってかえって一般を自己の限定に転ずる。そういうものが真に根幹と言える。単に一般の中に解消してしまうものではない。かえって一般を破るということがある。破って一般を包んでくる。こういうものが根幹である。そういう根幹をあらわすのが本願である。

別願の別ということは特殊ということではない。単に、一般の中の特殊という意味ではない。特殊ならば、一般は破れない。一般の中に包まれている。一般を破って、しかも一般をもっている。私というものも、そうである。本当の個別者、個別の別ということをあらわすのが我である。我というものは、単に人間一般の特殊としてあるものではない。人間に種差を加えることによって成り立ってくるものではない。人間の中にいかに種差を加えても、我は出てこない。一般論に包まれたものは、共通性である。一あって二なきものという我は、一般を破ったものである。我は人間の中の我ではなく、我が人間である。こういう、諸仏と阿弥陀仏の深い関係が本願であると言える。

一切の諸仏は阿弥陀の本願に帰入し、また本願から流れ出る

十仏章は阿弥陀仏の意義をあらわそうとしているのであるが、それが弥陀章によって明瞭になる。「阿弥陀《あみだ》仏の本願を憶念《おくねん》することかくのごとし。もし人《ひと》、我を念じ名を称して自《おの》ずから帰すれば、すなわち必定《ひつじょう》に入《い》りて阿耨多羅《あのくたら》三藐三菩提《さんみゃくさんぼだい》を得《う》」（『教行信証』聖典一六六頁）。「易行品」の場合、ここで初めて本願が出てくる。諸仏は無意味なものかと言うと、そうではなく、阿弥陀仏と諸仏の関係は交互に成就する。すべて諸仏は阿弥陀から生まれて、阿弥陀を成就する。諸仏は阿弥陀の本願によって成就せられたものである。その諸仏も本願の成就によって、逆に本願を証明し成就する。こういう関係が第十七願と第十八願の関係である。第十七願の眼を開いて初めて「易行品」における諸仏の意義が明瞭になってきたのであろうと思う。「易行品」には阿弥陀等の諸仏の名を称せよとある。「この諸仏世尊、現在十方の清浄《しょうじょう》世界に、みな名《みな》を称し阿弥陀《あみだ》仏の本願を憶念《おくねん》することかくのごとし」（同一六五～一六六頁）。このように『十住毘婆沙論』で「諸仏称名」と言われているのは、「諸仏の名を称する」という意味である。しかるに親鸞聖人は、「諸仏が名を称する」と、このように訓点を改められた。

念仏は必ずしも『大経』だけではなく、『十地経』にも説かれる。『大経』以前にも以後にもあった。あったればこそ選択ということがある。念仏は、『十地経』では諸仏を念ずるという形で歓喜地に出ているが、一般的には「諸仏の名を称する」という形で出ている。それを「諸仏が名を称する」と訓点を改められたのは、第十七願に照らされたからである。一切の諸仏は阿弥陀の本願に帰入し、また

本願から流れ出る。矛盾がない。交互に証明する。こういうのが法界である。人間の世界では、交互に成就するということはない。事事無碍というのは、法界の道理である。人間の世界では、弁証法しかないであろう。法界の道理は無碍である。

来たってこの事実を見よ、と言える言葉が「自然即時入必定」

「易行品」の「みな名《みな》を称し阿弥陀《あみだ》仏の本願を憶念《おくねん》することかくのごとし。もし人《ひと》、我を念じ名を称して自《おの》ずから帰すれば、すなわち必定《ひつじょう》に入《い》りて阿耨多羅三藐三菩提《あのくたらさんみゃくさんぼだい》を得《う》」（『教行信証』聖典一六六頁）は、阿弥陀仏の本願、第十八願である。

親鸞聖人は、「憶念弥陀仏本願」と「唯能常称如来号」の二句に分けることによって、本願の念仏は称名であり、その称名念仏が本願の仏法であることを示された。仏たらしめる仏法において、仏たる我われの自覚が応えられている。それが「自然即時入必定」である。我われの自覚的自己、信仰的実存が、本願の仏法において応えられている。法の上に、私自身が成就しているのである。

このように、この中では「自然即時入必定」が中心をなして、正しく自己の成就ということをこの句によって示してある。散文で「自」というのは「自然《じねん》」をあらわし、それに偈文の「即時入必定」を結合してお作りになった。自にはみずからという意味もあるが、おのずからという他力自然をあらわす意味もある。この句は、第十八願をもって念仏の本願をあらわすとともに、その本願の自然のはたらきによって現生正定聚の信が成就することもあらわしている。つまり龍樹菩薩を、『大経』を最初に伝承された祖師とされたのは、龍樹菩薩の上に本願成就があるからである。

「自然即時入必定」ということは想像や推察ではなく、その一句が本願成就自身を語っている。親鸞聖人が無理に理屈を付けられたのではなく、龍樹菩薩御自身の言葉によって一点の曇りもない形をもって本願成就をあらわしておられる。明確ということが大切である。「顕示難行陸路苦」、天親菩薩の場合は「依修多羅顕真実」（「正信偈」聖典二〇六頁）、曇鸞大師のところでは「報土因果顕誓願」（同頁）とある。とにかく総じて言えば、「顕大聖興世正意　明如来本誓応機」（「正信偈」聖典二〇五頁）の「顕」である。

上三祖には顕、道綽禅師以下には明という字を使ってあるが、顕と明はどちらも大切なことである。推察ということではなく、『大経』の歴史が一点の曇りもない明白な証文となる。本願成就の歴史の証文となる。論理的に明白だという必要はない。論理的明確性をあらわすのが顕明ではない。仏法において、どんなに多くのことを知っていても、大切な一点を外《はず》すならば、それは顕明ではない。信仰以前や以後ということで、おぼろげに周囲を回って仏法を語っているだけである。顕明ということで、ゆるがない一点を押さえてある。そこに法が機として語られてある。機として成就した法が語られてあるという点である。どんなに簡潔でも広くても、同じである。

龍樹菩薩の場合は、「自然即時入必定」の一句で語ってある。これは本願の中にあって、本願を証明している言葉であって、外から推察した言葉ではない。これは現生不退である。本願成就は現生不退である。本願が本願として語られているのではない。本願の法が機を通して、本願が自己として成就し、成就した法を、機を通して語ってある。自己を通して法を明瞭にし、自己の信念として本願を語る。我をして我たらしめた法を、自己の信念として語る。だから、『教行信証』は複雑であるが、「自然即時入必定」の一句をもって尽くされている。この一句で充分に、浄土真宗ここにあり、ということを語っている。来たってこの事実を見よ、と言える言葉が「自然即時入必定」である。

第十八願本願文を見ても、即という字はない。即という字は「即得往生」（『大経』聖典四四頁）と、本願成就文に出ている。即は時をあらわす概念であって、信心の発《おこ》る時である。それが我われの救われる時であり、必定に入り阿耨多羅三藐三菩提《あのくたらさんみゃくさんぼだい》を決定する時である。即時は、現ということをあらわした言葉であって、現身において必定に入る。現身において不退を語った人は、七高僧の中で龍樹菩薩だけである。これは驚くべきことがらである。誰でもどこでもあるように思うが、現身において必定を語り得た人は、龍樹菩薩だけである。現生不退を語られたことが、七高僧の第一に置かれた所以である。

救いを信ずるのではなくて、信じたことが救い

天親菩薩以後になると、不退はみな浄土の徳として語ってある。龍樹菩薩だけが現生不退を語っておられる。第十八願に立ってみれば、不退は未来である。「若不生者、不取正覚」（『大経』聖典一八頁）というのは、未来往生である。未来往生の教は、聖道自力からは区別されるが、真宗はそこからは出てこない。浄土教一般ということは成り立つが、しかし真宗は出てこない。真宗は、セクト的なもの

を超えた絶対ということをあらわしているわけである。浄土は仏法の半分ではなく、浄土が真の仏道である。真宗ということが言えるのは、現生不退ということがあるからである。真宗の救いは、未来の救いではなくて現在の救いである。

現在の救いと未来の救いと二つあるようであるが、未来はまだない。過去はなくなった。有るものは現在であり、現在するということが、有るということである。未来の救いは、救いがないということである。それは、救いが願としてあるだけである。可能性としてあるが、まだ願である。願を出ない。

しかし、願というものになるから、未来を当来とする。未来を転じて当来とするのは、願によるわけであろう。漠然とした未来往生ということはない。「皆当往生」（『大経』聖典八四頁）と、当という字が使ってある。未来を当来に転ずる。当来というときに初めて、現在を押さえた。未来が現在に押さえられた。そこに、未来が現在に連絡してくる。信は現在である。願が信として成就するところに、願の不虚作ということの証明がある。

如来の本願の虚しくないということが、衆生の信として証明されている。往生が決定したということは、一切の完了ということである。つまり、信の一念で一切が完了するということをあらわす。往生ということも、どこかへ往くということではない。信心における自覚である。信の確かさをあらわすのである。信心における確かさは、信それ自身に、すでに信をもって充分であることをあらわす。救いを信ずるのではなくて、信じたことが救いである。信じた後に、何か残っているのではない。信というところに「不可思議　兆載永劫」（『大経』聖典二七頁）という、そういう事業が終わる。「五劫思惟」や「不可思議　兆載永劫」は、大事ということをあらわす。我われの大事はここに終わった。我われと言っても、個人の問題ではない。我である人間が、人類の問題を自己の問題としてもつ。それが大事である。個人的な問題ではない。それはむしろ、仏道の大事である。それだから五劫思惟と言う。その大事が終わった。信について、一部分が終わったのではない。全部が終わった。だから、未来往生を求める必要がない。往生を求めて願を起こす必要がない。信心に如来の願が満足する。今さら我われの願を希望する必要がない。どうにかなりたいと希望する必要がない。信が信に満足する。そういうことが知恩報徳、「応報大悲弘誓恩」である。信の一念で真に一切が終わったということが、知恩報徳である。

阿弥陀仏において初めて、念仏が選択本願であることが明瞭になっている

「唯能常称如来号　応報大悲弘誓恩」という二句について、付け加えておきたいと思う。繰り返して言うと、前の「憶念弥陀仏本願　自然即時入必定」だけで易行の内容は尽くしてあるわけである。それに続いて「唯能常称如来号」の句がある。「憶念弥陀仏本願　自然即時入必定」は憶念、「唯能常称如来号　応報大悲弘誓恩」は称名である。念仏は、くわしく言えば弥陀仏の本願を憶念することである。それに対して、「唯能常称如来号」とある。このように憶念と称名を分けてあらわされたのである。

これは「易行品」の中の弥陀章によってある。易行と言っても龍樹菩薩の易行は、必ずしも阿弥陀仏の本願の易行というわけではない。初めに十仏の名を称する十仏章があるように。そしてそれは十仏に尽きるものではない。無量無数の仏・菩薩についての称名ということが、十仏章の次に展開してある。易行道の趣旨は十仏章で尽くされるものではないとして、無量無数の仏が紹介されてあるが、その初めに阿弥陀仏を中心とした仏の易行が説かれている。それに始まって、無量無数の仏・菩薩の名を称するということが出ている。

「文類偈」に「恭敬心《くぎょうしん》をもって執持《しゅうじ》して、名号を称して疾《と》く不退を得《う》べし」（『略文類』聖典四一二頁）とあるが、これは十仏章から出た言葉である。それに対して「正信偈」では十仏章から出た言葉はなく、初めから弥陀章の弥陀の易行を述べられた論文から句ができている。これは必ずしも十仏章を否定したわけではない。弥陀章において特に重要なのは、本願ということが出ていることである。本願というところに初めて、阿弥陀仏独自の意義があらわされる。諸仏でも易行の称名があるけれども、称名と本願との関係が明瞭を欠いている。阿弥陀仏の場合は称名が行であることを本願としているが、諸仏の場合にはそれを本願としているかについて、明瞭を欠いている。阿弥陀仏においては、称名は本願において行とされる。それが選択本願と言われる所以である。称名以外の行から念仏を選んで行となす。

なるほど称名と言えば、仏の名である、けれども、仏の名は阿弥陀の本願においては行である。名は仏の名であるけれども、しかしながら仏の名は行であり、行と言えば、衆生の行である。衆生をして往生成仏せしめるところの行である。仏の名であるけれども単なる記号ではないのであって、我ら衆生の往生成仏のための行とされている名である。行という問題は行ばかりではなく、行・信・証、あるいは教・行・信・証というように、教・信・証に関わっている。こういうことは、衆生の問題である。我われの往生成仏は自利利他円満の道、つまり衆生をして真に成仏せしめる道である。そういう道を代表するものが行である。我われの問題が仏の本願によって、仏の名として成就されている。我われの往生成仏の行を特に仏の名として選び、名によって行を回向する。だから仏の名であるけれども、仏に応えているわけではない。我われに応えている。

我われにはいろいろな問題があるけれども、行は往生成仏の行である。往生成仏というのは、実存の問題である。社会問題などに応えているわけではない。我ら人間の実存というものが、名として応えられている、名として解決されている。我われが称える努力によって、これから解決していくのではない。我われに先立って、そこに名として解決されている。これは本願ということによって明瞭になる。諸仏においては、称名が本願であるかどうかが明瞭を欠いている。阿弥陀仏において初めて、念仏が選択本願であるということが明瞭になっている。本願は易行道の原理である。本願の本という字は、原理的基礎づけという意義をもつ。諸仏の中における阿弥陀仏独自の意義が、その一点で明らかにしてある。

「自ずから帰すれば」と「即時入必定」を合したのが「自然即時入必定」

諸仏を否定しているわけではない。むしろ、諸仏の問題が本願によって明らかにされる。諸仏をして諸仏たらしめるのが阿弥陀仏の本願であるということは、諸仏の称讃ということが証明している。阿弥陀仏の本願が虚しくないこと、不虚作であることを、諸仏が証明する。その阿弥陀仏の本願によって往生成仏した諸仏が証明する。その本願にたすけられたものであって初めて、その本願が不虚作であることを証明することができる。この阿弥陀仏の本願を述べてある弥陀章の一節によってここの二句はでき、そのことは「行巻」にくわしく出ているのであるが、そこにこう言われてある。

弥陀章のところでは、百七仏という諸仏が紹介されて、「この諸仏世尊、現在十方の清浄《しょうじょう》世界に、みな名《みな》を称し阿弥陀《あみだ》仏の本願を憶念《おくねん》することかくのごとし」（『教行信証』聖典一六五～一六六頁）とある。これは「この諸仏世尊、現在十方の清浄世界にまします。みな名を称し憶念すべし」と、ここで切るべきである。みなその「諸仏の名を称えよ」、その「仏を憶念せよ」というのである。それを親鸞聖人は、この「諸仏が名を称する」、「諸仏が阿弥陀仏の名を称える」とされるのである。また「阿弥陀仏の本願を憶念することかくのごとし」と、諸仏が称名し憶念すると、こういう具合に訓点を改めて第十七願の精神をもって読み直されたのである。そこに「阿弥陀仏の本願はかくのごとし」とあるその本願を、「もし人《ひと》、我を念じ名を称して自《おの》ずから帰すれば、すなわち必定《ひつじょう》に入《い》りて阿《あ》耨多羅《のくたら》三藐三《さんみゃくさん》菩提《ぼだい》を得《う》」（同一六六頁）と、第十八願を要約されたものとしていただかれた。第十八願を龍樹菩薩の言葉で言い直された。「心を至し信楽《しんぎょう》して我が国に生まれんと欲《おも》うて、乃至《ないし》十念せん」（『大経』聖典一八頁）という第十八願文を「我を念じ名を称して自ずから帰すれば」と言い直された。「すなわち必定に入りて阿耨多羅三藐三菩提を得」というのは、「もし生まれずは、正覚を取らじ」（同頁）に依ってある。

次に龍樹菩薩の「即時入必定」（「即《そく》の時に必定《ひつじょう》に入《い》る」〈『教行信証』聖典一六六頁〉）という韻文がある。散文には即はあるが、時はない。韻文には時ということが出ている。韻文の「即時入必定」から「即」と「時」をとり、それに散文の「自」を加えて、散文と韻文を合わせて「自然即時入必定」という「正信偈」の句ができたのである。

「正信偈」では親鸞聖人は「憶念弥陀仏本願　自然即時入必定　唯能常称如来号　応報大悲弘誓恩」と念仏と称名を二つに分けておられるが、龍樹菩薩の散文では「念我称名」（「我を念じ名を称して」〈『教行信証』聖典一六六頁〉）と、我を念ずるということと称名ということとが一つになっている。

「必定」と「阿惟越致に至る」

第十八願と言うけれども、ただ第十八願だけではないのであって、必定に入って阿耨菩提を得るということではないか。それは「生まれずは」（『大経』聖典一八頁）ということを言い換えられたのである。必定に入って阿耨菩提を得るということは、本願文では、「もし生まれずは、正覚を取らじ」（同頁）と言われている。往生の内容は成仏をあらわすのだから、これは第十八願と言うよりも、むしろ第十一願である。必定ということが出ているのも、阿耨菩提を得るということが出ているのも第十一願である。必至滅度である。正定聚に住するということが必定である。第十一願は仏道の問題であり、第十八願は往生の問題である。第十八願と言うけれども、単に第十八願ではなく、第十一願をもって第十八願の精神があらわされている。

また即という字は、本願文には出ていない。即ということが出るのは、本願成就の経文であって、ただ直接に因願のままではなくて、第十八願の問題は第十一願の問題で解決される。しかも、第十一願と第十八願は本願文から言えば別々であるが、それが一つになって出ているのは成就文である。本願は四十八あるけれども、ただし『大経』の下巻に本願成就を語っているときには、四十八全部というわけではない。『大経』は阿弥陀仏の本願を釈尊が解釈される。つまり、仏の本願を仏が解釈されるのである。本願は四十八あるけれども、成就はまず第十一願から始まる。第十一願と第十八願が結合して一つになっている。願は根拠を明らかにするもので、一々の願は別々になるが、成就というのは我われの上に本願が成就する。本願が我われの上に事実として成就するのであるから、成就するところに別々ということはない。

こういうわけで、龍樹菩薩においては必定ということと、阿惟越致に至るということが根本問題であって、これが『十地経』の問題でもある。阿耨菩提ということもあるけれども、阿耨菩提道における根本問題は「必定」ということである。仏道というものは「昇道無窮極」（『大経』聖典五七頁）であり、これで終わるということはない、無限の道で終わりがない。終わりなき道である。仏道が済んでから世間に出てくるということではない。仏道を卒業したから今度は次の問題ということはない。仏道には終わりがない。終わりなき仏道における問題は、「必定」ということである。必定という位に入るならば、いかに仏道が無限であっても無限に耐えられる。必定は仏道に定まった位であって、それさえはっきりすれば、無限の仏道に耐えられる。無上仏道においていかに必定の位を得るかということが、根本問題であろう。

『十地経』には菩薩地と言われる地がある。地ということは、そういう問題をあらわす。地というのは、位と言ってもよい。位がはっきりすれば、仏道がいかに無限であっても差し支えない。位が果を転じて因を生み出す。仏道に達するのに仏道から出発する。その出発点を見出したことである。仏道においては一歩一歩ということと、無限ということとは一つである。一歩一歩が無限である。そういう形で、必定ということが仏道の根本問題となる。位をあらわすのを地と言う。それが龍樹菩薩の問題でもあり、『十地経』の問題でもあった。難行道・易行道ということは、そういうことをいかにして解決するかである。難行道も易行道も、そこから出る。いかにして必定という位を得るか。龍樹菩薩は、特にこの意味において「念我称名」を見出された。必定という問題の解決を、称名に見出されたのである。その解決の原理は本願である。本願文を見れば、そこにすでに問題が取り上げられ、またそれが解決されている。第十八願は、その問題を解決する念我称名ということをあらわしているという意義がある。

「浄土において不退を得る」のではなく「現生不退」

親鸞聖人が龍樹菩薩を七高僧の第一に置かれるというのは、「即時入必定」という一句によるわけである。本願成就の信心の表白が「自然即時入必定」である。これは本願の成就を離れるならば、ないことであろう。「自然即時入必定」ということは、言ってみれば現生不退である。現生不退ということを言われたのは、七祖の中でも龍樹菩薩だけであった。だから龍樹菩薩を離れるならば、浄土において不退を得ると、こう言わざるを得ない。『浄土論』はもちろんのこと、曇鸞大師にしても、「仏《ぶつ》願力《がんりき》に乗じて、すなわちかの清浄《しょうじょう》の土《ど》に往生《おうじょう》を得しむ。仏力《ぶつりき》住持して、すなわち大乗正定《しょうじょう》の聚《じゅ》に入《い》る」（『教行信証』聖典一六八頁）と、願力をもって往生せしめられた衆生を、仏力をもって正定聚に入らしめると言われてあって、龍樹菩薩を離れるならばみな必定に入るということは浄土の徳である。龍樹菩薩だけが「この身において」（同一六五頁）必定を得る、現身において必定を得る、と言われる。それを考えても、非常に大事なことである。親鸞聖人は「行巻」の御自釈で、「ここをもって龍樹大《りゅうじゅだい》士《じ》は「即時入必定《そくじにゅうひつじょう》」（易行品）と曰《い》えり」（同一九〇頁）と言われるように、「即時入必定」という一句をもって龍樹菩薩全体を代表させておられる。

自然《じねん》という自は、おのずからという意味で自然と言ってある。「行巻」に引用されている本文では、おのずからという訓点になっている。おのずからとみずからと両方の意味がある。おのずからは、必ずしもみずからを否定する意味ではない。おのずからと言えば願力、みずからと言えば自信ということになる。みずから信ずるということになる。おのずからをもって、みずからとする。おのずからは願、みずからは信をあらわす。如来の願をもって、我が信となす。ここでは自然とあるから、おのずからという意味に解釈された。これは本願他力をあらわすのであろう。

自然という言葉を他力ということであらわしてこられたのは曇鸞大師であるが、他力ということが他力という言葉ではなく語られている。龍樹菩薩の難行・易行ということを、曇鸞大師は自力・他力であらわされている。難行の難行たる所以、易行の易行たる所以を、自力・他力をもって明らかにされたのである。本願自然、本願他力によるがゆえに、我われの努力を俟たない。称名ということは行であるけれども、難行も易行も行には違いないけれども、行を必要としないという意味ではなく、努力を必要としないということである。易行は、わずかな努力で、ということではない。誰でもできるわずかな努力、わずかな行ということではない。いつでもどこでも誰でもできる行、そのために称名ということがある。しかしながら、誰でもできる行ということは、わずかな努力で、ということではない。努力を必要としないということであって、行を必要としないということではない。努力を必要としない行である。そういう意味で、易ということがあらわされる。

それは何であるかと言えば、本願成就であるからである。我われの問題が我われに先立って、名として本願に成就されている。我われの問題が仏によって名として成就されている。名として成就されているから、それに帰すれば本願成就の道理によって、直ちに「即時入必定」する。時は事実である。自然の事実として、本願自然が初めて成り立つのである。

「即時入必定」と「摂取不捨」が、南無阿弥陀仏の名義を明らかにする言葉

このように「自然即時入必定」という一句に、第十一願の問題が第十八願の本願成就として、非常に簡潔に明白にあらわされているわけである。推測する必要がない。「顕大聖興世正意　明如来本誓応機」の顕や「顕示難行陸路苦　信楽易行水道楽」の顕示は、本願成就に一点の惑いもない。龍樹菩薩御自身の上に、本願が身をもって示されたということは、ただ推察ではなくて明らかな事実である。聖典とはそういうものであって、論理的厳密性は必要ではない。そうかと言って、ただ漠然と感じさせるとか、ただ感銘させるとかということでもないであろう。ここに信仰の真理が非常に的確にあらわされている。論理的という意味は、必ずしも必要ではない。押さえるべきところを的確に押さえて、一点の狂いもない。こういう場合に聖典というものになる。論理的厳密性ではなく、信仰における的確性である。的確に言い当てられている。こういうものでなければ聖典にならない。

「即時入必定」という言葉は、本願が成就してもしなくてもあるものではない。本願の外にある人では出ない言葉である。本願の中で本願をあらわす言葉である。経文には、浄土において必定に入らしめるとある。そういう本願をいただいた人から「即時入必定」という言葉が出る。浄土において必定に入らしめるという本願の経文を、自己の自覚として受け取ったことをあらわすのが「即時入必定」である。教としては浄土の不退であっても、教によって解明された自己の自覚としては現生不退である。浄土の不退であっても、浄土ということが本願の力を象徴している。その本願の中に自分を見出した人から「即時入必定」という言葉が出る。それが現生不退である。本願の中にあって本願を

明らかにしている。それは本願をいただいた人だけにあることである。本願を自分に関係させた言葉である。自分を離れれば、不退を得るのは浄土において、としか言えない。自分に関係させるから、現身において不退を得ると言うことができる。

　現生不退ということの内容は、もとは『大経』の本願に違いないけれども、本願成就の明証を求めようとするならば、経典としては『観経』の「摂取不捨」（聖典一〇五頁）であり、釈としては龍樹菩薩の「即時入必定」、この二つであると思う。それほど重要な文を『観経』と相並んで「行巻」の御自釈のところに続いて出してある。「しかれば真実の行信《ぎょうしん》を獲《う》れば、心に歓喜《かんぎ》多きがゆえに、これを「歓喜地《かんぎじ》」と名づく。これを初果に喩《たと》うることは、初果の聖者《しょうじゃ》、なお睡眠し懶堕《らだ》なれども、二十九有《う》に至らず。いかにいわんや、十方群生海《ぐんじょうかい》、この行信《ぎょうしん》に帰命《きみょう》すれば摂取《せっしゅ》して捨《す》てたまわず。かるがゆえに阿弥陀仏《あみだぶつ》と名づけたてまつると。これを他力《たりき》と曰《い》う。ここをもって龍樹大士《りゅうじゅだいじ》は「即時入《そくじにゅう》必定《ひつじょう》」（易行品）と曰《い》えり」（『教行信証』聖典一九〇頁）。「即時入必定」は「摂取不捨」である。「信心歓喜、乃至一念」（『大経』聖典四四頁）において往生を決定するということが、本願成就の経文の御心である。特に、龍樹菩薩の「即時入必定」と『観経』の「摂取不捨」とが、南無阿弥陀仏の名義を明らかにする言葉である。龍樹菩薩・善導大師お二人の心を通して、本願成就の摂取不捨を語っているのがこの一節である。

諸仏は本願を称讃することを通して、本願成就の信を我われに成り立たしめる

阿弥陀仏に摂取されるということは、我われを超えている。本当の我が、本願成就の我としてそこに応えられている。我われは南無阿弥陀仏によって我に遇う。南無阿弥陀仏以外に私の信念などというのは、理知の作った偶像である。光明遍照は本願の徳をあらわしており、摂取不捨は本願成就の我をあらわしている。「即時入必定」は摂取不捨をあらわし、摂取不捨のゆえに「即時入必定」である。本願成就を明らかにするところに『大経』があるのだけれども、『大経』だけでは本願成就と言っても明瞭ではない。一点の狂いもなく明確に顕示してあるのは、経典としては『観経』の「摂取不捨」、論としては龍樹菩薩の「即時入必定」である。それほど重要な位置を、この一句がもっているのである。

「顕示難行陸路苦」の顕示難行は、親鸞聖人が加えられて「易行品」の言葉の意義を明らかにされたのである。顕示という言葉で明確に法をあらわす。法をあらわすということは、我われに信心を勧めることである。お前のやりたいことを勝手にせよということではない。まず、法を掲げ本願成就の歴史を見よ、ということである。眼を転じて向こうを見よ。どう行くべきかということではなく、すでに解決されている事実を見よ、この歴史の事実を見よ、ということである。これが顕示という意味である。

我らの信心が俟たれているということだけが残る。易行を明らかにするのはなぜかと言うと、易行は努力のいらないことであるからである。行がすでに成就してある。易行は行を否定するのではなく

て、人間の努力がいらないということである。努力がいらないということは、信を勧めてあることで、信だけが我われに残されている。聖道の教には阿弥陀の行がないから人間の行がいる。真宗は信心為本で、行の代わりに信を立てるのではない。行がすでにあるから、信心である。それで難行という字が使ってある。親鸞聖人が顕示難行と言われたのであるが、顕示難行ということが第十七願である。

諸仏が阿弥陀仏の本願を讃嘆したもうことによって、それによって我らの信を呼び起こす。これが第十七願である。第十七願の精神は本願を称讃することであり、それは諸仏の自信教人信である。本願を称讃することを通して、本願成就の信を我われに成り立たしめるのである。龍樹菩薩は、「もし人《ひと》、我を念じ名を称して自《おの》ずから帰すれば、すなわ〔即〕ち必定《ひつじょう》に入《い》りて」（『教行信証』聖典一六六頁）と言われているが、第十八願をいかに繰り返してみても、「即」は出てこない。即が出るはずがない。願によって、人間の未来に新しい可能性が開かれる。地獄一定の人間に新しい可能性が開くのが願である。第十八願に現実性がないのは当たり前である。法然上人の教学は未来往生で浄土教一般であるけれども、本願を立場とすれば真宗は出てこない。本願成就に立って、本願を明らかにするのが真宗である。だから龍樹菩薩は浄土教の祖師ではなくて、真宗の祖師である。第十八願を述べてあるけれども、成就の眼を通して言いあらわしてある。それでなければ、即であるはずがない。

伝承――仏法に触れるのは仏法の力による――

「唯能常称如来号　応報大悲弘誓恩」。『高僧和讃』の龍樹菩薩のところで「智度論《ちどろん》にのたまわく如来《にょらい》は無上法皇《ほうおう》なり　菩薩《ぼさつ》は法臣としたまいて　尊重《そんじゅう》すべきは世尊《せそん》なり」（聖典四九〇頁）と述べられており、これは『智度論』の、「仏はこれ無上法王なり、菩薩《ぼさつ》は法臣とす。尊ぶところ、重《おも》くするところ、ただ仏・世尊なり」（『教行信証』聖典二四六頁）という言葉をもとに御制作になったのである。所尊所重、尊ぶべきところ、重んずるべきところは唯一世尊である。唯一世尊ということが、称名報恩ということであろう。報恩は、「易行品」の「自然即時入必定」、特に「自然」を受けて出てきたのである。「唯能常称如来号」は、「易行品」から直接出ており、「応報大悲弘誓恩」は、「易行品」から直接ではなく「易行品」の自然を受けた上で、『智度論』の所尊所重・唯一世尊という言葉を通して出てきたのである。そのようにして「正信偈」では、称名も報恩も「易行品」の内容として一行に包んであるのである。

この部分は、親鸞聖人御自身が『智度論』によって御制作になったように思うが、『教行信証』における『智度論』からの文章は、『安楽集』を通して引かれているのである。親鸞聖人が勝手に大蔵経を開いて龍樹菩薩に触れられたのではない。『智度論』も直接に『智度論』と言わずに、『安楽集』の伝承を通してある。『安楽集』を通して『智度論』を見る。伝承ということが大事である。『安楽集』を通さなければ、ただの教理である。

『安楽集』を通すところに、実は仏法が行証されているというそのことが、親鸞聖人に関係してくる。仏法が七高僧を通して伝承される、七高僧の上に行証されるということが、実は親鸞聖人から見れば重要な意味をもつのである。それが実は自分のためであった、自分を仏法に触れしめんがために仏法が行証されてあった、とそのように親鸞聖人はいただかれたのである。

龍樹菩薩は龍樹菩薩御自身のために、道綽禅師は道綽禅師御自身のために道を求められた。みな個人が個人の救いのために道を歩むのであるが、その歩みの意義は個人に尽きないのである。それが、実は本願の誠であることを証明したことである。個人から言えば、本願に証明されたことがかえって本願を証明したことである。本願に証明されて、また本願を証明した。これは個人の意義に尽きないものである。やはり阿弥陀仏が本願を発されたのも、龍樹菩薩や道綽禅師が道を求められたのも、これは親鸞一人がためであった。自分のために道を求められたと、こう我が身にひきかけて親鸞聖人はいただかれたわけである。親鸞聖人は、龍樹菩薩や道綽禅師がなくても如来の本願に触れることができた、ということはない。どれだけ努力をして一点一画を改造しても駄目であった。仏法に触れるのは仏法の力によるのである。仏道の因縁に、親鸞聖人の全存在が総合された結果である。そういうところから、伝承を非常に重要視されたのである。『智度論』にある言葉が、道綽禅師によって取り上げられているところに、親鸞聖人は非常に深い意義を見出された。

その精神はさらに善導大師にまで及んでいる。有名な「自信教人信、難中転更難、大悲弘普化、真成報仏恩」（「自ら信じ人を教えて信ぜしむ、難きが中に転《うた》た更《また》難し。大悲、弘《ひろ》く普《あまね》く化する、真《まこと》に仏恩《ぶっとん》を報ずるに成る」〈『教行信証』聖典二四七頁〉）という御言葉は、法の伝承である。称名報恩ということが、そこまで触れている。「正信偈」では、称名報恩は龍樹菩薩の御言葉として取り上げられているけれども、実は龍樹菩薩から生み出された道綽禅師や善導大師によって、龍樹菩薩を明らかにした表現が称名報恩なのである。そういうことで報恩という言葉が出ているわけである。

「信楽易行水道楽」。「正信偈」は一貫して本願成就の信心であるが、その信心がここに水道という言葉であらわされているわけであろう。この言葉が龍樹菩薩の自信教人信であり、また龍樹菩薩の信念でもある。「易行品」でも弥陀章を見てみると、一句一句に「稽首《けいしゅ》し礼《らい》したてまつる」「我《われ》常に念じたてまつる」（『教行信証』聖典一六六頁参照）などの言葉がある。これは自信をあらわす。難行道も易行道も、龍樹菩薩の自信の歩みを語ったものである。自信、みずから信ずるところをあらわされている。

恩を報ずるということは、自分に立たない信心

「応報大悲弘誓恩」。「応」というのは、教人信をあらわす。自信が教人信という意義をもっている。応や可という字はここだけではなく「正信偈」に一貫している。初めには大聖の真言に対して「応信如来如実言」とあり、最後には「唯可信斯高僧説」とある。応や可という字であらわしてある。これは教人信の意義であって、信を勧められるのである。仏道の歴史の上に立って、仏道の歴史そのものが次々に信を勧めている。つまり諸仏称名に、信を勧めるという意義がある。十方諸仏に我が名を称せしめるというところに、本願成就のこの事実を見よ、と本願の事実を示して我われを発遣する。本願から言えば招喚し、諸仏から言えば発遣する。発遣・招喚に、信を勧めるという意義がある。

本願の歴史は、我らに知らん顔をして成就しているのではない。今日我われは仏法に触れてはいても、思想問題についても教団の問題についても迷う。今日、教団にしても教学にしても危機に立って

いる。もう、もとの形の教団や教学ではいられない。仏法に深い関心をもちつつ、しかもなお迷う。それからいろいろな思想の誘惑にもかかる。論理が必要と考えられたり、仏教の現代版というものが必要と思われたり、あるいは社会科学の内容をもったものがなくてはならないというように自らも考え、また他の誰に聞いても答えることのできない時代である。信仰だけではいけないと言って迷うのは、信がないのではなく、信仰のゆえである。仏法は仏法自身から具体化する。我われがどのようにして行こうか、とするところに迷ってくる。やはりそれは、恩を忘れたことである。我われが人類の苦難などと言っても、自分の苦難を言っている。だから悩みが純粋ではない。我われのやることはどうでもよい、教団が解体し自己が滅亡しても、法が明らかになればよい。法が明らかになれば、我われのためということはいらないことである。そういうところに、知恩報徳、本来に立ちかえるということがある。

『智度論』に「仏はこれ無上法王なり、菩薩《ぼさつ》は法臣とす。尊ぶところ、重《おも》くするところ、ただ仏・世尊なり」（『教行信証』聖典二四六頁）とあり、所尊所重、尊ぶべきところ、重んずるべきところは唯一世尊である、と言われている。念仏は誰においても、それ自身が所尊所重である。念仏に立つならば、教団であろうが我われ個人であろうが消えてしまう。教団のために念仏があるわけではない。念仏はそれ自身が目的である。我われはどんな困難にあっても、喜んでなぐさめられるのである。唯一世尊ということが、称名報恩ということであろう。これは「易行品」の「自然即時入必定」、特に自然を受け、報恩が出ていたのである。それが「応報大悲弘誓恩」である。自然は本願の徳である。恩を報ずるということは、自分に立たない信心である。自分に立った信心というものは自力の信心であり、自分を一番大事にする。知恩報徳ということは、本願成就の信心だけで言うことである。知恩報徳ということが、本願成就の信心をあらわしている。本願成就を記述したということが、知恩報徳である。

僧伽的人間としての自己でなければ、知恩報徳は成り立たない

第二十願には、過失があらわされている。それは、念仏に遇っているけれども念仏を利用している、念仏を自己の救いの手段にしているという過失である。第二十願のその過失を親鸞聖人は、「かるがゆえに宗師（善導）は、「かの仏恩《ぶっとん》を念報することなし」」（『教行信証』聖典三五五頁）と、善導大師によって示しておられる。これは非常に意義の深いことで、雑行雑修の過失の一つである。『往生礼讃』に雑行雑修の過失として十三の過失が挙げられており、初めの九つと後の四つの間に「又」という字が置いてある（真聖全一、六五二頁参照）。親鸞聖人は、前の九つは第十九願の過失、後の四つを第二十願の過失として示しておられる。

自力の信心の特徴は、恩を知らないということである。恩を知ることがないのが過失である。自分の力で自分が生きているというところに、恩というものはない。本願を信じたと言っても、実は信じた自分の力を誇っている。自分の信心であって、本願を頼みはしない。本願を通して自己を頼む。自力の信心は懺悔と言うけれども、「これだけ罪が自覚された」と罪の自覚において頭を上げる。自力

の信の過失は、恩を知ることがないということである。そういう点から、『浄土和讃』の巻頭に「弥《み》陀《だ》の名号《みょうごう》となえつつ　信心まことにうるひとは　憶念《おくねん》の心《しん》つねにして　仏恩《ぶっとん》報ずるおもいあり」（聖典四七八頁）がある。仏恩報ずる思いがあるということは、本願の信心の特徴である。他力信心の形として、報恩ということが述べてある。

報恩は、自力にも他力にもあるのではない。報恩ということで、他力信心をあらわす。自分にも報恩があるということではない。自力にあるのは感謝ということくらいで、もったいない、かたじけないということはない。自分は念仏して努力する。仏はそれを往生せしめると言う。そういうところには、感謝は成り立つかも知れないけれども、知恩報徳は成り立たない。恩を知るということは、我の問題が我に先立って成就されていることを知るということである。我が期待を超えて成就されている。我が我以上に成就されているのであるから、自分がどう行くかということではなく、自分はどうして成就したかということを知らせていただく。仏の本願の道が自分の歴史であったと知らせていただく。自己が仏法成就としての自己であり、自己の成就が仏法の成就であると知らせていただく。だから、自己を仏法に返す。そこに如来に返すような自己がある。単なる私的な自己ではなく、僧伽的人間としての自己である。そういうことでなければ、知恩報徳ということは成り立たないと思うのである。

第八章　天親章

10、天親菩薩造論説

天親菩薩造論説　帰命無碍光如来
依修多羅顕真実　光闡横超大誓願

天親菩薩《てんじんぼさつ》、論を造りて説かく、無碍《むげ》光如来に帰命《きみょう》したてまつる。
修多羅《しゅたら》に依《よ》って真実を顕《あらわ》して、横超《おうちょう》の大誓願《だいせいがん》を光闡《こうせん》す。

一般に、大乗としての『浄土論』は瑜伽の論

全体が『浄土論』によって制作されているが、「天親菩薩造論説（天親菩薩《てんじんぼさつ》、論を造りて説かく）」（「正信偈」聖典二〇六頁）という初めの一句で、浄土の教を説かれたということが出ている。龍樹菩薩や曇鸞大師のように、行徳というものを特に述べてはいない。しかし特に行徳を立てる必要がないほど、『大経』の歴史の上に『浄土論』の制作は重要な位置をもっている。経典としては浄土の経典は三部経であるが、論としては、『浄土論』はインドにおける唯一の論である。曇鸞大師以来三経一論

と言い、『浄土論』は三経と合わせて浄土の聖典として重んじられているのである。天親菩薩には『十地経論』『法華論』『涅槃論』等があり、唯識の論書もあることは言うまでもない。『浄土論』は唯識の論書であるが、唯識の論書は必ずしも『浄土論』だけではないのである。そういうわけで、『浄土論』が他の論と並んで瑜伽の論であるという意義をもっていることを、やはり考えておかなければならない。

天親菩薩は、龍樹菩薩と並んでインドの代表的な大乗仏教の論家である。弥勒に始まり、無着を通して伝承されてきた瑜伽の教学である唯識論を完成された。天親菩薩の教学と言えば、諸法唯識を主とする瑜伽の大乗である。したがって『浄土論』も、一応は瑜伽の大乗の論という意義をもっている。初めからただ浄土教の聖典と決められているわけではない。しかしながら瑜伽の論として見れば、『浄土論』は一向に目立たない。二十頌および三十頌の『唯識論』こそ、天親菩薩の根本教学を代表するものではないか。『浄土論』は、天親菩薩の教学においてそれほど大きな意義をもたなかったのではないかと思う。このように『浄土論』が、瑜伽の教学の論であるとともに、同時に三経の歴史の上に三経の論、特に『大経』の論として歴史的に展開してきたのは、まったく曇鸞大師の『論註』によるのである。

『論註』の意義

龍樹菩薩・天親菩薩という伝統は、曇鸞大師を離れれば見出せないのである。親鸞聖人が龍樹・天親の二菩薩を『大経』伝統の祖師として見出されてきたのは、まったく『論註』を通してである。その巻頭に「謹《つつし》んで龍樹菩薩《りゅうじゅぼさつ》の『十住毘婆沙《じゅうじゅうびばしゃ》』を案ずるに」（『教行信証』聖典一六七頁）とある。『論註』は『浄土論』の註解であるが、『浄土論』を註解するときにやはり、『十住毘婆沙論』の歴史の上に『浄土論』を置かれたのである。そして「この『無量寿経優婆提舎《むりょうじゅきょううばだいしゃ》』は、けだし上衍《じょうえん》の極致《ごくち》、不退の風航なるものなり」（同一六八頁）と劈頭《へきとう》に掲げて『浄土論』の位置を決定しておられる。『浄土論』の本来の名前は『無量寿経優婆提舎願生偈』である。どの無量寿経かはわからないが、曇鸞大師は三経と広く言っておられる。三経一論という言葉は法然上人にあり、三経一論が成り立ったのは曇鸞大師によるのである。

『無量寿経優婆提舎願生偈』の無量寿経は、総じて三経、別して『大経』と昔から言われている。この三部経が浄土の三部経としてまとめられたのは、そこに選択本願があるからである。しかし選択本願を説いてある経典は『大経』である。『観経』も『阿弥陀経』も聖典としてはあるけれども、選択本願を説いてあるわけではない。三経と言うけれども、帰するところは阿弥陀仏の本願を説いてある『大経』ということになるわけである。この『大経』の歴史の方向を成り立たせ、決定してきたのが龍樹菩薩の「易行品」である。そのように易行道の聖典としての『大経』の歴史が成り立ってきたのである。三経の歴史の上に『浄土論』を置かれたのが曇鸞大師である。

讃嘆することが如実修行ではない

もちろん曇鸞大師の『論註』を俟たなくても、『浄土論』自身が『無量寿経優婆提舎願生偈』と言ってあるのである。なるほど『浄土論』は無量寿経の論ではあるけれども、しかしながらその立場は瑜伽の教学であろうと思う。『浄土論』の発起序に「我修多羅《われしゅたら》、真実功徳《くどく》の相に依って願偈《がんげ》を説いて総持《そうじ》して、仏教と相応《そうおう》す」（『浄土論』聖典一三五頁）とあるが、それは瑜伽の教学によって無量寿経に説かれたところの世尊の教と相応しようということである。そういう点から見れば、『浄土論』は瑜伽の論と言えるわけである。「願生偈」には二十九種荘厳功徳が説かれているが、最初に「観彼世界相　勝過三界道」（同頁）とあり、また「観仏本願力　遇無空過者」（同一三七頁）とある。観ということをくわしく言えば止観である。「願生偈」を作られるとともに、自らそれを解釈しておられる。その解釈された部分を解義分と言うが、その解義分の内容を見ると、五念門が説かれてある。

五念門の中心がどこにあるかということは大きな問題である。一応瑜伽の論として見れば、五念門によって五功徳門を成就する。五念門の満足成就を五功徳門によって説いてある。礼拝・讃嘆・作願・観察・回向の五念門には、礼拝にしても讃嘆にしても一々理由が付されている。礼拝するという場合、「かの国に生ぜん意をなさせんがゆえ」（『浄土論』聖典一三八頁）に礼拝すると言う。なぜ礼拝するかと言えば、願生の心によって礼拝する。一々「ゆえ」と言う。最後の回向の場合は「大悲心を成就することを得たまえるがゆえに」（同一三九頁）である。礼拝の行は願生の所以、回向の行は大悲心を成就せる所以である。ところで作願・観察の二門の行の理由としては、彼の国に往生を作願するのは「実のごとく奢摩他《しゃまた》を修行せんと欲《おも》うがゆえに」（同一三八頁）であり、観察については「実のごとく毘婆舎那《びばしゃな》を修行せんと欲《おも》うがゆえなり」（同頁）である。このように奢摩他・毘婆舎那、すなわち止観を如実修行と言ってあることが大切なことである。

讃嘆門については、これを曇鸞大師によって見ると、無量寿経の本願に照らして五念門全体の行体とされるという、非常に重要な意義をもってくるのであるが、『教行信証』の「行巻」における大行の解釈もこれを伝承されているのである。そういうことを離れて直接『浄土論』を『浄土論』として五念門を見れば、讃嘆門は如実修行ではない。如実修行相応せんと欲するのであって、讃嘆することがすなわち如実修行ではないと言わなければならないと思う。讃嘆門に「実のごとく修行し相応せんと欲《おも》うがゆえなり」（『浄土論』聖典一三八頁）とあり、讃嘆はその止観に相応せんがためということになる。その止観が如実修行と言われる当のものである。止観の行によって自利を満足し、自利全体を挙げて大悲心に転ずるわけである。それが利他の行としての回向である。止観の観察が根本智の行であるのに対して、回向は方便智の行であり、止観という言葉が瑜伽行を代表するものである。

瑜伽の根本聖典は『解深密経』という経典であり、その中に「分別瑜伽品」がある。これは瑜伽の実践を明らかにするものであり、唯識観が瑜伽の行として説かれている。『解深密経』は玄奘三蔵の翻訳であるが、他に『浄土論』の訳者である菩提留支三蔵の訳がある。「分別瑜伽品」の玄奘訳と菩提留支訳本とを比較対照してみると、瑜伽の相当語は菩提留支訳では如実修行であり、玄奘訳は瑜伽である。「分別瑜伽品」では、瑜伽は止観の行として説かれている。

観行とは、法蔵菩薩の本願を自己の上に明らかにするということ

こう見てみると、五念門は『大経』を理論的に解釈したものではなくて、実践において『大経』の教によって自己を明らかにしたものである。教法を自己の上に明らかにする方法は、すべて止観である。観の意義に相応して、三経の中に『観経』があり、『浄土論』もまた「観彼世界相」「観仏本願力」というように、観の意義に相応している。そういう意味で曇鸞大師は『浄土論』を三経通申の論と見ておられるのである（聖典一六八頁参照）。『大経』もただ『大経』だけならば、物語ではないか。今日非神話化ということが言われるのであるが、神話は、仏教で言えばジャータカ（本生譚）ではないか。経典が神話や物語という形で説いてある。そこには物語としての本願が、つまり本生という形で説かれている。観行とは、法蔵菩薩の本願を自己の上に明らかにすることである。観行という形で非神話化が試みられているわけである。私に関係すること、仏が自己に明らかにされるところに、初めて教の意味が成就してくる。

自分を離れれば、教というわけにはいかない。インドには、中国仏教の教相学とは違う法相学というものがある。法相学には教体という問題があるが、それは、教はいかなる法をもって体とするのかという問題である。教体ということを考えるについて、瑜伽の教学と小乗阿毘達磨とは違う。大乗においては、瑜伽の教学の立場から教体を明らかにしていく。小乗阿毘達磨では、教法は言説であって、不相応行法に属するものと考えられる。それに対して、瑜伽の教学は諸法を唯識と言う。それは、いかなる法も識を離れて存在しないという意味である。世親菩薩の教学では、仏心が教体である。教を

説かれる仏の心が教の体であって、教と言っても仏心を離れない。つまり教は、厳密に言えば仏の後得智である。仏の根本智として覚られた法が、我ら衆生のために後得智をもって説かれる。世親菩薩では、教の体は仏の識である。それに対して無性論師の解釈が伝えられているが、その意味をとって言えば教の体は、一応は仏の識であるが、再応は衆生の識である。言説は、衆生の識の転変である。教は、一応は仏にあるが、仏にあると言っても衆生の識に対する増上縁であるから、再応は教によって教えられた衆生にある。そもそも言説のないのが、仏の位である。自証が仏の場合であって、言説は我ら衆生にある。こういう立場である。

とにかく止観ということは、教法に照らされてあらわれてくる行者の心が内観され、それによって衆生の心が自覚的に明らかにされていく実践である。つまり、教法によって照らされた衆生の心が、自覚的に明らかになる。そこに観が出てくる。観ということが言われているのは、三部経では『観経』、論においては『浄土論』である。

自覚の道としての観

こういうわけで、止観ということが、瑜伽の教学においては方法論としての意味をもつものとして、実践を代表する概念である。この瑜伽の実践体系として施設されたものが五念門の行である。瑜伽行とか、あるいは観行、行というのはどういうところから来るかと言うと、仏道においては観が行である。単に瑜伽教学の上だけで言うことではない。観という行は、自覚の道である。大小乗を問わず、観が行ということは本来仏道というところから決まってくるものだと思う。自覚道が、その方法として自《おの》ずから観ということに規定されてくる。自覚を明らかにするところの道が観である。如実観ということが古くから言われているように、大小乗一貫してその行は観である。瑜伽だけではない。小乗で四聖諦ということが言われるが、それも四諦観である。龍樹菩薩の教学である般若も一切皆空と言うが、空というのも実は空観である。世親菩薩の教学である唯識というのも唯識観である。理論で空や唯識を立てるのではなく、それらは、自己を明らかにするところの実践なのである。観によって智慧を成就するのである。これは仏道が必然に決定するところの方法であろうと思う。我われがいかにして仏に成るか、いかにして解脱するかという実践問題は、これから研究するものではない。解脱の道は、解脱した人によって見出される。仏に成る道は、仏が生まれたところに見出されてくる。人間の歴史において釈迦牟尼仏の成道ということの意味は、ここにある。未来の人類が仏と成る道を釈尊が発見された。我われがこれから改めて探究して、解脱の道を明らかにするということではない。仏道において何が行かを、仏道自身が止観と決定している。そういう具合に、観でない道があるのではない。観のみが仏道自身の決定するところの実践の道である。こういう意義がある。

瑜伽の教学で止観と言われている観は、観察である。止観は、自然科学の実験観察というような外観と異なって内観であると言うために、止において観ずると言うのである。唯識の教学では、外境を観察するのではない。自己を離れた外境、あるいは教法教理を観察するのではない。教法も、自己を離れれば外境である。外境を観察するのではなく、内境を観察する。止というのは定である。定心にあらわれた境を、定心自身が観察する。心にあらわれた境を心が観察する。仏教においては、観というものが大小乗一貫してその実践を代表する。称名が行だということは、本願独自の立場にあるわけである。止観というのは自己を離れた境を観察するのではないとも言えるし、逆にものを観察するのではなく、ものになって自己を観察するとも言える。ものになってものをみる。あるいはものになれば、もの自身が自己をあらわしてくる。天親菩薩が「かの世界の相を観ずるに」（『浄土論』聖典一三五頁）と言われるのは、外境を観察したり想像したりすることではない。本願そのものとなる。本願そのものとなるところに、本願が自己をあらわしてくる。本願は、本願そのものとなった心に自身を開示してくる。観という字は、みるという。みると言ってもあらわれるという意味である。

『論註』によって、『浄土論』に「本願に立って」という意義が出てくる

いずれにしても『浄土論』は五念門の行で貫かれており、五念門は止観の行である。そして『浄土論』は最後に「自利利他して速やかに阿《あ》耨《のく》多《た》羅《ら》三藐《さんみゃく》三《さん》菩《ぼ》提《だい》を成就したまえることを得たまえるがゆえに」（聖典一四五頁）で結ばれてある。『浄土論』の結語は無上菩提を得ることであるが、そのための行は止観の行である。したがって、瑜伽の大乗において、仏教の学問は境行果の三瑜伽で組織されている。境瑜伽は仏教学の対象であり、行瑜伽は仏に成る方法である。仏を知るのが仏教学ではなく、仏に成る学問である。仏という理論を明らかにするのが仏教学ではない。果は目的であるが、仏教学の目的は無上菩提である。何のために仏教学、あるいは菩薩学を立てるのか。それは、阿羅漢を成就

するためではなく、無上菩提を成就するためである。その方法が止観である。対象は何であるかと言えば、二十九種荘厳功徳であって、これは無量寿経の所説の内容である。

『浄土論』はこれから考えてみると、二十九種荘厳功徳が三部経所説の内容であって、『浄土論』の初めにある「真実功徳相」（聖典一三五頁）が修多羅の内容である。三部経と言っても『大経』と言ってもよいが、『浄土論』はこういう点から考えてみると、別に唯識観を明らかにしているのではないが、『大経』止観である。それが五念門である。『大経』を止観すると言っても、二十九種荘厳功徳の如来を止観する。さらに徹底して言えば、本願を止観する。そのことによって、行者をして無上菩提を成就せしめる。このように考えられる。

『浄土論』も『大経』の止観であって、それによって菩薩をして菩提を成就せしめるというのであるから、一応は菩薩道の論である。対象は『大経』であるが、方法は瑜伽の実践である。瑜伽の実践の体系を語ってあるのが五念門である。このように、たとえ無量寿経と題されていても、菩薩の論、瑜伽の安心を表明するものであると思う。真宗の教学に立っても、こういう意義が失われるものではないであろう。こういう意味を否定するわけではない。しかしそうしてみれば、『浄土論』は大きな意義をもたなかったのではないか。三経一論という大きな意義をもってきたのは曇鸞大師によってである。『浄土論』はなるほど『大経』の論と言える。無量寿経を対象にしてあるから『無量寿経優婆提舎願生偈』と言われている。しかし、本願をただ対象として考えるのではなく、本願に立ってという意義が、『論註』によって出てきたのであると思う。

五念門の行の中心をどこに見るか

五念門の行の中心をどこに見るかは、七高僧の間で違いがある。歴史を通して見ると、その中心が移動してきている。源信僧都の『往生要集』には、正修念仏門に念仏が語られており、その内容は、『浄土論』の五念門がまさに正修念仏として取り扱われている。『往生要集』と言うけれども、ではその要はどこにあるのか。『往生要集』の十門を全体から見れば、第四正修念仏門と第九往生諸行門とが対応している。我われの往生成仏を解決するのに二つある。一つは念仏、一つは諸行である。根本の経典に基づいてこの二門の行が立てられているのであるが、しかしその要とするところは、正修念仏の一門である。その念仏も、第四正修念仏門では五念門として説かれているのであるが、五念門の要はどこにあるかと言えば、「作願・観察の二門をもって要となす*」と言い、念仏も作願・観察の観の中におさめられている。念仏は観察の行である。だから『往主要集』では称名であっても観察の中に包んである。

そこにいろいろ問題があるが、作願・観察二門が五念門の要だと決定されたことは非常に興味があることだと思う。『往生要集』は、『選択集』と違って一面から見れば、天台の止観の行として見ることができる。初めから浄土教の聖典ではない。

一応は天台の聖典と言える。『往生要集』は念仏を修すると言っても、天台を否定するものではない。念仏は宗を超えたものということが源信僧都の上にあらわれている。『往生要集』では観と称名が争うということではない。善導大師・法然上人のように観に対して称を明らかにするということではない。『往生要集』の面目は、本願の称名念仏を広く仏教一般の観の上に包んで、何人もそれを承認せざるを得ない形をもって念仏を明らかにしているところにある。

念仏は、ある特殊な主義主張というようなものではない。天台であろうがなかろうが、いやしくも仏道を行ずる人のよるところの道として、その態度があくまで公正である。『選択集』には廃立ということがあって、本願の念仏が廃立という形をとって明らかにされている。念仏も、ただ念仏ということも、如来の本願を離れるならば独断的な主張であるということを免れ得ないと思う。そういう意味で『往生要集』の解釈を見ると、穏健な仏教学一般の見方がそこにあらわされていると思う。だから、『浄土論』を一般的に菩薩学の論、大乗仏教の論として見れば、自ずから作願・観察が中心となるということを『往生要集』が証明する。

＊『往生要集』に、この言葉そのものはないが、法然上人の『往生要集』の解釈に「観察を要とする」「作願・観察を要とする」という語がある。以下は、『昭和新修法然上人全集』からの引用で、頁数も同書の頁数を表す。
「(五念門) 此五門中ノ、唯 (但) 以二観察一 (而) 為二其要一」(『往生要集詮要』五頁)
「此ノ五門ノ中ニ以テ二作願観察ノ二門一為ス二往生ノ要ト一余ノ三門ハ非ザルガ二是レ要ニ一故ニ」(『往生要集料簡』一一頁、『往生要集釈』二二頁)

五念門を本願に照らして見れば讃嘆門が中心、本願を離れれば観察門こそ行

それに対して法然上人が讃嘆門を中心に挙げられるけれども、もとにさかのぼってみれば曇鸞大師である。曇鸞大師の解釈では、第二讃嘆門が中心である。もちろん五念門は、善導大師の五正行とは多少違いがある。しかし、第二讃嘆門によって他を捨てるということではない。五念門は一々バラバラにあるのではない。五念門の体をあらわすのが第二讃嘆門という具合になる。そこに称名ということが出る。彼の無量寿如来の名を称する、称名念仏である。こういうことがもとになり、これがずっと善導大師・法然上人・親鸞聖人に引き継がれ、その伝承が「行巻」において示されている。これが普通のようであるが、実はむしろ独自の見方である。『往生要集』が普通であり、五念門を作願・観察におさめるということ、止観の実践体系と見るのが一般的な見方である。第二讃嘆門が説いてあるということはむしろ独自な見方で、しかも善導大師・法然上人と継承して『教行信証』もその見方に立っておられる。これは本願を対象とするのではなくて、本願に立った本願の立場である。前に言ったように、五念門の行の一々に「ゆえ」という語が置かれてあって、第二讃嘆門では「実のごとく修し相応せしめんと欲《おぼ》すがゆえに」（『入出二門偈』聖典四六二頁）とある。親鸞聖人は「すなわちこれ無碍《むげ》光如来《こうにょらい》の、摂取《せっしゅ》・選択《せんじゃく》の本願なるがゆえに」（同頁）と言われている。文章の形から言えば不自然であるが、「ゆえ」を特別にもう一つ加えられた。本願に照らして五念門を見れば、第二讃嘆門が非常に重要になってくる。本願を離れれば観察門が行であるが、観察が仏道の実践であるが、本願に立つならば言うまでもなく称名である。本願の行は何であるか、今さら我らが探す必要があるのではなく、本

願自身によってはっきり決定されており、独断と混乱がない。本願に立ちながら観察ということを言っているのは混乱であり、本願に立たずに称名ということを言うのは独断である。本願を離れるならば観が行であるが、本願に立つならば念仏が行である。非常に明確である、自分でこう考えるということで決めるのではない。無上菩提の志願に立つならば、観ということがその行である。

これは善導大師の場合であっても、五正行においては、称名と観仏と互角に置いてある。そうしないならば、誰も承認することができないだろう。本願に触れない者を誘引するためには、本願に触れない立場を一応認めなければならない。五正行の上から言えば、むしろ称名よりも観察の方が主である。とにかく五正行と開く上では観仏と称名が互角に置いてある。あえてどちらかと言えば観察が主である。称名と言うが、観察のための称名である。この五正行として掲げたものに批判を加え、それを二業、五種の正行を立てて、それに批判を加えて第四の称名を正定の業と言う。前三後一と言って、前の三つと後の一つは助業である。五正行を合して二業を立てるときには、称名は正定の業となり、観察はかえって助業とされる。善導大師は、「順彼仏願故」（「かの仏願に順ずるがゆえに」〈『教行信証』聖典二一七頁〉）と言われるように、本願によるならば第四の称名が正定業である。あくまで「順彼仏願故」であって、我われが決めるのではない。本願から決められたのである。我われが選んだ行ではない。仏によって本願とされた、このような関係である。

菩薩の行が解義分によって我一心の背景として見出されてくる

称名が五念門の中にあらわされているのは讃嘆門であって、本願に立つならば、この讃嘆門が非常に重要なものになってくる。善導大師の五正行の場合のように讃嘆門以外を助業だと言うのではないけれども、本願に照らして五念門を見れば、讃嘆門が五念門全体の体である。曇鸞大師は本願に触れた立場で五念門の体を称名にしているのであって、五正行のように本願に触れない衆生を誘引しようとするのではない。

こういうわけで、曇鸞大師によって見ると、『浄土論』は『大経』の教を明らかにするものであるが、今度は逆に『浄土論』の意義を決定する場合は、『大経』の本願に照らして『浄土論』の意義を明らかにするのである。経と論とを交互に照らす。経は論によって論は経によって決定するという意義が、『論註』によって初めて明瞭になってきた。観の瑜伽論としての意義を『浄土論』は捨てたのか。そういうことではない。捨てたのではなく、本願の立場に止揚されてくるのである。唯識では妙観察智ということがあり、『浄土論』の観はその妙観察智と言うべきものであろう。我われが今さらのごとく観察の行を努力して起こすというようなものではなくて、念仏において自然に感得されるものと言わなければならない。観と言っても、『観経』に説かれてある観想ではない。『浄土論』には、はっきりと智慧をもって観察すると説かれている。純粋なる智慧の行たる観察が、念仏に具《そな》わっているのである。『大経』の本願に照らすということが、『浄土論』として五念門の行が本来もっている菩薩行という意味を否定するものではない。

もともと我というものは、本願の自覚としての信心において成り立つ。我の立つところは、どこまでも信心というところにある。それを安心と言う。それに対して、行の主語は菩薩である。我が本願を信じ、我がまた五念門を行ずるというのではない。我の立つところは、一貫して信心である。我の立つところは、初めも終わりも一心である。その一心に自ずから菩薩の行を具足するのであって、菩薩の行をまったく否定したのではない。一心を得て、次に五念門を行ずる、ということではない。一心のところに、そこに自然に五念門が行ぜられる。そういう意義が明らかにされている。行の主語は我ではなく、菩薩である。だから我一心を明らかにしたのは「願生偈」であるが、菩薩の行が解義分によって我一心の背景として見出されてくることになる。我という言葉は菩薩に対応している。我は一心の表白としての偈を代表するのに対して、五念門の行の因果を広説している解義分を代表するものは菩薩である。

「願生偈」の偈文は世界観、解義分は歴史観

こういう対応は、親鸞聖人によって「行巻」において明瞭にされている。偈文の二十九種荘厳功徳は仏の妙境界があらわされている。浄土というのは仏の妙境界で、仏の境界が本願によって荘厳されている。二十九種荘厳功徳という形をとったのは、仏の世界が本願成就の世界であるということを明らかにするためである。これが本願成就の我一心の超越的な内容であり、一心が広大無碍と言われる所以である。

それに対して、解義分というのは浄土の歴史だと思う。仏が仏に成った歴史は菩薩である。浄土と言っても、天下りではない。浄土そのものは超歴史的であるが、それが歴史によって荘厳される。歴史に荘厳されるという意味においては、仏は成ったものであるが、成ってみればかえって超歴史として本来あったものであるということがあらわになる。荘厳されるのは我らのためであるが、同時にそれによってまた、仏も仏であることがあらわされる点では、荘厳は仏自身のためと言うこともできる。仏自身の世界をあらわすことは、五功徳門で言えば「蓮華《れんげ》蔵《ぞう》世界」(『浄土論』聖典一四四頁)である。

それに対して「安楽世界」(『浄土論』聖典一四四頁)は、我らのために荘厳された世界をあらわす。本願の世界が安楽国である。蓮華蔵世界は法界の一法句である。一法句を二十九種に荘厳されるということを語っているのが「願生偈」の偈文である。仏は、直接に仏として仏を荘厳するわけにはいかない。菩薩として荘厳する。「願生偈」の偈文を世界観と言うなら、解義分は歴史観である。こういう関係になっている。

『浄土論』は『大経』の本願の歴史の上に永遠不滅の位置をもつ

とにかく今言おうとするのは、そういう内容的なことよりも、ただ『浄土論』を直接に見るのではなく『論註』を通して見ることの意味である。それは『大経』の本願に照らして『浄土論』を明らかにするということである。龍樹菩薩によって成り立った本願の歴史によって『浄土論』を見、『大経』の歴史的展開としての『浄土論』の意義を明らかにする。それが『論註』の事業である。瑜伽の論家としての天親菩薩の思想を明らかにするのではない。天親菩薩の個人的意義ではなく、『大経』の歴史の展開として『浄土論』が生まれてきた歴史的意義を明らかにしたのが『論註』である。そう見てきて初めて『浄土論』を、三経と並んだ、三経の歩みとして見ることができる。こういう意義が『論註』において明らかにされたのである。

『浄土論』の教学と言っても、『論註』なしに語ることはできない。龍樹菩薩によって伝承された『大経』の歴史抜きに『浄土論』を見ることはできないのである。『大経』の本願の歴史として見、『大経』の歩みとして見るのである。『大経』の歩みというものは、龍樹菩薩によってその方向が決定づけられて、その歴史が始まったのである。龍樹菩薩がおられなければ『大経』も難行道の聖典であるか、易行道の聖典であるかわからない。易行道という独自の歴史が、龍樹菩薩によって始まったのである。易行道から生まれて易行道を基礎づけるものとして、『浄土論』はあるのである。

そうしてみると、「天親菩薩造論説」の一句が非常に重い一句だと思う。この一句によって、『浄土論』が『大経』の本願の歴史の上に永遠不滅の位置をもつということが、あらわされている。天親菩薩が『浄土論』を制作されたことに、瑜伽の論としてはそれほど大いなる意義がなかったのであろう。天親菩薩の全存在的意義は、『浄土論』を制作されたというその一事に尽くされている。だから天親菩薩の行徳は、特別に述べられておらず、行徳は次の曇鸞大師のところに置かれてある。

たすけるのが如来の仕事、たすかるのが我われの仕事

「願生偈」と言われているものは、今日では『浄土論』と言われ、また『往生論』という名前で呼ばれている。「願生偈」と言わず『浄土論』、あるいは『往生論』と言うのはどういう意義があるのか。『大経』は双巻経と言われるように、上下二巻からできている。『観経』は一経両会《りょうえ》と言われ、釈尊が耆闍崛山から王宮に応現され、王宮から再び耆闍崛山に還《かえ》られている。『観経』の大切な点は事件を縁としたことである。『観経』の会座は王宮会と耆闍会の二つである。阿難が耆闍崛山に還って、大衆のために王宮の説法を復演したというのが耆闍会である。会座が二つあるというのは普通の経典にはない。『観経』は一経両会の経典なのである。

両会と言うけれども、内容は一つである。善導大師は『観経』の題目を解釈するのに、一巻ということまで解釈されている。一巻まで解釈してあるのが、一経両会の説をあらわす。『大経』は一会であるけれども、両巻である。『観経』は両会であるけれども、一巻である。『大経』は上下双巻から成り立っているということが、重要な意義をもっている、下巻は上巻が余ったからできたということではない。双巻と言われるのは内容が違っているからである。

『大経』の古来の釈家は七高僧ではなく、浄影寺慧遠や憬興であった。憬興師は双巻たる所以を明確にとらえて、「如来の広説に二あり。初めには広く如来浄土《じょうど》の因果、すなわち所行《しょぎょう》・所成を説きたまえるなり。後《のち》には広く衆生往生《しゅじょうおうじょう》の因果、すなわち所摂《しょしょう》・所益《しょやく》を顕《あらわ》したまえるなり」（『教行信証』聖典一八二頁）と言われる。上巻は如来の問題、下巻は我ら衆生の問題をあらわす。たすけるのが如来

の仕事であり、そのために本願を説き浄土を荘厳された。たすかるのが我われの仕事である。往生を決定するという自覚を明らかにするのが、衆生の問題である。

このように『浄土論』『往生論』という名前は、双巻経である『大経』上下二巻の意味をもって呼ばれている。如来の『浄土論』、衆生の『往生論』である。『浄土論』はただ瑜伽の論というだけではない。天親菩薩が個人的に何を考えられたかということを述べているのではない。「願生偈」は『大経』の唯一の論である。これを継承し、かつ完成したのが『教行信証』である。『教行信証』は、そのように『浄土論』の事業を継承し、かつ完成するものであって、『教行信証』もやはり往生浄土の論であるという意義をもつのではないかと思う。

『浄土論』と『教行信証』の関係

『教行信証』「真仏土巻」は、教・行・信・証を通して真仏土の門を開く。真仏土の門として教・行・信・証を説かれる。そこに往生浄土の論という意義があると思う。今特に『浄土論』と『教行信証』との関係について考える。

『浄土論』の本来の名は『無量寿経優婆提舎願生偈』である。『教行信証』には「総序」と「別序」がある。「総じて」と「別して」である。総じてということになると、『教行信証』の結論として示すものは「正信偈」であって、「正信偈」は『浄土論』における「願生偈」に応じている。「正信偈」が「総序」の帰結するところである。「別序」をもって開かれる三心一心の問答は、偈頌と対応し、優婆提舎の意味をあらわす。『無量寿経優婆提舎願生偈』とは、優婆提舎たる「願生偈」である。信心の問題は、優婆提舎の事業である。それが「別序」の置かれた所以である。「信巻」から「化身土巻」までは、優婆提舎の事業である。教行二巻は偈をもって総結される。「総序」の「聞くところを慶《よろこ》び、獲《う》るところを嘆ずるなり」（『教行信証』聖典一五〇頁）という御心が、自ずから偈という形をとってくる。それに対して「別序」の方には「仏恩《ぶっとん》の深重《じんじゅう》なるを念じて、人倫《じんりん》の哢言《ろうげん》を恥じず。浄邦《じょうほう》を欣《ねが》う徒衆《としゅう》、穢域《えいき》を厭《いと》う庶類《しょるい》、取捨を加うといえども、毀謗《きほう》を生ずることなかれ」（同二一〇頁）という、大いなる覚悟をもって優婆提舎の事業を別開する御心が述べられている。単に聞くところを慶び、獲るところを嘆ずるだけではない。そこに大きな問題を提起している。

『教行信証』制作の意図は、総じて教行二巻をもって一応尽くされる。そのことを示しているものが「正信偈」である。しかし、別しては問答である。総じては、何のために『教行信証』を制作されたかと言えば、本願に目覚め歴史的意義を慶ぶためである。本願の歴史によって本願に目覚め、その慶びをもって人に勧める。自ら信じ、人に信を勧めるというところに、一点の私がない。本願の歴史において自信教人信するところに、総じての『教行信証』の意義があるが、それとともにまた、大きな問題を提起する。浄土真宗を見出した慶びを述べ、見出されたときにすでに歴史として浄土真宗が成就されている。三国の高僧によって証明されている歴史があるが、その歴史を内にさかのぼって真宗の根本問題を解決された。これが『教行信証』の、別しての意義である。それは、偈であるとともに優婆提舎である。単なる偈ではなく、優婆提舎たる偈である。こういう意義を『教行信証』が継承しているると思う。

『論註』は『浄土論』に対する釈論の形をとっている。『教行信証』の方は、むしろ宗論の形ではないか。釈論と宗論と形は異なるけれども、ほとんど同じ事業をあらわすものではないかと思う。『論註』が釈論としてなされた仕事を、宗論として成就する。『論註』の事業を受けて完成する。宗論を組織の神学であるとすれば、釈論は聖書神学である。それほど『教行信証』と『浄土論』は、関係が深いのである。どちらも『大経』の唯一の論である。真の『大経』の教学である。違うのは、『論註』では三経を一つに見てあり、『教行信証』では三経を区別して見ておられる点である。三経を区別する意義は、道綽禅師から始まるのであるが、区別を通して一つを明らかにしていく。こういう点に『論註』と『教行信証』との違いがあることは言うまでもない。『大経』の教学をあらわすのが『浄土論』であるが、真にそれに完成を与えたものが『教行信証』である。それによって法然上人の伝承に応えられたのではないかと思う。

論の主体をなすものは偈

曇鸞大師は『浄土論』の位置を『論註』の巻頭において決定されているのであるが、親鸞聖人の場合はどうか。前の龍樹菩薩にしても次の曇鸞大師にしても、おのおの伝説によって行徳をたたえてあるが、天親菩薩についてはそういうことはない。けれども「天親菩薩造論説」ということの一句が、いかなる讃嘆にも増す意義をあらわしている。『浄土論』の制作という中に、いかなる称讃にも匹敵する意味が代表されている。曇鸞大師は三経一論と言って、『浄土論』はインドにおける浄土の論として唯一のものであるとされている。

さて、「天親菩薩造論説」の言葉は、「願生偈」の最後の「我作論説偈」(『浄土論』聖典一三八頁)という言葉から出ている。「作」は制作するということである。「我《われ》論を作り、偈《げ》を説きて」(同頁)と言うと、論と偈と二つがあるように見えるがそうではない。『浄土論』という論の体をなすものは偈文である。偈文が論の体である。『浄土論』と言われるけれども、天親菩薩の『浄土論』そのものは「優婆提舎願生偈」とあるように「願生偈」である。その「願生偈」の偈が論の体をなす。

これは、必ずしも「願生偈」ばかりではない。『浄土論』には初めに韻文をもって正しく「願生偈」が述べられている。それから重ねて、その韻文を散文をもって解釈してある。その散文に「論じていわく」(『浄土論』聖典一三八頁)と言ってあるために、その部分が論であるように思えるが、そうではない。むしろ、偈が論の主体をなすものである。

こういうことは、「願生偈」に限らず、近いところでは天親菩薩の他の論にも見られる。たとえば『唯識論』を例に取っても、二十頌による唯識論と三十頌による唯識論があるが、『唯識二十論』は偈文とともに散文の解釈が付いているが、『唯識三十論頌』の方は偈文だけである。龍樹菩薩の場合でも、龍樹菩薩を代表するところの『中論』は偈文だけであるが、同じ趣旨をあらわす『十二門論』は偈文とともに解釈が添えてある。論と言っても偈だけで論になっている場合があり、偈と釈とがあって論になっている場合もある。しかし、釈だけで論ということはない。偈がなければ論は成り立たない。偈文は韻文、解釈は散文であるが、韻文は文章の形式から言っても格が高いものである。「願生偈」は、半分は偈文、半分は解釈と見えるが、偈が半分、解釈が半分で一論をなしているわけではない。偈は散文とは格が違うのである。そういうところから、論と言っても偈が体をなす。

体という字が用いてあるのは『究竟一乗宝性論』（以降『宝性論』と略）であり、この論の中に「略説此論体　七種金剛句」（大正三一、八二〇頁c）という言葉が出ている。句が論の体をなす。韻文によって制作された句が、論の体である。「願生偈」の内容は偈文を通して見ると、二十九種荘厳功徳成就である。荘厳功徳成就が、二十九句をもってあらわされている。これが「願生偈」の内容である。論体二十九句荘厳功徳成就というのは『宝性論』で言えば金剛であり、『浄土論』の言葉に直せば荘厳功徳成就である。『阿弥陀経』では「成就如是　功徳荘厳」（聖典一二七頁）と、成就ということが先に出してあり、『浄土論』では「荘厳《しょうごん》功徳成就」（聖典一三九頁）と荘厳ということが先に出してある。原文では同じ言葉であったかも知れない。翻訳された三蔵の違いによって、訳語に区別ができたとも考えられる。金剛ということを近く『浄土論』の言葉に見れば、荘厳功徳成就をあらわされた二十九句が論の体である。偈文というものもある意味で解釈されているとも言えるが、やはり偈は解釈以上のものであって、解釈の散文は文章から言っても格の劣るものである。

一例を挙げると、七高僧の中でも「願生偈」に対応するものは、善導大師の二河譬である。前の方では、白道で宗教心の展開をあらわし、譬喩をもって回心の道程を述べられた。後の方で善導大師はそれを解釈しておられる。前は喩説であり、後は法説である。後の方で、喩をもって法に合してある。

これを見ても、譬喩だけが生きているわけである。解釈すると、格が下がってくる。二河譬は、解釈を必要としないほど力をもっている。「願生偈」はそういうものではないかと思う。『唯識三十論頌』にしても『中論』にしても、偈頌だけでできているのはそういうわけである。

仏経によって仏教に相応せんがために、ということが論の意義

親鸞聖人は、天親菩薩の一心と『大経』の三心という問題を「信巻」に問答の形で取り扱われる。如来は三心の願を発されたけれども、天親菩薩が一心としてそれをあらわされたのは何のためであるかと言うと、「愚鈍《ぐどん》の衆生《しゅじょう》、解了易《げりょうやす》からしめんがために」（『教行信証』聖典二二三頁）と親鸞聖人は言われている。解釈というのはこのような意味ではないだろうか。それを、天親菩薩は「我《われ》論を作り、偈《げ》を説きて」（『浄土論』聖典一三八頁）と言われているのである。論を作って、また偈を説くのではない。論を作るということは、偈を説くということである。偈を説くというのは、作るも説くも同じようであるが、造作するということは正しく偈文を作るということである。説というのは、解説することである。言説するのではなくて、言説された偈の意義を解説する。偈を説くというのは、偈の含んでいる意義を解釈する。

だから、「天親菩薩、論を造りて説かく」の「説かく」というのは、偈の意義を讃嘆すると解釈してもよい。天親菩薩御自身の偈文の次に偈文を結ぶ形で、「無量寿修多羅《むりょうじゅしゅたら》の章句、我《われ》、偈誦《げじゅ》をもって総じて説きおわんぬ」（『浄土論』聖典一三八頁）とあり、後の解釈を結んで、「無量寿修多羅優婆提舎願《むりょうじゅしゅたらうばだいしゃがん》

偈《げ》、略して義を解し竟りぬ」（同一四五頁）とある。曇鸞大師は『論註』で、韻文の形をとる方を総説分とし、散文の方を解義分とする。これは偈《げ》でなくても述べられるのではなくて、偈でなければならない理由があるはずである。それはいかなるためかと言うと、総説するためである。「願生偈」自身によって見ると、第二行が「願生偈」を作る意図を表明された言葉である。第一行は帰敬序、第二行は発起序と言われている。論を作った意図をあらわすのが、第二行である。そこに「説願偈総持　与仏教相応（願偈《がんげ》を説いて総持《そうじ》して、仏教と相応《そうおう》す）」（同一三五頁）とある。親鸞聖人の読み方では「願偈《がんげ》総持《そうじ》を説きて、仏教と相応せり」（『教行信証』聖典一六七頁）である。そういう違いがあるけれども、今ここでは総持と言う。これは総説というような意義で、説いて総持する、略すれば総説である。総説するために願生の偈を説く。この前に「我修多羅《われしゅたら》　真実功徳相に依《よ》って」（同頁）、私は仏経によって仏教を背景として「願生偈」を説き、「願生偈」を説くことによって修多羅を総持する。修多羅を総持することによって仏の教に相応したい。仏経によって仏教に相応せんがために、ということが論の意義である。

正しく選択本願を説いてあるのは『大経』に限る

修多羅を総持すると言うが、その場合総持とは何か。偈というのは、中国では頌、日本では歌である。我われの情を述べるのが歌一般の意義であろう。インドの偈の場合はそういう意味もあるけれども、それだけではない。たとえば『唯識二十論』『唯識三十論頌』は思いを述べているわけではない。

情意をあらわしたものではない。これはインド独特のものであろう。記憶や暗誦は、長い修多羅を受持する方法なのである。「法を聞きてよく忘れず、見て敬《うやま》い得て大《おお》きに慶《よろこ》ばば、すなわち我《わ》が善き親《しん》友《ぬ》なり」（『教行信証』聖典二一二頁）と言われるように、聞いた法を受持して忘れないという方法として偈が生み出されたわけである。なるほど、仏教の経典には陀羅尼門ということが言われている。総持ということは陀羅尼である。真言密教で言う陀羅尼とは違い、一般的に言う場合の陀羅尼である。そういうことが偈ではないか。ただ情を述べるという歌ではなく、総持するということがある。だから「願生偈」は無量寿経の文句についての釈論ではない。同じ天親菩薩の論である『十地経論』は非常に精密に経文を解釈されているが、そういうものではない。

『無量寿経優婆提舎願生偈』は無量寿経論であるけれども、『十地経論』とは違う。釈論とは違うということがあって、その意味で「無量寿経優婆提舎」に「願生偈」と付けてあり、『無量寿経優婆提舎願生偈』という名になっている。釈論であれば経典の一部分であるが、総説するというのは無量寿経全体を受けたことである。無量寿経を一貫しているものを受けて、総説ということがある。そうなると、無量寿経ということが問題になるが、曇鸞大師は三部経と言われる。三部経と言っても、根本は『大経』である。それは『大経』のみに如来の本願が説かれてあるからである。三部経を三部経として成り立たしめているものは選択本願である。親鸞聖人が、「三経の真実は、選択《せんじゃく》本願《ほんがん》を宗とするなり」（『教行信証』聖典三三九頁）と言われるように、三部経を三部経たらしめているものが選択本願である。曇鸞大師は三部経の趣旨を述べられるのに、逆に『浄土論』の二十九種荘厳功徳成就によって「釈迦牟尼仏《しゃかむにぶつ》、王舎城《おうしゃじょう》および舎衛国《しゃえこく》にましまして、大衆《だいしゅう》の中にして、無量寿仏《むりょうじゅぶつ》の荘厳功徳《しょうごんくどく》を説きたまう。すなわち、仏の名号《みょうごう》をもって経の体《きょうのたい》とす」（同一六八頁）と言っておられる。それに対して親鸞聖人は、「如来の本願を説きて、経の宗致《しゅうち》とす。すなわち仏の名号《みょうごう》をもって、経の体《たい》とするなり」（同一五二頁）と言われる。三部経を成り立たしめるのは選択本願であるから、親鸞聖人は「三経の真実は、選択本願《せんじゃくほんがん》を宗とするなり」（同三三九頁）と言われるのであるが、正しく選択本願を説いてあるのは『大経』に限るのである。

曇鸞大師の言われる「無量寿仏《むりょうじゅぶつ》の荘厳《しょうごん》功徳《くどく》を説きたまう」（『教行信証』聖典一六八頁）の「説」の字は、三部経全体に通ずる意味である。しかし、本願を説くならば『大経』に限るわけである。そのように説という字は大切な意義をもっている。荘厳功徳を成り立たしめているのが、選択本願である。無量寿経の荘厳功徳は、選択本願の功徳である。無量寿仏も安楽浄土も、本願成就をあらわす。本願成就の如来、本願成就の世界である。こういうところに『大経』があるわけである。さらに言うならば、名号がその本願の体である。それぞれの経の特質は、宗と体ということをもって判定される。昔から天台の『法華玄義』を通して宗体の概念が吟味されてきているのであるが、これについて私は単純に考えていた。それは経典の名前である。

経典の題目の問題

中国仏教では経典の名前を非常に重要に見たのではないか。宗体ということを言うのは中国であって、インドでは言っても意味が違う。宗と体というものは、経典解釈、教相学の範疇である。その経が他と区別される点があらわされる。こういうように、宗と体は一つの術語である。名・宗・体・用・教の五重玄義が『法華玄義』の内容で、おそらく『妙法蓮華経』という経名に基づくのであろう。仏教経典はその経文だけではなく、経の体裁も翻訳されている。一経の題目を終わりに置いてもよいが、初めに置くのは漢民族の経典の体裁による。『阿弥陀経』や『観経』では、経典自身によって経典の名が明らかにされている。『阿弥陀経』では「何のゆえぞ名づけて極楽とする」（聖典一二六頁）、「何のゆえぞ阿弥陀《あみだ》と号する」（同一二八頁）と言われ、国土の名義、また仏の名義が問い、かつ答えてある。さらに最後の方に、「何のゆえぞ、名づけて、一切諸仏に護念せらるる経とする」（同一三二頁）と『阿弥陀経』の名義が問題にされている。これで見ると『阿弥陀経』の名は「一切諸仏　所護念経」（同頁）である。『阿弥陀経』が『阿弥陀経』と名づけられたのは、漢訳の上であるかも知れない。『阿弥陀経』自身の語るところでは「一切諸仏　所護念経」である。

『観経』の流通分では阿難が今説法をまとめるために「世尊、当《まさ》にいかんがこの経を名づくべき」（聖典一二二頁）と問いを起こしている。お経があったのではなく、王舎城の説法があった。経典は、今の言葉で言えば編纂、昔の言葉では結集したもので、結集のために名前を問うた。結集したものにどういう名前を与えたらいいだろうかと、釈尊に問うた。釈尊は「この経を、『観極楽国土《かんごくらくこくど》・無量寿《むりょうじゅ》仏《ぶつ》・観世音菩薩《かんぜおんぼさつ》・大勢至菩薩《だいせいしぼさつ》』と名づく。また『浄除業障生諸仏前《じょうじょごっしょうしょうしょぶつぜん》』と名づく」（同頁）と答えられた。このように『観経』では、二つの名をもって経の名が明らかにされている。『大経』は、言わば未完成の完成的な経典とも言える。つまり『大経』には増広ということがあって、数種の異訳があるということがこのことを物語っている。

経典全体に一貫しているものを見つけなければならない。『大経』の場合、無量寿仏という名が一貫している。『観経』では、阿弥陀と名づけられる仏を観ずるならばもろもろの業障が浄められ、諸仏の前に生ぜしめられるとあり、その利益が語られているので、経典の名を『浄除業障生諸仏前』と名づけられる。また『阿弥陀経』の方では、阿弥陀仏の名を称えるならば、一切諸仏に護念せられるとあり、その利益が語られているので『一切諸仏　所護念経』と名づけられている。

このように、阿弥陀仏の名号、阿弥陀仏の名が三部経を一貫している。そういう点がもろもろの大乗経典に対して、独自の一法界を明らかにしている。もろもろの大乗経典はおのおの一法界を開いているが、それに対して浄土三部経独自の一法界が仏の名であらわされている。それで漢訳する場合に仏の名を巻頭に掲げたと、このように考えられる。ところが、名は体をあらわすということがある。一経の題目というものが一経の体である。

「東方偈」において、国の諸仏がそれぞれの仏国の菩薩に対して、阿弥陀仏の徳を称讃し、阿弥陀仏国に往観することを勧められるという趣旨は、偈の前半に尽くされている。後半は流通の趣旨が語られている。「もし人、善本《ぜんぽん》なければ、この経《きょう》を聞くことを得ず」(『大経』聖典四九頁)から後はこの経を聞くことが容易でないことが述べられている。これを見れば、『大経』はそこで一応終わったということが考えられる。終わったけれども問題が残る。経典が成長している。経典がその時代に影響を与え、また影響しかえされたということは、経典が生きている証拠である。無量寿経が五存七欠と言われて異訳が多いということも、無量寿経の発展の次第をあらわしている。『平等覚経』という訳は、四十八願経ではなく二十四願経と言われるように、発展の途上にある。完成的未完成の経典という意味をもっているのではないか。

ところで『観経』や『阿弥陀経』は経の名で経の体をあらわし、「如是我聞」以下は体に具わった義を明らかにする。全体を具えているものを題目であらわす。題目というところに全体がある。天台智顗は『法華文句』と区別して『法華玄義』と言われる。玄義というのは、一経の題目である。善導大師の場合でも『観経疏』「玄義分」においてまず経の題目が解釈されており、「序分義」「定善義」「散善義」では『観経』の文句が解釈されている。「玄義分」は題目であって、非常に題目を重要に見られたことがわかる。こういうところから、親鸞聖人は「仏の名号《みょうごう》をもって、経の体《たい》とするなり」(『教行信証』聖典一五二頁)と言われるのである。これは、経典の題目ということを考えなければわからないことではないか。名は体をあらわすのである。文句は、その体に具わっている意義を解明するのである。その文句は、本願を説くのが主眼である。宗は、文句を説くについての眼目である。

本願の行の歩みとしての四十八

南無阿弥陀仏に具わっている意義は四十八願である。四十八というのは南無阿弥陀仏を体として、その体に具わっているところの意義、いわれである。初めに言葉あり、と言われるように、まずすべてに先立って名言がある。曽我量深先生が『大経』に先立って本願、本願に先立って名号あり、と言われるのはここである。本願成就の名号と言っても、本願から名号が出てきたのではなくて、まず名号が前提である。名号の意義を明らかにするのが四十八願である。

あるいはこう言ってもよい。あらゆる仏の名に通ずるのは南無仏である。「一称南無仏《いっしょうなむぶつ》」（『教行信証』聖典一八八頁）と『法華経』にあって、源信僧都がそれに深い感銘を受けられたということが、『往生要集』の上にもあらわれている（同頁参照）。ひとたび南無仏と称すれば、そこにすでにみな無上仏道を成就する。南無仏というのは、一番原始の名ではないか。そういうところに四十八願が発されてきて、初めて南無仏が南無阿弥陀仏と成った。南無阿弥陀仏から出て南無阿弥陀仏にかえる。教学とはそういう円環的なものではないかと思う。

何もないところから、理性というところから教学が始まるということはできない。初めがある。初めがあるのは宗教である。宗教の始まるのは、宗教の初めから始まる。宗教のないところに始まるということはできないであろう。始まるというところに終わる。そういう形で人間というものが考えられる。南無阿弥陀仏に始まって南無阿弥陀仏にかえる契機として、人間存在の意義があるのである。南無阿弥陀仏に始まるのでなければ、人間の問題をもつということはできない。人間の問題をもつということは南無阿弥陀仏から始まった。あらゆる物事が無駄ではないということは、南無阿弥陀仏から始まった。そうでなければ、宗教的には悩みにならない。四十八願によって人間の悩みが解かれることを通して、南無阿弥陀仏が南無阿弥陀仏にかえっていく。

南無阿弥陀仏を体として、そこに四十八願が説かれるということは、四十八願が人間の問題を尽くすということである。四十八という数に意義があるわけではない。二十四が四十八になってみると、今度は九十六になるかも知れない。それが四十八であってなぜ四十九でないかということはわからないが、本願そのものの歩みは一つではないということがある。あるいは願そのものが四十八あるのではなくて、根元的な意味での唯一の願が、初めという意味での第一願からその歩みが展開するのである。第一願は根本の願の第一歩である。こういう本願の歩みを明らかにしたのが四十八願であり、四十八種類の本願があるのではなくて、本願の行法があるのである。本願の行の歩みとしての四十八である。四十八は四十八行法である。その本願の意義を初めて明確にされたのが、親鸞聖人の本願論である。

自利利他こそ人間の問題であり、それがまた仏道の根本問題

本願論は、『大経』下巻の釈論の教説に基づく。本願の歩みは四十八あるけれども、成就は四十八あるわけではない。四十八願の意義を明らかにするために、第十一願から始まって、第二十二願成就に終わっている。これが本願の基礎である。本願論の釈論の教説の意義を、応え終わったのが『教行信証』である。親鸞教学は、四十八願に行・信・証や、往相・還相・真実・方便というような意義を明らかにした。往生成仏、あるいは往相・還相・真実・方便というのは、何をあらわすのかと言うと、人間の問題をあらわすのである。人間の問題を尽くすのである。

人間の問題は、もっと簡単に言えば自利利他である。自利利他こそ、人間の問題ではないのか。それこそ人間の根本問題であって、それがまた仏道の根本問題である。南無阿弥陀仏というものが、無上仏道の問題を尽くしている。人間の問題を無上仏道として解決するのが、南無阿弥陀仏である。あらゆる人間の問題に、人間の予想を超えて仏道的に応える。こういうことを象徴しているのが、四十八という数である。そういうことは我われにも、うなずけるのではないか。念仏一つに、人間の問題を尽くしている。念仏一つが仏道である。こういうことを明らかにするのが四十八願である。このように、経の宗や体をあらわしているのである。このように考えれば、宗体ということも我われに理解できることである。

『大経』独自の法界

名号一つに人間の問題を尽くし応えてあるという意義を明らかにするために、四十八願をもってあらわされた。これが『大経』独自の法界、いかなる大乗経典にもない独自の法界である。本願によって、一切が回向成就されている。如来の法界をあらわしているところに、『大経』の独自性がある。だから『大経』には、南無阿弥陀仏を体として如来の願心が一貫して流れている。

今『浄土論』は、そういう精神に目覚め、それを全体として受け取ったものである。全体的なものを全体として受け取る。それが「願生偈」の総持と言われる意義である。ある部分を分析して明らかにしたのではない。『大経』の底に一貫して流れているものに、同感共鳴された。全体的なものを分析して解釈するのではなくて、感動がある。全体的なものに対する感動があるから、自ずから偈という形をとらざるを得ない。全体的なものは全体的なものによって受け取られるのである。

信と願とが交互に成就する

如来の願心が我一人に成就したのが、信心である。願心に感動すれば一心というものであり、一心の中に願心全体が成就されてある。願に感動すれば、感動した一心に願全体が輝く。これは面倒なことがらであるが、願が信とあらわされたのは、主体と客体という関係ではなく、純粋な意味でまったく同一のものである。同じものの関係をあらわすのが名号である。名号であらわされる関係はむしろ、主体と主体との関係と言わなければならない。願心にしても信心にしても、その心は主体をあらわす概念である。信心は、願心の等流の展開である。願心によって信心が成就し、信心によって願心を証明する。だから、願心と信心が交互に成就する。願が信として成就するとともに、信が願として成就する。天親菩薩の一心は、世尊の教えによって如来の本願に目覚めた一心である。内から言えば本願の直接なる自覚として本願から生まれたものであるが、その自覚全体は同時に、世尊の教えによって開かれたものである。

経典を超えて経典を見る

このように、「願生偈」の一心には経典の了解全体があるわけである。如来によって成就された天親菩薩御自身があらわされ、天親菩薩の信念として如来があらわされている。それは世尊の教えによるのであるから、この内面的な深い感動は、世尊に対する表白になっている。信心の表白は天親菩薩であるけれども、天親菩薩として如来があらわされている。そういう表白が、自ずから偈文となる。それで偈文を、経を総説する分と言うのである。天親菩薩がさらに偈文を反省し解釈されたものが、散文の解義分である。

こうして見ると、経は間接に解釈されたということになる。直接に経典そのものとして解釈されるのではなくて、偈を通して自己解釈として経典が解釈される。直接に、経典の言をあれこれ論ずるということではない。経典を解釈するということは、経典の教えに教えられた自己を解明することである。自己解釈として教法が解明される。言わば、経典を超えて経典を見るということである。自己の解明がなければ、経典解釈というものはただ脚注的意義しかない。厳密な意味における仏道の学にとっては、参考的意義しかもたないのである。これは極めて大きな違いである。たとえば浄影寺慧遠の『大経』の解釈と、天親菩薩の『浄土論』のごとき『大経』の解釈や善導大師の『観経』の解釈とは、質が違うわけである。

曇鸞大師によって初めて、我われは『浄土論』に遇うことができる

繰り返しになるが、龍樹菩薩・曇鸞大師の場合には、教化の徳をたたえてあり、それは七高僧の中で龍樹菩薩と曇鸞大師に限られている。天親菩薩についてはそういうことはないが、最初の「天親菩

薩造論説」という一句で、教化の徳が充分に代表されている。

『浄土論』は、『大経』の伝統の上においても非常に大事な位置をもっている。曇鸞大師が三経一論というような意義を初めて明らかにされた。曇鸞大師のところで教化の徳をたたえてあるのは、我らが曇鸞大師によって初めて『浄土論』に遇うことができるからである。たとえば、解義分の最後の結論が大切であるということは、『論註』を俟たないと言えないことである（『教行信証』聖典一九四頁参照）。曇鸞大師がおられてもおられなくても遇えるわけではない。曇鸞大師の解釈の徳によってこそ遇うことができる。『浄土論』の重要な位置は、むしろ曇鸞大師のところであらわされていると言うことができると思う。

無量寿経の歴史の方向は龍樹菩薩によって決定された。易行道の歴史が無量寿経のところに生まれてきた。そういう無量寿経の位置、歴史の方向を与えた方が龍樹菩薩である。だから法から言えば無量寿経、人から言えば龍樹菩薩である。

『浄土論』の場合でも、法から言えば『浄土論』、人から言えば曇鸞大師である。龍樹菩薩によって始まった三経の歴史の上に、曇鸞大師が『浄土論』を置かれたということが大きい。三経の歴史の展開としての意義を、『浄土論』において明らかにされたのである。三経と別に『浄土論』だけを直接解釈されたのではなく、どこまでも三経の展開として解明されたのが『論註』である。『浄土論』の本来の名は『無量寿経優婆提舎願生偈』であるから、無量寿経を背景とした論であることは、『論註』を俟たなくても明らかである。対象は確かに無量寿経であるが、その意義を明らかにする立場・方法は必ずしも無量寿経に依っていない。無量寿経の意義を明らかにすることが瑜伽の実践であり、その瑜伽の教学に立って無量寿経の意義を明らかにしたのが『浄土論』である。そもそも天親菩薩は瑜伽の論家である。その天親菩薩が制作された『浄土論』なのだから、一面から言えば瑜伽の聖典であり、初めから浄土教の聖典と言うわけにはいかない。

仏道の実践としての造論

「世尊我一心　帰命尽十方　無碍光如来　願生安楽国　我依修多羅　真実功徳相　説願偈総持　与仏教相応」（『浄土論』聖典一三五頁）は「願生偈」の序分である。第二行の「我依修多羅　真実功徳相　説願偈総持　与仏教相応」は序分にして発起序であり、『浄土論』の制作意図を表明しているものである。ここで何をもって仏教と相応するかと言うと、それはやはり瑜伽であろう。しかし、曇鸞大師は、天親菩薩は五念門の行によって仏教と相応せられた、とされる。

「帰」ということについて、「願生偈」では、第一行で「我」「帰命」す、第二行では「我（帰）依」すということが出ている。三帰依文では、帰依は人や法について使われているが、「願生偈」では、世尊や如来という人については「帰命」、「修多羅　真実功徳相」という法については帰「依」という言葉が使われている。第二行の冒頭の「我依修多羅」の「依」は、どういう法に依るかということが問題なのである。

ところが、曇鸞大師は「依」は「修多羅」「真実功徳相」という法にかかるだけではなく、「説願偈

総持　与仏教相応」にまでかかっているると解釈されたのである（『教行信証』聖典一七〇頁参照）。

一行目の「帰命尽十方　無碍光如来　願生安楽国」の「帰」という字を二行全体にかかっていると考えられて、帰依と帰命とに分けられた。そして世尊や如来という人については「命」という字であらわし、また「修多羅真実功徳相」という法については「依」という字であらわしてある。

五念門の行によって仏教と相応する。五念門は『浄土論』の中に教理として書かれていると考えられているが、『浄土論』を造ることそのことが五念門の行である。五念門の行は、仏教と相応するところの方法である。『浄土論』を造るということは単に論文を発表するということではなく、仏道の実践である。論を造るということが、仏道の事業である。外から仏道を解明するのではなく、仏道を解明することも仏道の中にある。仏教を成就し衆生を饒益《にょうやく》せんがために、この論を造る。世間的関心から論を造るのではなく、仏道の関心において論を造る。そのように曇鸞大師は解釈されている。

止観とは、教法によって照らされた心を明らかにすること

「相応」ということは、昔から瑜伽の訳語と言われているのであるが、『浄土論』もその意味から言えば瑜伽の論である。境と相応するという場合の瑜伽、つまり境瑜伽、瑜伽の学の対象となる境と相応するということは、境瑜伽の意義において瑜伽をあらわしていることになる。だから瑜伽の実践を止観と言う。五念門の中心は、止観である。境と相応する瑜伽の実践の内容は、止観が中心となる。これは非常に重要な言葉であって、「奢摩他《しゃまた》」「毘婆舎那《びばしゃな》」（『浄土論』聖典一三八頁）という原音をもっ

て翻訳してある。止観ということが仏道独自の方法である。仏教を知る方法ではなく、仏に成る方法である。仏に成ることが仏教と相応することである。ただ仏を知るということではない。仏の教えに照らされて自分を知る。自己の安心を明らかにする。止観ということはまた、観心とも言われる。観心とは行学ということをあらわす。

このように、『浄土論』は『大経』の止観と言うことができる。観に止という字を特に置いてあるのは、自然科学の観察のような、心を離れた外境を観察するのではないからである。心自身を観察する、心に現じた教えを観察することによって、心自身を明らかにする。教法によって照らされた心を明らかにするということである。

とにかく『浄土論』というものも、立場という点から言えば瑜伽の教学であろう。瑜伽の論としてはむしろこのような短編は、それほど大きな歴史的意義をもたなかったのではないか。曇鸞大師は『浄土論』を瑜伽の一論としてだけではなく、そこに『大経』の展開としての意義を見出された。そういう歴史的意義を明らかにしたのが『論註』である。

無量寿経に相応するのは『浄土論』と言えるが、『浄土論』の意義を明らかにするのは逆に無量寿経になる。無量寿経の教説に照らして論を明らかにする。経を見るのに論、論を決定するのに経と、交互に明らかにする。こういうことを見出したのが『論註』である。『浄土論』は、瑜伽の論であることを止めて浄土の論であるというわけにはいかない。瑜伽の論であるということと相違矛盾せずに、浄土の論である。瑜伽大乗の論であるということと矛盾せずに、浄土の易行道の聖典である。

総説分の「我」は安心をあらわし、解義分の「菩薩」は行をあらわす

「『浄土論』に曰《い》わく、我修多羅《われしゅたら》　真実功徳相に依《よ》って、願偈総持《がんげそうじ》を説きて、仏教と相応せり、と。仏の本願力《ほんがんりき》を観ずるに　遇《もうお》うて空《むな》しく過ぐる者なし。よく速やかに　功徳の大宝海《だいほうかい》を満足せしむ、と。また曰《い》わく、菩薩《ぼさつ》は四種《ししゅ》の門に入《い》りて自利の行《ぎょう》　成就したまえりと、知るべし、と。菩薩《ぼさつ》は第五門に出《い》でて回向利益他《えこうりやくた》の行《ぎょう》　成就したまえりと、知るべし。菩薩《ぼさつ》はかくのごとく五門の行《ぎょう》を修《しゅ》して、自利利他して、速やかに阿耨多羅三藐《あのくたらさんみゃく》　三菩提《さんぼだい》を成就することを得たまえるがゆえに、と」（『教行信証』聖典一六七頁）。このように「行巻」には『浄土論』から偈の一部と長行の一部から引かれている。偈は総説分、長行は解義分と言われている。総説分からは「願生偈」の第二行と不虚作住持功徳の部分が引かれ、解義分からは最後の部分が引かれている。解義分の最後の結論が大切であるということは、『論註』を俟たないと言えないことである（同一九四頁参照）。

引文の冒頭に「我」の字が掲げられているが、「我」の字の重要さを示すためにそうされたということは、誰の眼にも明らかであろう。「世尊我一心」と、一心の主語は我である。その我を、何人の眼にもはっきりするように、親鸞聖人は掲げておられる。解義分から引文されているところの行の主語は菩薩をあらわす。総説分の「我」は安心をあらわし、解義分の「菩薩」は行をあらわす。「我」が安心の主語である。安心の主語である我が、同時に五念門を行ずる。我が信じ、また我が行ずるということではない。我われの立つところは一心である。一心が済んでから行ずるというのではない。立つところが安心である。一貫して、「我一心」は信の一念である。『大経』に照らして見れば、ここ

で言う菩薩は法蔵菩薩である。

一心の由ってくる歴史を明らかにすることを解義と言う

『浄土論』が五念門を説いているということは、どういう意義をもつのか。五念門を行ずる菩薩が法蔵菩薩であるということは、曇鸞大師が主観的に解釈されたわけではない。曇鸞大師は、『大経』の本願から照らしてみれば、正しく『大経』の勝行段の経文こそが解義分を決定するものであると見られたのである。『大経』の上巻全体は、四十八願を発して不可思議兆載永劫の修行をされたという如来浄土の因果が説かれている。「願生偈」を『大経』に照らすならば、一心は本願成就の一心、解義分は『大経』上巻の如来浄土の因果を受けたものである。

長行は解義分と言われており、解義は偈を解するということである。「願生偈」を解すると言っても、文章を解釈するのではない。そうかと言って、内容を離れて解釈するということでもない。一心を解釈するのである。一心は、本当は解釈のできないものである。「不可説《ふかせつ》、不可称《ふかしょう》、不可思議《ふかしぎ》」(『教行信証』聖典二〇一頁)の一心であるから、直接に解釈することはできないのである。解釈できないことをあらわす文学の形式が、偈文である。詩というものは、解釈できない。解釈以上の世界をあらわすのが偈文であるが、解釈できないならば止めておこうというわけにはいかない。解義はどういうことかと言えば、一心を一心として解釈することはできないのであるが、あえて退一歩しようというのである。一心を反省すれば、一心が一心になった歴史が明らかになる。一心は一心であるのだけれども、一心は一心になったものとしてある。なった一心の由ってくる歴史を明らかにすることを解義と言う。法蔵菩薩は、私の信の歴史である。私の、我が一心の、歴史である。歴史のあるような信心が、他力の信心である。歴史のないのは、自力の信心である。

仏道と菩薩道

『浄土論』だけ単独で見てもわからないが、『大経』に照らせば『浄土論』が瑜伽の一論として見る場合と違った意義をもってくる。しかし瑜伽としての意義も完全に否定されるわけではない。龍樹菩薩や天親菩薩はインドの大乗仏教を代表する論家なのであるが、そもそもインドの大乗仏教は菩薩道である。一切衆生を救うということを課題として考えてくるときに、大乗一乗という問題が出てきて、親鸞聖人は「大乗は仏乗なり」（『教行信証』聖典一九六頁）という立場で『教行信証』を著されるが、インドにおいては、大乗は菩薩道である。

つまり浄土教の伝承は、同時に大乗仏教の代表的論家をもって出発したのである。浄土の法門が大乗とともに始まったということは、意義深いことである。曇鸞大師を通して善導大師にくると、仏道ということが主である。龍樹・天親は菩薩になっている。曇鸞大師は地理的には中国の高僧であるが、『論註』の内容の意義から、「正信偈」曇鸞章では龍樹・天親に並んで菩薩として取り扱われている。これらの意義は、菩薩道というところにある。『大経』の教学、七高僧の教学、つまり『教行信証』の教学に一貫して非常に大きい意義をもっているのは、菩薩道である。仏道から出て仏道を成就するのが菩薩道である。

そのような意味から、『浄土論』は瑜伽の論を止めたのではなく、むしろ瑜伽の論の意義を止揚している。菩薩道ということを考えなければ、五念門は出てこない。三部経のもつ意義を五念門はもっている。『大経』の「乃至十念」（聖典一八頁）の念仏、それを五つに開くことで、念仏が独自の菩薩道であるという意義を明らかにするのである。

法蔵菩薩とはどのような菩薩か

五念門では、念仏を行ずる主体として「善男子《ぜんなんし》・善女人《ぜんにょにん》」（『浄土論』聖典一三八頁）という言葉が出ている。それを考えると、善男子善女人は在家であろう。在家は凡夫である。菩薩という概念も歴史を経て色が付いてきて、今日では初めから菩薩を天下りと考えてしまうが、天親菩薩の時代には、善男子善女人と菩薩とは矛盾するものではない。菩提心に触れるならば、菩提心によってみな菩薩である。菩提心の行は五念門であるから、善男子善女人が五念門を行ずるならば、その五念門の行が善男子善女人を必定の菩薩たらしめる。それが五念門の行である。法蔵菩薩も、天下り的に考えない限りは、善男子善女人と考えてよい。菩提心を発した善男子善女人である。菩提心を発さないならば、善という字は付かない。この場合、善というのはつまり、不善に対する善という広い意味での善ではない。善男子善女人は、菩提心に触れ宿善開発された凡夫である。つまり、菩提心に立ったところの人間が善男子善女人である。そういうものが菩薩である。だから法蔵菩薩とは、無上菩提心の象徴である。

『大経』では念仏を「乃至十念」と言ってあるが、それでは念仏が菩薩行という意義をもつかどうかわからない。念仏を五念門と言うことによって、菩薩行という意義をもってくるのである。念ずることが菩薩行だから、我われが念ずれば、念ずる我われに菩薩という意味が与えられる。一足飛びに仏に成るのではない。菩薩にもならずに仏に成るのではない。菩薩になれることが仏に成ることを証明する。人間が一遍に仏に成るということは、法則的ではない。仏に成るということは、無限に菩提へ向かって歩むことである。だから法蔵菩薩と言っても天下り的に考える必要はない。求道者ということをあらわすのである。

法蔵菩薩というのは、観世音菩薩や勢至菩薩という有名な菩薩ではなく、むしろ目立たない無名の菩薩であるかも知れない。後でわかって、そんな人ならもっと交際しておけばよかったと、そのようなものであるかも知れない。一切の人類の求道心の中に脈々と流れているような、一切の人の中に身を没している菩薩であるから、目立たない。一切衆生の中に、道を求める人の中に、潜伏し埋没していると言ってもよい。

こういうわけで、『浄土論』が菩薩道の論であるということは、決して否定されてはいない。『大経』の念仏が実は菩薩行であるということは、『浄土論』に照らしてみると明らかになる。それならば、五念門の意義、論の意義は何に依って決定されるのか。それは逆に経典に依るのである。経と論とは交互に明らかにし合う。二つを照らし合わせると、『大経』単独では、あるいは『浄土論』単独では見えなかった意義が明らかにされる。

こういうことで、我われは、曇鸞大師によって意味を明らかにされた『浄土論』に遇う。曇鸞大師がおられてもおられなくても『浄土論』に遇えるものではない。そういう意味で、『浄土論』の意義を語るのは、むしろ曇鸞大師の行徳によってであり、その教化の徳をたたえるという形で『浄土論』の意義がたたえられてある。「天親菩薩造論説」の一句の大きな意義は、曇鸞大師によって明らかにされたのである。

如来浄土の願成就として、衆生の往生が成り立つ

「帰命無碍光如来　依修多羅顕真実　光闡横超大誓願（無碍《むげ》光如来に帰命《きみょう》したてまつる。修多羅《しゅたら》に依《よ》って真実を顕《あらわ》して、横超《おうちょう》の大誓願《だいせいがん》を光闡《こうせん》す）」（「正信偈」聖典二〇六頁）という三句をもって、『浄土論』はいかなるものかということが、簡潔にあらわされている。この三句は「願生偈」の偈文によってできているが、「願生偈」全体としての意義がこの三句で尽くされる。

「願生偈」は、『大経』に照らしてみると、どういうものであるか。『大経』の上巻の方は如来浄土の因果、下巻は本願成就、衆生往生の因果が説かれる。これについては、『大経』の釈家である憬興師（『教行信証』聖典一八二頁参照）などがそう解釈している。誰が見てもそう見える。こういう点が『大経』の特色であり、『大経』は双巻経と言われる。『観経』が一巻であるのとは違う。量的な意味ではなく、内容が違っているのである。『大経』は如来浄土の因果、衆生往生の因果を説くが、『観

経』でも『阿弥陀経』でも衆生往生ばかりで、如来浄土の因果ということがはっきり出ていない。そういう点から考えても、『大経』は根本経典である。『観経』や『阿弥陀経』は、『大経』から出て『大経』に入らしめる、本願から出て本願に誘引するための経典という意義をもっている。

衆生往生の因果について、『大経』は下巻において本願成就という形で語っている。下巻は成就、そして上巻は如来の本願を明らかにする。これは、一切衆生を成就せんがために浄土を明らかにする浄土の願である。本願というのは浄土の願である。そういうことが書いてある。如来浄土の因果は、衆生往生の因果を別にしてあるのではない。独立しているけれども、無関係にあるのではない。如来浄土の願成就として、衆生の往生が成り立つのである。

そもそも仏教では、あらゆる範疇は因果におさめて明らかにされる。今の西洋の教養に立つところからは、因果というものはわからない。しかし、因果は範疇の根本的なものであるということが言えると思う。それだから仏教の方では、あらゆる範疇を因果におさめて明らかにしてある。

ここに如来の因果、衆生の因果と述べられてあるけれども、衆生の因果は如来の因果から見ると因果ではない。衆生の果と言われるけれども、如来から見れば衆生の果ではない。我われが信を獲るということは、我われにとっては因である。けれども、如来から見れば因ではなく如来の果である。本願の終わるところに、我われの初めが成り立つのである。つまり、如来の成就として衆生が成り立つということである。

二十九種荘厳功徳は、不可思議兆載永劫の実践を通して飾られたもの

これは簡単な話ではないが、『浄土論』の偈文を、『大経』に照らしてみると、下巻の衆生往生の因果によってその意義を決定することができる。解義分は上巻によって決定する。偈文と解義分とがあるが、偈文の方が主である。解義は偈文の外から加えたものではなく、偈文の中にあるものを明らかにする。偈文にある二十九種荘厳功徳ということが、これがもうすでに解義分の菩薩道を含んでいる。

天親菩薩の言葉で言えば、二十九種荘厳功徳は「一法句《いっぽっく》」（『浄土論』聖典一四二頁）、「第一義諦《ぎたい》妙《みょう》境界《きょうがい》の相」（同一四〇頁）である。これは一如の世界をあらわす。一如を第一義諦という。第一義諦は仏の自内証であり、仏自ら証した内容を境界とする。仏の自内証である一如の世界を『浄土論』では「荘厳《しょうごん》功徳成就」（同一三九頁）という言葉であらわしてある。『阿弥陀経』では「成就如是　功徳荘厳」（聖典一二八頁）であり、これらは、もとは同じ梵語であると思う。一如の世界が荘厳功徳妙境界相と、相をもってあらわされている。荒い言葉で言うなら、一如は勝ちとるものだ。一如の世界は、一如ということを覚った人だけにある。一如を証した人だけにある。誰にもあるものが一如であるが、それを証さないならば、ないのも同じである。こういうことを、勝ちとったと言う。荘厳ということは、芸術的に飾るということではない。荘厳というのは文学上の言葉だが、芸術的構想力で飾るのではない。二十九種荘厳功徳は、不可思議兆載永劫の実践を通して飾られたものであって、芸術的に飾られたものではない。如来の世界は、菩薩をもって飾られるのである。如来を如来とする菩薩をもって飾られている。こういうことをあらわしている。

「願生偈」自身が、解義分を生み出してくるものをすでにもっている。眼ある者は見よ、耳ある者は聞け、こういう意義をもっているものが偈文であって、非常に格が高いものである。解義分は、格を落として詩の世界を散文化して、真理を見る眼のない者にも見え、真理を聞く耳のない者にも聞こえるようにしているのである。こういうところから見ても、偈文の方が体である。

序分の意義

初めの「帰命無碍光如来　依修多羅顕真実　光闡横超大誓願」の三句をもって、「願生偈」の趣旨を述べられた。「願生偈」は、形式の上から言えば序分、正宗分、結分でできている。「帰命無碍光如来」は「願生偈」の言葉の上で言うと第一行、「依修多羅顕真実」は第二行から出ており、第一行と第二行は序分である。その序分である初めの二行に、内容から言えば序分を超えた意義があらわれているということで、親鸞聖人はここを非常に大切にされたわけである。

そうすると「光闡横超大誓願」という一句は非常に簡潔な一句であるが、正宗分全体を代表しているように思う。正宗分は二十九種荘厳功徳をもって国土ということをあらわしてあるけれども、それを親鸞聖人は不虚作住持功徳で代表せしめておられる（『教行信証』聖典一六七頁参照）。『高僧和讃』に「本願力《りき》にあいぬれば　むなしくすぐるひとぞなき　功徳の宝海《ほうかい》みちみちて　煩悩《ぼんのう》の濁水《じょくしい》へだてなし」（聖典四九〇頁）と言われているように、不虚作住持功徳によって『大経』の本願成就の精神が尽くされている。こう考えてくると、二十九種荘厳功徳を不虚作住持功徳一つにおさめてあらわされるのが「光闡横超大誓願」ではないかと思う。

「帰命無碍光如来　依修多羅顕真実　光闡横超大誓願」の三句をもって、「天親菩薩造論説」、論を造って説こうとしたその内容を、論の言葉をもってあらわされたのであると思う。

『浄土論』初めの一行「世尊我一心　帰命尽十方　無碍光如来　願生安楽国」（聖典一三五頁）は帰敬序であり、願生の一心がそこに表明されている。形式は序分であるが、内容から言えば一論の安心が出ている。それゆえに親鸞聖人は『浄土論』を「一心の華文《かもん》」（『教行信証』聖典二一〇頁）と言われる。願生の一心、一心の歩みが第一行によってあらわされている。

「帰命無碍光如来」は一心の当体である。一心ということは一論の要義である。要するに「願生偈」は一心である。本来ならここは一心帰命無碍光如来と言うべきところかも知れないが、こういう意味で一心を後に回して、「為度群生彰一心（群生《ぐんじょう》を度せんがために、一心を彰《あらわ》す）」（「正信偈」聖典二〇六頁）と言われる。

「帰命無碍光如来」というところに、自ずから本願の名号が出ている。これが無碍光如来の本願に呼び覚まされるところの一心それ自体である。それを「願生偈」の方では「願生安楽国」（『浄土論』聖典一三五頁）ということであらわしてある。「願生安楽国」というのは本願成就の経文にさかのぼってみれば「願生彼国」（『大経』聖典四四頁）であり、さらに本願にさかのぼってみれば「欲生我国」（同一八頁）である。親鸞聖人は善導大師の解釈を通して、欲生我国を如来の呼びかけであると、衆生を呼び覚ますところの勅命であるとご覧になった。一心帰命は欲生心である。呼びかけに対する応答であるのみならず、呼びかけそのものである。呼びかけと言っても、天来の声という形であるものではない。体は一心帰命である。体として、一心帰命が呼びかけそれ自体である。それを願生という言葉であらわしてあるのである。一心願生、願生の一心の表明が、この「帰命無碍光如来」である。自ずからそこに、本願の名号になっているのである。

「正信偈」の最初には、「帰命無量寿如来　南無不可思議光」（聖典二〇四頁）と出ており、これは『浄土論』の「帰命尽十方　無碍光如来」によってある。この「帰命無量寿如来　南無不可思議光」も形式から言えば序分であるけれども、意味から言えば「正信偈」全体がここにあらわされている。これが「正信念仏偈」の意義、正信の体が念仏であるということをあらわしている。「帰命無量寿如来　南無不可思議光」という二句に、親鸞聖人の正信の全体が表明されているのである。

帰命「尽十方無碍光如来」は、本願成就の如来

「正信偈」の巻頭の「帰命無量寿如来　南無不可思議光」の二句は、天親菩薩ならびに曇鸞大師の解釈を通して、第十二願・第十三願成就の如来があらわされている。この二句は「願生偈」序分の帰敬序から出ている言葉であるが、むしろ意味から言えばそこに『浄土論』全体があるのである。『浄土論』が二十九種荘厳功徳と言われるのは、無量寿如来の荘厳であり、三経の深い精神をあらわされた論だからである。曇鸞大師はこのように考えられて、『浄土論』について三経一論と解釈された。さらに曇鸞大師は、また逆に三経の趣旨は『浄土論』で二十九種荘厳功徳として明らかにされたと考

えられたのである。『浄土論』から三経を照らして、「釈迦牟尼仏《しゃかむにぶつ》、王舎城《おうしゃじょう》および舎衛国《しゃえこく》にましまして、大衆《だいしゅう》の中にして、無量寿仏《むりょうじゅぶつ》の荘厳功徳《しょうごんくどく》を説きたまう。すなわち、仏の名号《みょうごう》をもって経《きょう》の体《たい》とす」（『教行信証』聖典一六八頁）と述べられるのである。釈迦牟尼仏が王舎城や舎衛国で説法された内容が三経であり、その三経の内容を「無量寿仏の荘厳功徳を説きたまう」と曇鸞大師は押さえられた。つまり、三経の内容を「荘厳功徳」、つまり『浄土論』の二十九種荘厳功徳として押さえられたのである。

そして、自ずからそこに名号が出てくるのであるが、偈文でも解義分でも「阿弥陀」という言葉が出ていないわけではない。偈文に「正覚阿弥陀　法王善住持」（『浄土論』聖典一三六頁）あるいは「願見弥陀仏」（同一三八頁）と言われ、解義分に「阿弥陀如来《あみだにょらい》・応《おう》・正遍知《しょうへんち》」（同頁）とある。しかし親鸞聖人は、『浄土論』巻頭の「帰命尽十方　無碍光如来」と曇鸞大師の「不可思議光」とを合わせて「帰命無量寿如来　南無不可思議光」とあらわされた。特に六字名号を否定されるわけではないが、天親菩薩と曇鸞大師を通して第十二願・第十三願成就の如来をあらわされたのである。『入出二門偈』にもやはり、「尽十方不可思議光如来《じんじっぽうふかしぎこうにょらい》に帰命《きみょう》したまえり」（聖典四六一頁）とある。天親菩薩の「尽十方無碍光如来」を曇鸞大師の「不可思議光」と合して「尽十方不可思議光如来」という形で示された。また『教行信証』の「真仏土巻」でも、仏を「不可思議光如来《ふかしぎこうにょらい》」（聖典三〇〇頁）と曇鸞大師の言葉であらわしてある。また結びの段に「『論』（浄土論）には「帰命尽十方無碍光如来《きみょうじんじっぽうむげこうにょらい》」と曰《い》えるなり」（同三一三頁）と言われている。親鸞聖人の御制作になったものから見れば、阿弥陀ということが『浄土論』の巻頭に「帰命尽十方　無碍光如来」とあらわされているところに、深い意義を見出されていたということがわかる。

汝と呼ばれるところに、我が生まれてくる

阿弥陀ということの意義を無量と解釈することについてはどうということではないのであるが、阿弥陀の智慧を天親菩薩が無碍、曇鸞大師が難思といただかれたことに、親鸞聖人は自らの宗教的実存を通して深い意義をお感じになったのであろう。親鸞聖人は欲生心を「汝《なんじ》一心に正念《しょうねん》にして直ちに来《きた》れ、我よく汝《なんじ》を護《まも》らん」（『教行信証』聖典二二〇頁）と、特に善導大師の回向発願心釈の中の二河譬によって、如来の呼びかけと解釈されている。南無阿弥陀仏というのは呼びかけ、欲生心の言葉である。欲生というのが本願の魂であろう。欲生というのは、呼びかけというより叫びである。本願における欲生我国は魂の叫びであるということを、初めて明瞭に言いあらわしてくださったのが善導大師である。そこに、我・汝ということが善導大師において初めて語られる。

我と汝があって汝と呼ぶのではない。汝と呼ばれるところに、我が生まれてくる。呼びかけのない間は、我というものも眼があり鼻があるという肉体的存在である。それが呼びかけによって、初めて我となる。こういう我は如来によって我とされるものであって、関係において成り立つ。肉体的存在というものが、呼びかけにおいて実存になってくる。呼びかけがない場合には、ただ私である。関係がない場合には、自己と言っても私である。欲生という呼びかけによって正しく我が生まれる。欲生

や願生は、我をして我たらしめる。仏教では、善導大師によって初めて本願の欲生の意義が明瞭になった。キリスト教でも我・汝ということを言うが、キリスト教の場合は、我は信者、汝は神をあらわす。仏教では我は如来をあらわし、汝は行者をあらわす。その我を、親鸞聖人は解釈して「尽十方無碍光如来」と言われる。こういうのが歴史である。

『浄土論』をただ『浄土論』だけで、あるいは善導大師を善導大師だけで見ていると、個人的意義しか出てこない。天親菩薩の話をするうちに善導大師に動いてくるのは、善導大師を生み出す歴史をもったということによって、初めて天親菩薩の『浄土論』が明らかになるということがあるからである。後にできたものによって、初めて明らかになる。それが歴史の関係である。交互に照らす。二つのものを照らし合わせることによって、二つのものそれぞれ単独では見えなかった意義が出てくる。親鸞聖人の『教行信証』も、そういう『大経』の歴史を通しての思索である。『教行信証』は単なる教化の書ではない。浄土真宗を浄土真宗の歴史を通して語らしめる。『大経』は『大経』、『浄土論』は『浄土論』、善導大師は善導大師と別々に見るならば、歴史的意義は明らかにならない。善導大師の我という言葉を、親鸞聖人も「願生偈」をもって照らしておられる。我というのは「尽十方無碍光如来」、あるいは「不可思議光如来」、天親菩薩・曇鸞大師を合わせた我である。そして「よく汝《なんじ》を護《まも》らん」（『教行信証』聖典二一〇頁）という摂取不捨をあらわす言葉は、阿弥陀仏の果成の正意である。すなわちこれは「現生護念《げんしょうごねん》」（『一念多念文意』聖典五三七頁）である。阿弥陀仏を「尽十方無碍光如来」とあらわされたのは、阿弥陀という意義をただ解釈してあらわされたのではない。阿弥陀仏を「無碍光如来」と解釈することによって、阿弥陀仏が本願成就の如来であることをあらわされたのである。

摂法身の願を大悲の願と再認識する

「正信偈」の巻頭に、如来の徳を光明と寿命をもって、「帰命無量寿如来　南無不可思議光」とあらわしてあるのは、四十八願のうち特に第十二願の光明、第十三願の寿命に注意されているということである。第十二願・第十三願の成就とはどういうことかと言うと、学者に諸説あるが、七高僧でない学者の解釈では第十七願と合わせて摂法身の願、つまり阿弥陀仏御自身を成就する願であるとされる。これは、衆生を成就する摂衆生や浄土を成就する摂浄土ということに対して言われるのである。第十二願・第十三願・第十七願の三願は仏自身を成就する純粋に自利のための願である。第十八願・第十九願・第二十願の三願は機を成就する。それに対して、第十二願・第十三願・第十七願は法身を成就する。これらの願は法身を成就するという意味をもっているから、意義の深いことである。

本来、大悲の願と言うべき願は第十八願であるが、親鸞聖人は、「行巻」で諸仏称名の願、諸仏咨嗟の願という意義をもつ第十七願を「大悲《だいひ》の願《がん》」（『教行信証』聖典一五七頁）とご覧になる。本当の悲願は第十八願なのであるが、その悲願という言葉を、特に第十七願の上に譲ってある。第十八願を成就する第十七願に深い意義を見出されたから、かえって第十八願そのものをあらわす大悲という言葉を第十七願に与えられた。これは非常に注意しなければならない。

一応は、第十七願を大悲の願と言われるのであるが、再応は、「真仏土巻」に第十二願・第十三願を「大悲《だいひ》の誓願《せいがん》」（『教行信証』聖典三〇〇頁）と言われるのである。第十七願だけでなく、第十二願・第十三願についても大悲の願と言われる。この三願は、一見すると法身を成就する願であって我われに関係のないように思われるのであるが、大悲の願と言いあらわされてある。このことは、親鸞聖人を俟って初めて明瞭になってきたのである。第十八願の眼から、摂法身の三願を再認識されたのである。

真仏土の二つの意義

第十二願・第十三願を大悲の願と呼ばれたのは、第十二願・第十三願成就によって本来大悲の願である第十八願が真に満足するという意義をあらわす。大悲の願と言っても、自利を止めたのではない。親鸞聖人は、第十二願・第十三願の成就した世界を真仏土と言われる。本来第十二願・第十三願は、光明無量・寿命無量を誓って仏の法身を成就する願である。この二願は、仏身の願であり、特に仏土は誓われていない。四十八願の中で仏土を誓っている願があるとすれば、浄影寺慧遠がそれらを摂浄土の願と分類したように、第三十一願・第三十二願だけである。

しかし、仏の法身が成就するとともに仏土が成就する。仏自身が浄土となる。仏自身が、衆生の浄土となろうと誓う。如来自身が衆生の国土となろうと誓う。親鸞聖人が第十二願・第十三願を仏身・仏土の願と言われたのは、大悲の願である第十八願の眼をもってこの二願の意義をこのように再認識されたからであろう。

真仏土には二つの意義がある。自利を止めて利他だけというのではない。自利にして同時に利他である。もともと真仏土というのは、純粋に自利の世界という意義をもっている。「第一義諦《ぎたい》妙境《みょうきょう》界《がい》」（『浄土論』聖典一四〇頁）つまり仏の妙境界、二十九種荘厳功徳はそれをあらわしている。『浄土論』の「蓮華《れんげ》蔵《ぞう》世界」（同一四四頁）は、五功徳門の第三門に入ったところの功徳の世界である。第一門をくぐった世界は「安楽世界」（同頁）である。このように真仏土には蓮華蔵と安楽という二つの意義があるのである。

『教行信証』の「真仏土巻」は『浄土論』によって作られたのであるが、『浄土論』には安楽世界と蓮華蔵世界と二つある。蓮華蔵世界は仏の自内証であり、蓮華蔵ということは無為自然をあらわしている。浄土というのは無為自然の世界、仏の妙境界であって、「二乗の測《はか》るところにあらず」（『教行信証』聖典一九八頁）。無為自然の世界は、我われの関係できない、触れることのできない世界、我われが行くことのできない世界、向こうも来ることのできない世界、唯仏与仏の知見、唯仏独明了の世界である。こういう意義がある。それでなければ、真仏土と言うことはできない。

蓮華蔵世界は、方便化土にはあり得ない。方便化土は人間によって描かれた理想の世界、観念の世界である。浄土は理想で、娑婆は現実だと考えている人もある。そこまで行けたと思ったら、まだその先にあるのが理想の世界である。理想の世界は、本当は行くことができない。行けたという思いがあるだけである。これでよいのだという思い、救われたという思いがあるだけである。

『大経』は真実も方便もまぜて説いてあるが、『浄土論』の蓮華蔵世界は方便と区別して真実そのものをあらわす。二十九種荘厳功徳は、本願の浄土が無為自然の世界であるということをあらわす。蓮華蔵世界は無為自然の世界であるが、しかしそれでは我われと無関係の世界になってしまう。安楽世界とあることで、初めて本願の浄土ということがあらわされる。安楽世界は別願の世界で、阿弥陀独自の意義を安楽ということであらわすのである。安楽世界が阿弥陀独自の世界ならば、蓮華蔵世界は普遍的意義をもつ世界である。我われは本願に帰するところに、自然に無為に適う。本願ということによって、蓮華蔵世界に触れ、唯仏与仏の世界がいかなる衆生の上にも公開されてくる。このように、真仏土は二重の意義をもっている。

『観経』の「摂取不捨」をもって、『浄土論』の「無碍」を明らかにされる

そのような意味で、「大悲《だいひ》の誓願《せいがん》に酬報《しゅうほう》する」（『教行信証』聖典三〇〇頁）と言われる意義が出てくる。第十二願・第十三願は特に大悲の願と言われ、第十二願・第十三願成就によって初めて第十八願は成就する。こう考えると、我というのは「尽十方無碍光如来」であるが、尽十方無碍光如来は、阿弥陀仏果成の正意であって本願成就の如来ということをあらわし、それは摂取不捨ということを象徴している。阿弥陀の名の中で特に無碍を選んだのは、無碍に全体が要約されているからである。つまり無碍ということに摂取不捨が象徴されているのである。

これは非常に意義の深いことである。「摂取不捨」（聖典一〇五頁）は、もちろん『観経』の言葉であるが、善導大師は『阿弥陀経』と結合させて、阿弥陀の意義を明らかにされる。このように、『阿弥

陀経』では阿弥陀の名義が問題にされているが、その阿弥陀の名義を明らかにするのに、善導大師は「ただ念仏の衆生《しゅじょう》を観《み》そなわして、摂取《せっしゅ》して捨《す》てざるがゆえに、阿弥陀《あみだ》と名づく」（『教行信証』一七四頁）と『観経』の「摂取不捨」をもってされる。親鸞聖人は「この行信《ぎょうしん》に帰命《きみょう》すれば摂取《せっしゅ》して捨《す》てたまわず。かるがゆえに阿弥陀仏《あみだぶつ》と名づけたてまつる」（『教行信証』聖典一九〇頁）と言われる。

摂取不捨の深い意義がどこにあるかと言うと、『観経』に「光明、遍照十方世界」（聖典一〇五頁）とあるように、十方の世界、十方の衆生を誰でも彼でも照らすというところにある。「遍照十方世界」に対して「摂取不捨」、これは非常に大事なことである。

『阿弥陀経』では、阿弥陀の名義は遍照だけで解釈してある。しかし善導大師は遍照ではなく、摂取不捨で解釈された。遍照のゆえに阿弥陀と名づけるのは同義反復であり、阿弥陀を阿弥陀と言っただけである。光が無量であって、無量の光が遍《あまね》く照らすということは、字引を見ればわかるが、摂取という意義は字引にはない。摂取された人、たすけられた人だけにある阿弥陀の意義である。遍照は仏の徳であり、仏の方にある。摂取の方は衆生にある。遍く照らすけれども、摂取は念仏の衆生を摂取する。照らすのは十方衆生であるが、摂取については十方衆生とは言われていない。仏の本願は、一切衆生をたすけようと言って、本願に背く者をも照らす。しかし、摂取は一切衆生ではない。本願をたのむ念仏の衆生が、たすけられる。本願は人類を救うものであるが、たすけられるのは親鸞一人である。こういう意義があらわされている。

ここに善導大師は、経文にはない唯という字を置いて「ただ念仏の衆生《しゅじょう》を観《み》そなわして、摂取《せっしゅ》して捨《す》てざるがゆえに、阿弥陀《あみだ》と名づく」（『教行信証』聖典一七四頁）と言われ、親鸞聖人は、『歎異抄』に「親鸞《しんらん》におきては、ただ念仏して、弥陀《みだ》にたすけられまいらすべし」（聖典六二七頁）と言われる。唯ということを仏教の言葉では選択というのであるが、我われから言えば決断である。一切を捨てて本願を取ると、信仰において決断したときに摂取される。光に照らされても、摂取されるとは限らない。たすけようということは未来であるが、摂取ということは現在である。本願が一念の上に成就した、現在の救いをあらわすのが摂取不捨である。たすけられた衆生の外《ほか》に、たすける仏はない。たすけられた私に、たすける仏が成就している。

こういう意味で、『観経』の「摂取不捨」をもって、『浄土論』の「無碍」を明らかにされる。交互に照らすのである。仏から言えば無碍であり、我われから言えば摂取不捨である。特に無碍を選んであるのは、「摂取して捨てざるがゆえに、阿弥陀と名づく」という意義を含んでいるのである。無碍ということは仏の徳であるが、それを信仰の体験としてあらわすのが摂取不捨である。摂取不捨というところに、無碍が成就している。無碍の現実である。

煩悩悪業は闇ではなく光をあらわす

無碍ということはどういうことか。煩悩悪業は仏から言えば無碍であるが、我われから言えば有碍である。煩悩悪業がたすけられるというのはどういうことか。叩きこわすことか。煩悩悪業は叩きこわせるものでもないし、また叩きこわすことができないから、我われにしてみれば見ないようにしたり、忘れようとするより仕方がない。煩悩悪業に悩まされていることは救いではないし、煩悩悪業がなくなることも救いではない。煩悩悪業が素直にいただけること、素直にいただく心、それが本願をたのむということである。本願をたのまない心は、煩悩悪業を素直にいただけない。本願をたのまない心は、煩悩悪業をどうにかしようという心である。どうにもならないけれども、どうにかしたい。永遠に無限の悪循環である。どうにかなるかと言えば、どうにもならない。どうにもならないけれども、どうにかしたい。そういう輪が切れない。そういう意識が、未来の救いを期待する。救いを未来に延ばすわけである。

本願をたのめば、たのんだ本願がその煩悩悪業を転じていく。煩悩を憎む心を捨てて本願に帰すれば、本願が我われを転ずる。それが無碍である。煩悩悪業を転ずることを、転悪成徳と言う。無くなることでもなく、そのまま有ることでもなく、転ずるのである。煩悩悪業が光の行となる、光をあらわすものとなる。煩悩悪業は闇ではなくかえって光をあらわす。煩悩悪業がなければ光もあらわれない。煩悩悪業があればこそ、光をいただくことができる。そうすれば無碍ということは、仏から言えば無碍であるが、我われの体験から言えば摂取不捨である。こういうことが、十二光の中の無碍ということであらわされた意義である。

「願生偈」に阿弥陀という名がないわけではないが、巻頭に特に「尽十方無碍光如来」とあるのは無碍ということを選んでいるのである。煩悩悪業を否定せずして超える。宿業に随う。宿業に随順することと、随順できたことが、宿業を超えることである。なくする必要がないことが超えたことである。

「摂取不捨」という『観経』の言葉は現在の救いであって、現在の救いをあらわしてあるのが本願成就である。また本願成就を一語であらわしてあるのが、摂取不捨である。真宗の救いは摂取不捨である。凡夫が凡夫になれたことが、真宗の救いである。浄土真宗の信というものをあらわし、本願成就ということをあらわす言葉が摂取不捨である。

「尽十方無碍光如来」ということは本願成就の如来、特に第十八願成就の如来である。だから帰命は、たのめたすけん、ということである。「汝《なんじ》一心に正念《しょうねん》にして直ちに来れ《きた》」（『教行信証』聖典二二〇頁）、そのままにして来たれ。本願の呼びかけは、特別の人が呼びかけられるわけではない。うろうろしているような我われが呼びかけられる。「老少善悪《ろうしょうぜんあく》のひとをえらばれず」（『歎異抄』聖典六二六頁）。当たり前の人間が呼びかけられている。生きていることに恐れおののいて、一日一日が気にかかっている人間、あらゆることに動かされ一喜一憂している葦のごとく弱い人間。そういう弱い人間が弱いままに来たれと呼ばれる。

帰命というところに一心がある。帰命によって一心が明らかになる。如来は、我われをして本願をたのましめ、たのんだ我われを機として、たのんだ我われの上に、無碍光如来として自身を成就される。帰命ということは、人間にはできないことである。無碍光如来に帰命するということが、本願成就の名号である。名号の中に自分が見出されたのである。名号のはたらきが帰命である。南無阿弥陀仏があってこそ、阿弥陀仏に南無することができる。南無阿弥陀仏と帰命する。たのめたすけん、ということによって、御言《みこと》によってたすかった安心をいただく。我われの一心は御言に賜る。摂取不捨の誓願に帰命する。無碍光如来は、摂取不捨の誓願成就の如来である。たのむものをたすけん、という如来の本願に帰命する。だから、たのんでたすかったのではなく、たのんだことがたすかったことである。たのめたすけん、というのは本願の言葉であるとともに、たのんでたすかった我われの一心の告白でもある。

天親菩薩は「世尊我一心　帰命尽十方　無碍光如来　願生安楽国」（『浄土論』聖典一三五頁）と自らの信心を表現された。如来に呼び覚まされた一心が一心自身を表明している。そこに、たのんでたすかった全体がある。天親菩薩の全体、全生活がある。名号は本願の呼びかけの言葉であるとともに、我われの応答である。曽我先生は「感応道交」と言われる。如来と衆生が交互に関係するのが感応道交、交互関係である。

11、広由本願力回向

広由本願力回向　為度群生彰一心

広く本願力《りき》の回向《えこう》に由《よ》って、群生《ぐんじょう》を度せんがために、一心を彰《あらわ》す。

名号をもって至心回向したまえる一念は一心

四十八願と言うが、本願に四十八あるのではなく、本願の四十八の展開である。第十八願に来て初めて、初めの初めに触れた。本願の初めが第十八願である。本ということは因本ということもあるが、根本ということが大切である。第一願という意味はアンファング（Anfang）、ビギニング（beginning）、第十八願はグルント（Grund）である。根本の願を明らかにされたのが善導大師である。それに対して、親鸞聖人は本願成就の意義を明らかにされた。「至心回向したまえり」（『教行信証』聖典二三三頁）ということで、本願成就の意義が出てくる。回向する必要があるなら、成就ではない。

「広由本願力回向　為度群生彰一心（広く本願力《りき》の回向《えこう》に由《よ》って、群生《ぐんじょう》を度せんがために、一心を彰《あらわ》す）」（「正信偈」聖典二〇六頁）の二句の語る意義が本願成就の意義である。この「一心」こそ真に本願成就という意義をもつ。本願成就の経文は「諸有衆生、聞其名号、信心歓喜、乃至一念。至心回向」（『大経』聖典四四頁）であるが、法然上人までは、「乃至一念。至心回向」を続けて読まれていた。続けて読めば、乃至一念と言っても一声の念仏、行の一念である。本願文にあっては「乃至十念」、本願成就では「乃至一念」であり、すべて行の一念になる。そうなると、最後の一念が重要になる。たとえば、法然上人の『選択集』に「願成就の文の中に、一念と云うと雖も、未だ功徳の大利を説かず」（真聖全一、九五二頁）とあるのがそれである。

それに対して、親鸞聖人は信の一念を開かれた。信の一念になると、本願成就の一念が弥勒付属の一念に劣らない利益をもつ。行の一念になると、第二十願からも区別できない。第十八願成就文の

「聞其名号」も「至心回向」も、第二十願になってしまう。第二十願文にも「聞我名号」「至心回向」（『大経』聖典一八頁）とあるのである。それほど第二十願は第十八願と深い関係をもっている。第二十願と区別された純粋な意義をもつ第十八願は、至心信楽の願である。至心信楽の願は、一面には諸仏称名の願を受けているとともに、また一面には至心回向の願と区別されている。「乃至十念」の十念というところからは、念仏往生ははっきりしない。それで親鸞聖人は第十七願として明らかにされた。このように至心信楽の願は、外には諸仏称名の願と区別される。また、至心信楽の願は内には至心回向の願と区別される。至心信楽というのが、第十八願の純粋な意義であり、第十八願の独自の意義である。念仏往生の願成就というだけでは区別がつかない。「至心に回向して」なら、第二十願と区別がつかないのである。

第十八願成就文には「乃至一念。至心回向」とあるが、これを親鸞聖人は「乃至一念」と「至心回向」を切られ、「至心回向」を「至心回向したまえり」と読まれたのである。「乃至一念」の「一念」を、信ずる一念として明らかにされたのである。その一念は、名号をもって至心回向したまえる一念である。そうすると、その一念は一心になる。一心をもって経文の一念を明らかにされた。それが至心回向したまえりの一心である。だから、そこに自ずから『浄土論』の一心は、本願三心の願が成就した一心になる。それで「信巻」では、このことについて三一問答を開いてある。

『浄土論』と本願文を比較すると、『浄土論』では一心・五念であり、本願文では三心・十念である。『浄土論』の偈文では一心、解釈では五念である。「願生偈」は「一心の華文《かもん》」（『教行信証』聖典二一〇頁）と言われるほど、その中心は一心にある。つまり、本願成就文の一念を解釈して五念門を開かれている。親鸞聖人に従うと、行信の一念は一心一行であると言われる（同二四〇～二四一頁参照）。我らの上に成就した一念は、一心一行である。一心一行というものの根元は、三心・五念である。信から言えば三心・一心であり、行から言えば十念・五念である。

「願生偈」では、一心は我、五念は菩薩である。我が一心を起こすというより、一心の上に我が成り立つ。「願生偈」は本願に呼び覚まされた一心を語る。つまり表白的意義をもつのである。解義分になると、我ではなく菩薩や善男子善女人である。さしあたり、我が一心を発し、我が行ずるように読めるが、行の主語は菩薩である。我はどこまでも一心である。そこに、自ずから菩薩の行が行ぜられる。五念は菩薩道をあらわし、三心は五念の行の内面をあらわす。一心は仏道をあらわし、涅槃の真因であり、往生成仏の因である。「願生偈」を解釈されて五念門になったのはうなずけるが、偈文には二十九種荘厳功徳が説かれており、それを解釈された解義分には五念門の行が説かれているが、荘厳功徳は如来であり、五念門の主体は菩薩である。如来と菩薩とはいかなる関係であるのか。

五念門の行は、菩薩道の意義をもっている。五念は三業二利である。三業とは身口意の三業であり、称名は五念門の中では口業として説かれている。二利は自利利他であるが、菩薩の自利利他である。菩薩は五念門によって自利利他する。それに対して、二十九種荘厳功徳の場合には、十七種の荘厳功徳、すなわち仏国土の荘厳功徳が自利利他である。この場合は、如来の自利利他である。仏国土は如来の智慧のはたらく領域、つまり本願によって生まれ、光明によって統括された世界である。仏の智慧のはたらかないところはない。光ならざるはない。尽十方無碍光如来の国土である。

しかし、仏国土に荘厳功徳ということが付いている。荘厳功徳と言うと、歴史がある。菩薩道の歴史によって仏国土が荘厳されている。偈文の方は一心の世界観をあらわす。それに対して解義分に説かれている五念門は、一心の背景、歴史、一心の由ってくるところをあらわす。『浄土論』では五念門と言い、経典では三心と説かれている。行としては五念門であり、信としては三心である。

善導大師の『観経疏』「散善義」に『観経』の至誠心についての釈があり、そこに「安心《あんじん》・起行《きぎょう》」（『教行信証』聖典二一五頁）という言葉が出ているが、安心・起行ということで言えば、三心は安心、五念門は起行に当たる。

仏国土荘厳としての五念門の行

法蔵菩薩の不可思議兆載永劫の修行は、南無阿弥陀仏の因位の歴史である。『入出二門偈』では「不可思議《ふかしぎ》兆載劫《ちょうさいこう》に、漸次《ぜんじ》に五種の門を成就したまえり」（聖典四六一頁）と言われる。「不可思議兆載劫」は勝行段の経文に依られ、「五種の門」は『浄土論』によられているが、衆生に真実の心がないことが明らかにならない限り、如来や菩薩の行も我ら衆生の行も区別がない。

『浄土論』の一心・五念と『観経』の三心（至誠心・深心・回向発願心）によって解釈された善導大師の三心釈を受けて、それらを総合して、親鸞聖人は本願の三心を明らかにされた。その三心釈を通さなければ、「不可思議兆載劫」に六波羅蜜を行ずると言っても「五種の門」を行ずると言っても、その行の主体が法蔵菩薩であるということは見えないのである。

本願の心を我われの上に降《くだ》して『観経』の三心として明らかにされ（三心釈）、我われの一心の背景に法蔵菩薩の行があることを初めに指摘されたのは善導大師である。『観経疏』の『観経』の至誠心釈に、その中に「正《まさ》しくかの阿弥陀仏《あみだぶつ》、因中に菩薩《ぼさつ》の行を行じたまいし時、乃至《ないし》一念一刹那《いっせつな》も、三業の所修みなこれ真実心の中《うち》に作《な》したまいしに由《よ》ってなり」（『教行信証』聖典二一五頁）とあるのが、それである。善導大師の三心釈を通して初めて、我われに一心を恵もうとする本願の心が法蔵菩薩の行であることが、いただかれるのである。

このように、本願の三心と『浄土論』の五念門は同じなのである。五念門は一心の由来するところであり、菩薩の三心の歴史の成就として一心あるがゆえに、仏道を成就しているのである。

五念門の念を、本願の十念の念といただけば、五念門の体は念仏である。五念門の体を念仏といただけば、五念門の中では特に讃嘆門が重要になるのである。念仏は一心に具わる一行として成就されている。一心一行は仏道を成就するものである。その一心一行を五念に開いてあるのは、一心一行たる一念が菩薩行という意義をもつことを明らかにするためである。『浄土論』では最初に「一心」と言われ、最後に「速やかに阿耨多羅三藐三菩提《あのくたらさんみゃくさんぼだい》を成就したまえることを得たまえるがゆえに」（聖典一四五頁）と結ばれる。つまり最初と最後に仏道の因果が説かれている。仏道の一因一果である。その一因一果を広く五念五果に開くのは、菩薩道を明らかにするためである。仏道から菩薩道を開いて、菩薩道によって仏道を成就する。

道綽禅師以下は、もっぱら仏道から始まり、道綽禅師以前は仏道の背景を明らかにする。衆生往生の因果よりも如来浄土の因果を明らかにするところが大切である。特に『浄土論』の意義はそこにある。一心の因縁、他力回向の因縁を明らかにするところに、『浄土論』と『論註』の意義がある。『浄土論』は一心の華文であるが、五念を説いてあるところは一心の背景を明らかにする。『浄土論』に照らして、初めて第十八願が明瞭になる。本当の意味の顕真実の事業である。

さて「広由本願力回向」であるが、これは『浄土論』の解義分の最後の言葉である「以本願力回向故」（聖典一四五頁参照）からきている。「本願力回向」はここにしかない。これは大切な言葉である。『浄土論』の中では誰の本願力回向かわからないが、解義分だから菩薩の本願力回向であろう。本願力を偈文に求めると仏本願力であり、解義分の上には菩薩の本願力である。しかし、この二つは無関係なものではない。第五「園林遊戯地門《おんりんゆげじもん》」（『浄土論』聖典一四四頁）は因であるが、仏の本願力と矛盾するものではない。菩薩に成じている本願力そのままが、仏本願力である。本願というのは、仏とも菩薩とも言えないものである。それを菩薩としてあらわしてくる。

曇鸞大師は、「本願力回向」の本願力を他力という言葉で表現されたが、その他力を証明しているところは、『論註』の最後にある三願的証である。そこに「覈《まこと》にその本を求むれば」（『教行信証』聖典一九四頁）とある。その「本」は菩薩の本である。如来を菩薩の本として尋ねられたのである。如来は菩薩を否定するのではなく、菩薩自身を成り立たしめる。自己は自己の力では成り立たない。かえって他力によって自己が成り立つ。いずれにしても、如来の本願力と無関係に菩薩の本願力はない。

如来の本願力として、菩薩の本願力があらわされる。如来が菩薩として輝いている。

「本願力回向」と言うが、「本願力」の力をあらわすのが「回向」である。「覈にその本を求むれば」の直前に「五門の行《ぎょう》を修《しゅ》して、もって自利利他成就したまえるがゆえに」（『教行信証』聖典一九四頁）とある。「依る」には「由」という意味がはっきり出ていないが、「以って」には「由」という意味がはっきり出ている。だから、自利利他成就するに依ってではなく、自利利他成就するを以って、とされたのである。「依る」と「以って」とは「由」に重要な意義があることをあらわしている。さらに、「以って」を「由る」に改められたのは善導大師であるが、それは非常に意義が深いことである。「由」は因、「依」は縁になるが、「由」は因縁と言ってもよい。『観経疏』の「正《まさ》しくかの阿弥陀仏《あみだぶつ》、因中に菩薩《ぼさつ》の行を行じたまいし時、乃至《ないし》一念一刹那《いっせつな》も、三業の所修みなこれ真実心の中《うち》に作《な》したまいしに由《よ》ってなり」（『教行信証』聖典二一五頁）は、善導大師が正しく一心の因縁を、菩薩の五門の行として明らかにされたところである。

「乗」は信をあらわすのではなく、乗じたことで疑いのないことをあらわす

「一心」は、『浄土論』では「帰命尽十方無碍光如来」の前にある言葉である。それを「正信偈」では後に回され「為度群生彰一心」とされた。『浄土論』の意義は一心というところにある、という御心である。帰命無碍光如来は、一心を述べた言葉である。一心と帰命無碍光如来とがあるのではなく、帰命無碍光如来が一心を記述した言葉である。帰命無碍光如来というところに名号があらわされてい

る。これが一心の体である。

一心については「信巻」で、『浄土論』の一心と本願の三心について問答が起こしてある。一心の重要性がここに示されている。「別序」には「一心の華文《かもん》」（『教行信証』聖典二一〇頁）と言われる。帰命も願生も、一心を述べた言葉である。体については、「信巻」の「この至心はすなわちこれ至徳の尊号をその体とせるなり」（同二二五頁）と、「教巻」の「経の体《たい》」（同一五二頁）と二か所出ている。体というのは、天台に「当体全是の即」ということがあるが、この「当体」は即ということである。あるものを否定して空と言うのではなく、あるがままが空、即空である。あの当体が即ということである。

ここでも、帰命無碍光如来という名号が一心の体であると言える。名号こそ一心の当体である。一心は、本願文の三心では信楽にあたり、『観経』の三心では深心にあたる。信楽というのは、疑がない、「疑蓋無雑（疑《ぎ》蓋《がい》雑《まじ》わることなし）」（『教行信証』聖典二三五頁）ということである。天親菩薩の一心は信楽である。その信楽を『観経』の三心の中の深心としていただかれたのが善導大師であり、深心を二種深信として明らかにされたのである。親鸞聖人が深信を「深く信ずる心」と言われたのは、本願の三心に照らすからである。仮名聖教を見ると、本願の信楽を解釈して「ふたごころなくふかく信じてうたがわざれば、信楽《しんぎょう》ともうすなり」（『尊号真像銘文』聖典五一二頁）と言っておられる。「ふたごころ（二心）なく」は『浄土論』の一心からとった。一心は日本語で言えば「二心《ふたごころ》なく」である。「ふかく（深く）信じ」は『観経』の深心からとった。天親菩薩の一心は、『観経』では深心、本願文では信楽にあたる。「うたがわざれば」は、正しく信そのものをあらわす。『観経』の深心を解釈して、第一深信を「決定《けつじょう》して自身を深信《じんしん》する」（『愚禿鈔』聖典四四〇頁）と言い、第二深信を解釈して「決定《けつじょう》してかの願力に乗じて深信《じんしん》する」（同頁）と言われる。第一深信から比べると「乗」は重複のように思われるが、「乗」は信をあらわすのではなく、乗じたことで疑いのないことをあらわす。乗じない場合ももちろん疑であるが、乗じた場合でも疑はある。乗じた心と乗ぜられた本願と、二つあるなら疑である。如来と、信ずる心と、二つあるのは疑である。彼の願力に乗ずるのは念仏である。念仏は本願の外にあるのではなく、本願の中にある。諸行の立場を捨てて本願に立ったところに念仏がある。帰するということは乗ずるということである。帰したことに疑いがない。

疑蓋無雑ということ

南無阿弥陀仏に帰するということは、自己自身が南無阿弥陀仏に成るということである。本願に帰すれば、我そのものが本願となる。ただ教理を信ずるということではない。身も心も南無阿弥陀仏というところに、一心が成り立つ。南無阿弥陀仏と自己と二つあったら、一心にならない。本願そのものが我として成就した。その絶対現実は疑い得ない。乗じた場合は乗じる自己は客であるが、いつまでも客としていれば二つである。その客は、乗らない場合の客と同じである。客として召された者が、召された瞬間に主人となる。客というのは絶対消極であるが、それが絶対積極に転ずるのである。自己を無にして本願に帰するとともに、本願を自己に奪ってくる。主体が成り立たないと「疑蓋無雑」

は成り立たない。

そういう意味で、本願が自己の全存在である。現実の行、現行の事実が「疑蓋無雑」である。理念からは「疑蓋無雑」とは言えない。そういう意味で、帰命無碍光如来は、一心の体であると言える。帰命無碍光如来は一心それ自体をあらわした言葉である。その一心は単なる序分に止まるものではない。『観経』では深心であり、本願文では信楽にあたる。如来の心のままが、天親菩薩に成就している。「願生偈」は、天親菩薩の本願成就の言葉である。それで「信巻」に重要に取り上げられる。

三経一論は曇鸞大師の見出されたものであるが、それを「正しく往生浄土を明すの教」（真聖全一、九三一頁）と言葉としてあらわして明瞭にされたのは『選択集』であり、三経一論の問題を明らかにされたのは親鸞聖人である。三経一論にわたって三心（『大経』と『観経』）や一心（『阿弥陀経』と『浄土論』）が出ている。『教行信証』は三経一論の優婆提舎である。

「証巻」の終わりのところに『浄土論』『論註』の思想的意義を簡潔に言いあらわしてある。そこには「論主《ろんじゅ》（天親《てんじん》）は広大無碍《むげ》の一心を宣布《せんぷ》して、あまねく雑染堪忍《ぞうぜんかんにん》の群萌《ぐんもう》を開化《かいけ》す。宗師（曇鸞《どんらん》）は大悲往還《おうげん》の回向《えこう》を顕示して、ねんごろに他利利他の深義《じんぎ》を弘宣《ぐせん》したまえり」（『教行信証』聖典二九八頁）と言われている。これが一心の意義である。「広大無碍の一心を宣布して、あまねく雑染堪忍の群萌を開化す」が、「正信偈」では「為度群生彰一心」とあらわされているのである。

広大無碍の仏に帰命すれば、帰した心が広大無碍

「証巻」では「広大無碍《むげ》の一心」（『教行信証』聖典二九八頁）と言ってあり、その一心は他力の一心である。「広大」は本願であり、「無碍」は仏力であり、合わせれば仏本願力である。「広大無碍」は、仏本願力をあらわした言葉なのである。本願に召されるのが帰命であり、帰命した機の上に仏力を成就して、帰命した衆生を摂取するのが南無阿弥陀仏である。だから、本願が仏力として成就している。広大無碍の仏に帰命すれば、帰した心が広大無碍である。一心が広大なのである。一心と言っても狭小なのではない。曇鸞大師の言葉であらわすと、広大無碍の一心は他力の一心である。そういう意義を、ここでは「広由本願力回向」とあらわされる。「他力の一心」は「の」という字を入れるが、「の」という字が他力そのものの一心である。つまり、一心の当体が他力である。他力をたのむ一心であるが、他力だから他力をたのむことができる。たのまれる他力ではなく、たのむとして他力が成就しているので、当体と言える。

回向もそうである。如来が如来を失わずに、そのまま衆生として成就している。回向ということも他力ということも曇鸞大師の功績であるが、「正信偈」の「本願力回向」は、まったく『浄土論』の言葉そのものである。「出第五門というは、大慈悲《だいじひ》をもって一切苦悩《くのう》の衆生《しゅじょう》を観察して、応化身《おうけしん》を示して、生死《しょうじ》の園《その》・煩悩《ぼんのう》の林の中に回入《えにゅう》して、神通《じんずう》に遊戯《ゆげ》し教化地《きょうけじ》に至る。本願力の回向《えこう》をもってのゆえに。これを出第五門と名づく。菩薩《ぼさつ》は、入四種の門をして自利の行成就す。知るべし。菩薩は、出第五門の回向《えこう》利益他《りやくた》の行成就したまえり。知るべし。菩薩、かくのごとく五念門の行を修して、自利

利他して速やかに阿《あ》耨多羅《のくたら》三藐三菩《さんみゃくさんぼ》提《だい》を成就したまえることを得たまえるがゆえに」（『浄土論』聖典一四四〜一四五頁）。我われにとって本願力回向という言葉は珍しくないと思うが、三国七祖の聖典では、この「園林遊《おんりんゆ》戯《げ》地《じ》門《もん》」（同一四四頁）のところにしかない。園林遊戯することは、回向の成就による。回向の果が「園林遊戯地門」である。

因果は範疇の一つであるが、しかし範疇の根本的なものである。カントは十二範疇を立てたが、それに対して、ショーペンハウアーは因果一つでよいと批判する。仏教では、普通では因果と考えられないものまで因果に含める。因果は世俗諦であり、縁起は第一義諦である。因果という世俗諦をもって、第一義諦をあらわす。だから因果と言っても単なる因果ではない。因果一如である。一如には因果はないが、一如を因果であらわす。果である五功徳門によって、因である五念門の成就があらわされている。五念門を行ずるのは、我われが努力するのではない。行が功徳として、我らの上に成就するのである。それで回向という言葉が出る。

しかし、この「園林遊戯地門」のところには本願力回向とあっても、仏本願力回向ではなく、菩薩本願力回向である。解義分全体が菩薩である。解義が菩薩をあらわす。「願生偈」は如来の世界である。如来の世界を解釈するには、如来を如来として解釈することはできない。『十地経』にも因分可説・果分不可説という主張があり、仏の境界を解釈するのに菩薩で語られる（『十地経論』大正二六、一三四頁a参照）。『浄土論』でも、菩薩本願力回向として語られるが、それは如来本願力回向を否定しているのではない。偈の中に仏本願力という言葉が出ていることからもわかる。

長行は、初めは五念、後には五功徳であり、五念門の中に回向が出ている。初めには本願力、次に回向、終わりには本願力回向がある。この「園林遊戯地門」の本願力回向という言葉に親鸞聖人が深い感銘を受けられたのは、如来が菩薩としてあらわされているからである。菩薩が、ただ菩薩なら感銘はない。菩薩と言うが、広く言えば行者としての衆生である。その衆生と如来本願力とは無関係ではない。

菩薩を否定して如来なのではなく、菩薩を成就するのが如来

曇鸞大師の解釈を手がかりとすると、曇鸞大師が他力と言われるのは仏本願力である。親鸞聖人は「光闡横超大誓願」という言葉で、二十九種荘厳功徳を不虚作住持功徳一つにおさめておられる。天親菩薩は「観仏本願力」と、観という字を置いて仏本願力に中心的な意義があることをあらわされている。だから曇鸞大師もここに他力を見出された。親鸞聖人は「行巻」で他力を論証しておられるが、その場合に仏本願力の功徳である不虚作住持功徳についての『論註』の釈文ではなく、園林遊戯地門の菩薩の本願力回向についての『論註』の釈文を引いて語らせておられる。というのは、曇鸞大師御自身が『論註』で他力を証明されているのが、園林遊戯地門の菩薩の本願力回向について解釈されておられるところだからである。それで親鸞聖人は「証巻」の最後に「他利利他の深義《じんぎ》」（『教行信証』聖典二九八頁）と言って称讃されておられる。三願的証と言われるのは、他力を的確に証明してあるのである。

「仏《ぶつ》の本願力《ほんがんりき》を観ずるに、遇《もうお》うて空《むな》しく過ぐる者なし、能《よ》く速やかに功徳《くどく》の大宝海を満足せしむ」（『浄土論』聖典一三七頁）とあり、解義分の帰結に「速やかに阿耨多羅《あのくたら》三藐三菩《さんみゃくさんぼ》提《だい》を成就したまえることを得たまえるがゆえに」（同一四五頁）とある。「速」が、他力によるがゆえに「速」である。「速」という字があるから横超と言う。

如来を証明するのは衆生である。我らがたすかることが、たすける仏に間違いがないことを証明する。仏を証明するのは菩薩である。それが、曇鸞大師の御言葉では「覈求其本」（「覈《まこと》にその本を求むれば」〈『教行信証』聖典一九四頁〉）である。本があれば末がある。末は菩薩であり、本は如来である。如来浄土の因果は、衆生往生の因果の本である。だから親鸞聖人は、「『経』に「聞《もん》」と言うは、衆生《しゅじょう》、仏願の生起《しょうき》・本末《ほんまつ》を聞きて疑心あることなし」（同二四〇頁）と末を加えられている。衆生往生の因果は、如来浄土の因果から言うと因果ともに果である。本は、末を否定する意味ではない。末を超えているがゆえに、末を基礎づける。如来は菩薩や衆生を否定して如来なのではなく、菩薩を基礎づける意義をもつ。菩薩を否定して如来なのではなく、菩薩を成就するのが如来である。ある意味では、交互的なのである。菩薩となることによって、如来を一層輝かす。

「広由本願力回向」の「広由」が意味するところ

他力の場合も、自を否定するところに他があるのではない。かえって自己を成就するところに他力がある。自己は自己では成就しないのである。こういうわけで、本願力は一応菩薩の本願力であるが、かえって如来のはたらきがあらわされている。如来は菩薩としてはたらく。だから親鸞聖人が用いられたのは、如来の本願力回向である。「広由本願力回向」と、「広由」と言ってあるのは、広大無碍の広である。「信巻」は正しく一心を主題として取り扱ってあるが、そこに「広」という字を重要に見られ、合わせて「由」という字も重要に見られる。

「広」の基づくところは「如来智慧海　深広無涯底」（『大経』聖典五〇頁）であろう。『浄土論』では「以本願力回向故」（聖典一四五頁参照）とあって、「由」ではないのだが、親鸞聖人は「由」に改めておられる。このことは深い意味をもつ。「信巻」の初めの御自釈に大信心の意義が述べられており、その中に、「無上妙果《むじょうみょうか》の成じがたきにあらず、真実の信楽《しんぎょう》実《まこと》に獲《う》ること難《かた》し」（『教行信証』聖典二一一頁）と、難信について語られている。「無上妙果」は仏果である。これも難いが、因はさらに難い。行は易行であり、信は難信である。難信の所以を明らかにするのに、「何をもってのゆえに。いまし如来《にょらい》の加威力《かいりき》に由《よ》るがゆえなり。博《ひろ》く大悲《だいひ》広慧《こうえ》の力に因《よ》るがゆえなり」（同頁）と言っておられる。他力だから難信と言われ、ここに「由」が使ってある。

「由」という字は因のことである。ここに「広」という字も出ている。如来の「加威力」は光明、つまり仏力である。「大悲広慧の力」は願力である。本願も智慧であり、因位の智慧である。因である本願も果である仏力も、どちらも智慧である。「如来の智慧《ちえ》海は、深広《じんこう》にして涯底《がいてい》なし」（『大経』聖典五〇頁）の「深」は果、「広」は因、「智」は深、「慧」は広である。仏力と願力、この両方は他力である。他力によるがゆえに難信である。そういう意味で、難の一字が他力回向をあらわす。そこに

「以」と「由」が出ている。「以って」は問い、「由る」は答えである。

「正信偈」を注意して見ると、「広由」の前に「依修多羅」とあった。依と由を区別する。同じよるということが二つにあらわされている。依は帰依である。『浄土論』では、初めに帰命とあって、次に我依と続いている。仏の教勅に帰命し、その法によって『浄土論』を開く。『教行信証』では「化身土巻」に「四依《しえ》」（聖典三五七頁）ということがある。古くは「自らに依り他に依るな。法に依って他に依るなかれ」と言われる意味の依である。

それに対して、由は内面的である。だから因という字で補ってある。依は依拠するという意味である。それに対して因や由は、内面的である。外に依り、内に由る。親鸞聖人が以を由に改められた。「広由本願力回向　為度群生彰一心」は「信巻」の問題である。「何の為に天親菩薩は一心と彰されたのか」ということは、「信巻」の三一問答の冒頭で親鸞聖人自ら問い、「愚鈍《ぐどん》の衆生《しゅじょう》、解了易《げりょうやす》からしめんがために」（『教行信証』二二三頁）と自ら答えられている。「広由本願力回向」と「由」をもってこられたのは、善導大師によってである。『浄土論』の「本願力の回向《えこう》をもってのゆえに」（聖典一四五頁）を解釈するのに、本願の三心によって親鸞聖人は明らかにされたが、それは善導大師によっているのである。

由というのは「行巻」にも引文があるが（『教行信証』聖典一九三頁参照）、「信巻」の由は正しく「信巻」の問題である。「信巻」の問題とは、本願の三心である。「至心信楽欲生」がどうして三つの心になるかということを考えなければならない。また、『観経』には「何等為三。一者至誠心、二者深心、三者回向発願心」（聖典一一二頁）とあり、ここに善導大師が注目しておられる。「何等為三」は仏の問いであり、「一者至誠心、二者深心、三者回向発願心」は仏の答えである。ここは仏の自問自答である。この『観経』の三心については、善導大師に詳細な解釈がある。

心というような問題は、告白性をもたざるを得ない

その『観経疏』の三心釈について、『大経』の如来の本願に照らして『観経』の三心が解釈されていると、親鸞聖人は洞察された。深心というのは、『華厳経』にでもどこにでもあるが、善導大師は「「深心《じんしん》」と言うは、すなわちこれ深信《じんしん》の心なり」（『教行信証』聖典二一五頁）と信の一字を加えておられる。これは本願の信楽に照らされるからである。『観経』の三心を本願の三心の脚注と見られたのである。

だから安心の問題を考えるときに、直接に本願の三心ではなく、善導大師の解釈を通して明らかにしてある。それで三ということも出てくる。『浄土論』の一心と本願の三心の関係を明らかにした三一問答の中で、本願の三心をそれぞれ善導大師の『観経疏』の三心釈をもってあらわしてある。至誠心釈には「至誠であれ」という言葉の解釈だけではなく、善導大師御自身の告白が出ている。心というような問題は告白性をもたざるを得ない。安心の問題を、自分を抜きにして客体的に取り扱うわけにはいかない。だから善導大師の至誠心釈の中には、自ずから痛切な告白があらわれてきている。『観経疏』「散善義」の「外《ほか》に賢善精進《げんぜんしょうじん》の相《そう》を現《げん》じ、内《うち》に虚仮《こけ》を懐《いだ》くことを得《え》ざれ」（真聖全一、五三

三頁）を「外《ほか》に賢善精進《げんぜんしょうじん》の相を現ずることを得ざれ、内に虚仮を懐いて」（『教行信証』聖典二一五頁）と親鸞聖人が読みかえられたのは、教えの言葉ということがある。誡めの言葉であると同時に、教えられた言葉、告白の言葉でもある。二つが相交わっている。「貪瞋邪偽《とんじんじゃぎ》、奸詐《かんさ》百端《ももはし》にして、悪性侵《や》め難《がた》し……これ必ず不可なり」（同頁）は、告白の言葉である。至誠は、至誠であれという誡めの言葉であるが、これを聞くのは善導大師御自身である。そこに、至誠であり得ない善導大師が告白されている。

至誠心は、善導大師が法蔵菩薩に遇われた場所

「信巻」の巻頭の「真実の信楽《しんぎょう》実《まこと》に獲《う》ること難《かた》し。何をもってのゆえに。いまし如来《にょらい》の加威力《かいりき》に由《よ》るがゆえなり」（『教行信証』聖典二一一頁）は、「これ必ず不可なり。何をもってのゆえに、正《まさ》しくかの阿弥陀仏《あみだぶつ》、因中に菩薩《ぼさつ》の行を行じたまいし時、乃至《ないし》一念一刹那《いっせつな》も、三業の所修みなこれ真実心の中《うち》に作《な》したまいしに由《よ》ってなり」（同二一五頁）からきている。「正しくかの阿弥陀仏」以下は、『大経』の勝行段の経文を指す（『大経』聖典二六～二七頁参照）。「阿弥陀仏、因中に菩薩の行を行じたまいし時」は、不可思議兆載永劫の修行の経文からきている。五劫思惟は勝因段であるが、勝行段の経文も大切である。如来の世界に人間の努力で到達することを、善導大師は「これ必ず不可」と言われている。不可思議兆載永劫の行をもって荘厳された世界、人間の影が差さない世界を証明するのが勝行段であり、勝行段の内面が本願の三心である。

善導大師が勝行段から引かれるのは、『観経疏』の三心釈の中では、至誠心釈だけである。至誠心は、善導大師が法蔵菩薩に遇われた場所だからである。親鸞聖人も、三心釈の中では至心釈にだけ勝行段を用いて証明される。信楽を証明する経文は本願成就の前半、欲生を証明する経文は本願成就の後半から引かれている。しかし、御自釈を見れば、信楽釈や欲生心釈にも勝行段から引かれていることがわかる。つまり、本願の三心を解釈されるときには、三心すべてにわたって勝行段から引かれているのである。勝行段の内面が三心であると見ておられるからである。

今日、神学の問題として、ブルトマンが聖書の非神話化を提唱して論議を引き起こしているが、これは神話の克服の問題である。聖書の神学を現代に近づけることである。善導大師の至誠心釈は、法蔵菩薩の神話性を克服した記録である。自己の外にあった場合は神話であり、自己の中《うち》に見出すとき初めて神話でなくなる。信仰生活の闘いに、神話ではない生きた法蔵がある。「至心信楽、欲生我国」(『大経』聖典一八頁)という言葉は、如来が衆生の上に自己を見出し、その衆生の上に自己を証明した闘いの歴史の上にあらわれた心である。善導大師の信仰生活の闘いを抜きにして、本願の三心を「正《まさ》しくかの阿弥陀仏《あみだぶつ》、因中に菩薩《ぼさつ》の行を行じたまいし時、乃至《ないし》一念一刹那《いっせつな》も、三業の所修みなこれ真実心の中《うち》に作《な》したまいしに由《よ》ってなり」(『教行信証』聖典二一五頁)といただくことはできなかったであろう。「これ必ず不可なり」(同頁)の自覚を通してしか、このようにはいただけないのである。

法蔵菩薩の勝行段は、『浄土論』では五念門にあたる。五念門の行の主体は行者である。法蔵菩薩は念仏の行者である。その如来の因位は衆生である。眼があり鼻がある衆生ではなく、道を求める衆生である。行としては五念門であり、信としては三心である。五念と三心は、行と信との違いはあるが、ともに歴史である。善導大師が「これ必ず不可なり」（『教行信証』聖典二一五頁）と言われる不可は、『阿弥陀経』の「少善根福徳《しょうぜんごんふくとく》の因縁《いんねん》をもって、かの国に生まるることを得《う》べからず」（聖典一二九頁）からきている。しかし、不可ということを内面から証明するのは、『大経』の経文しかない。

法蔵菩薩の成就された三心を須いたのが一心

親鸞聖人は、一心については天親菩薩の一心を曇鸞大師を通してご覧になり、三心については、本願の三心を、善導大師を通してご覧になった。本願の三心を善導大師の脚注を通さずに見ると、至心信楽は「理屈を言わずに単純になれ」ということである。「心を無にして、そのまま来たれ」ということである。これほど楽なことはない。しかし、単純になることは、人間にはかえって不可能である。不可能だから、法蔵菩薩の不可思議兆載永劫の修行があったのだということを、善導大師が明らかにされた。至心信楽が容易ならないということは、善導大師の三心釈でないと出てこない。自己が自己にかえることは、当然だが自己の能力を超えている。回心懺悔を通さなければならない。懺悔なしに無邪気になったのは、阿呆になったことである。

『論註』の五念門の第二讃嘆門釈で、曇鸞大師も一心について問題を提起しておられる。「かの無碍《むげ》光如来《こうにょらい》の名号《みょうごう》よく衆生《しゅじょう》の一切の無明を破す、よく衆生《しゅじょう》の一切の志願を満てたまう」（『教行信証』聖典二一三頁）とあり、続いて「しかるに称名《しょうみょう》憶念《おくねん》あれども、無明なお存《そん》して所願を満てざる」（同頁）

と告白され、「いかんとならば、実のごとく修行《しゅぎょう》せざると、名義《みょうぎ》と相応せざるに由《よ》るがゆえなり」（同二一三〜二一四頁）と自問自答しておられる。行の問題から信の問題を展開されている。その展開されている中で、「このゆえに論主《ろんじゅ》建《はじ》めに「我一心《がいっしん》」と言《のたま》えり」（同二一四頁）と、一心を引かれてある。讃嘆門の行についての釈のところで信の問題に触れられた。念仏を行じた上で、念仏の信の問題が出てくる。第二讃嘆門は、歴史的過去の天親菩薩に、今、曇鸞大師が遇われた場所である。善導大師の三心釈も、善導大師が過去の法蔵菩薩に今遇われた場所である。曇鸞大師の讃嘆門は、過去の克服である。

親鸞聖人は、善導大師の『観経疏』「散善義」の「正由彼阿弥陀仏因中行菩薩行時」（真聖全一、五三三頁）のところに、「由字　以周反　経也　行也　従也　用也」（『定本　教行信証』親鸞聖人全集刊行会編、法蔵館、一〇二頁参照）と字訓をほどこされている。「由」は経て行く、つまり由来であろう。由は、善導大師の至誠心釈においては須という字になっていると読まれた。須はもともと、「すべからく……すべし」という意味である。「欲明……必須真実心中作」は、通常は「かならずすべからく真実心のうちになすべきことを明かさんと欲す」と読むが、親鸞聖人は「必ず真実心の中《うち》に作《な》したまえるを須《もち》いることを明かさんと欲《おも》う」（『教行信証』聖典二一五頁）と読まれている。親鸞聖人は「須《もち》いる」を、回向といただかれたのである。如来のまことを須いる。法蔵菩薩の成就された三心を須いる。それが一心である。

「依修多羅顕真実」と「為度群生彰一心」

「依修多羅顕真実　光闡横超大誓願」の二句で、「願生偈」制作の全体的意義をあらわし、「広由本願力回向　為度群生彰一心」で「願生偈」の中心的意義をあらわされた。その後の「帰入功徳大宝海」以下「入生死園示応化」（「正信偈」聖典二〇六頁）で、一心の利益を広く述べておられる。「証巻」の終わりの御自釈に、天親菩薩と曇鸞大師二師の『浄土論』『論註』の御制作の意義をあらわされて、「論主《ろんじゅ》（天親《てんじん》）は広大無碍《むげ》の一心を宣布《せんぷ》して、あまねく雑染堪忍《ぞうぜんかんにん》の群萌《ぐんもう》を開化《かいけ》す。宗師（曇鸞《どんらん》）は大悲往還《おうげん》の回向《えこう》を顕示して、ねんごろに他利利他の深義《じんぎ》を弘宣《ぐせん》したまえり」（『教行信証』聖典二九八頁）と述べられている。論主と宗師は決して切り離すことはできないのである。

親鸞聖人は、『浄土論』を「一心の華文《かもん》」（『教行信証』聖典二一〇頁）と言われる。「天親菩薩造論説帰命無碍光如来」の二句に一心が述べられている。それを、「為度群生彰一心」と、わざわざ後に回して、中心的意義をここであらわされるのである。「証巻」の終わりにも「広大無碍の一心」とあるように、「願生偈」でも、この一心は広大無碍の一心である。広大無碍ということが他力であるが、その意義は必ずしも明瞭とは言えない。それでここに彰という字がある。前には「依修多羅顕真実」とあった。それに対しての彰である。顕真実というのは、真実がはっきり言葉としてもあらわれているということである。『大経』の四十八願成就の徳が、言葉としてあらわされているのである。

置く。

『浄土論』の一心・五念と、『大経』の三心・十念

二十九種荘厳を見れば、本願成就の浄土が真実報土である。浄土は自然の浄土、つまり法性の荘厳の浄土であることがわかる。だから天親菩薩御自身も、二十九種荘厳功徳を「第一義諦《ぎたい》妙境界《みょうきょうがい》の相」（『浄土論』聖典一四〇頁）と言われる。第一義諦は法性、つまり一般的な言葉から言うと永遠ということである。形のない永遠に形を与えてある。ユートピアではない。人間に描かれる浄土ではなく、永遠そのものをあらわす。そういうことを二十九種荘厳功徳は語っている。だから、言葉としても顕真実である。二十九種についても、一如が象徴されている。はっきりと出ているから、顕という字を

「化身土巻」によって見ると、『観経』について「顕彰《けんしょう》隠密《おんみつ》」（『教行信証』聖典三三二頁）ということが言われている。顕は、誰でもわかるはっきりしたことをあらわす字である。彰の方は、隠密という字が付いているところを見ると、隠した意義をもつ。眼ある者は見よ、という意義がある。顕は、眼のあるなしを問わず、はっきりあらわれている。釈家善導大師の御心によると、『観経』には顕彰隠密の義があると言われる。ここにも、顕と彰とが区別されている。「正信偈」の「顕真実」に続く、「光闡横超大誓願」も顕と変わらない。「闡」は闡明するということで、はっきりあらわすという意味であるから、顕と変わらないのである。誓願の功徳が真実功徳である。誓願によって、如来の真実功徳があらわされている。彰は、あらわそうとしているということである。

広大無碍の一心ということは、顕明という意味では、必ずしも明らかではない。『大経』の本願成

就の一念の信をさらに深い背景を掘り下げて明瞭にされたのが『浄土論』であると、一心の華文としてその功績をたたえてある。その意義を明らかにするために、親鸞聖人は「信巻」を制作された。

その一心の華文を、天親菩薩は五念門の偈とされる。一心は偈文に、五念門は解義分に説かれている。偈文は信をあらわし、解義分は行をあらわす。そういうところから振り返って、天親菩薩が「願生偈」を述べられた一心の背景を曇鸞大師は明らかにされた。一心には、その由《よ》って来たる背景がある。忽然として起こったのではない。一心を賜る意義の容易でないことが、背景を通してわかる。一心は我が得るのだが、一心の背景は我を超えている。『論註』は論文の解釈であるから論文を離れないが、文章に即して言えば一応は解釈である。偈文を五念門に配当して解釈されている。偈文と同時に解義分ができたと考える必要もない。

「願生偈」は「群生を度せんがため」に制作された。「証巻」では「雑染堪忍《ぞうぜんかんにん》の群萌《ぐんもう》を開化《かいけ》す」（『教行信証』聖典二九八頁）、「信巻」では「愚鈍《ぐどん》の衆生《しゅじょう》、解了易《げりょうやす》からしめんがために」（同二二三頁）とある。解義分は「愚鈍の衆生」のために解釈されたのである。一心・五念と言うが、初めに一心と言って、後で五念と言ったのではない。親鸞聖人は、天親菩薩が「願生偈」を五念門の偈とされた意義を学びとって、一心の華文と言われた。一心が広大無碍であるのは、五念が背景になっているからである。一心は、三経一論で言えば『浄土論』だけではなく、『阿弥陀経』にもある。しかし一心と言っても『浄土論』の一心と区別する意義がある。『観経』に隠顕があるように、『阿弥陀経』にも隠顕があり、一心と言っても、隠顕のある一心である。

五念門の偈という曇鸞大師の解釈を通して、初めて、『浄土論』の一心は真に広大無碍の一心であると言うことができ、親鸞聖人は一心の華文と言われた。『浄土論』には一心・五念とあるが、その一心は『大経』の本願、つまり至心信楽の願に照らせば三心であり、五念は十念にあたる。（図2参照）

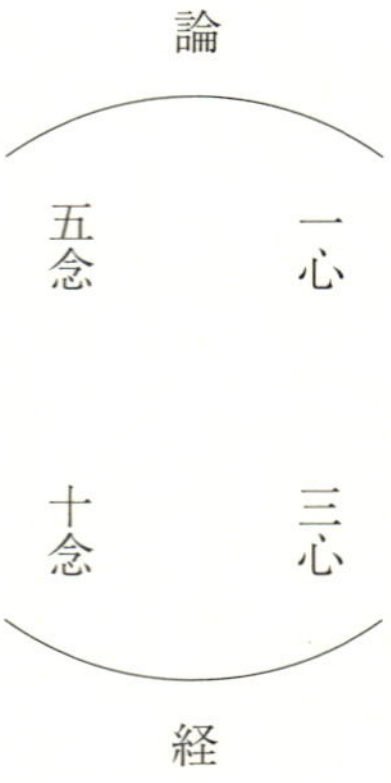

図2

こういうものに照らして、親鸞聖人は、曇鸞大師が一心の背景を五念と解釈された意義を深く思索されたのである。

本願では三心に開いてあるものを、『浄土論』では一心に総合され、それとともに十念は五念と開かれた。十念は、ただ念仏である。念仏は第十七願に照らすと、外には称名のことであり、内から言えば憶念である。内外不二である。身も心も南無阿弥陀仏である。経では念仏と説かれてあるのを、論では五念に開いてある。経と論とを相照らすと、こういう関係になる。ここに考えさせられるものがある。

親鸞聖人は、龍樹菩薩の『十住毘婆沙論』に照らして、『大経』の十念に「阿弥陀《あみだ》仏の本願を憶念《おくねん》する」（『教行信証』聖典一六六頁）という意義を見出されたのである。それが、「憶念弥陀仏本願」である。これと同様に、『浄土論』の五念についても、『浄土論』を『浄土論』だけで解釈するのではなく、『大経』の展開として見ることによって、十念の念であることが初めてわかるのである。『浄土論』の個人的意義ではなく、『大経』の歴史の上に歴史的意義をあらわすものとして、『浄土論』を見るのである。そうでないと、他力や回向は誤解を生んでしまう。本願と論とをバラバラに見るのではなく、交互に照らし合う。ここに『教行信証』の教学の立場がある。そうして見ると、五念門の念も、古来、五念仏門と解釈されているように、体は念仏である。しかし、それを五つに開くのはどういう意義があるか。それは、念仏は三業二利であるということを明らかにする意義がある。『浄土論』では、入出と言われている。

念仏の歴史を象徴するのが五念門

本願力回向という言葉は、『浄土論』の結びである園林遊戯地門のところに出る言葉である。園林遊戯は、本願力回向によって出ている。これは、出門という意義である。前四門は入、第五は出である。入・出は、自利・利他をあらわす。往還と入出とは、少し違う。往還ともに、如来の出門である。往還は、曇鸞大師の「他利利他の深義《じんぎ》」(『教行信証』聖典二九八頁)に照らすと、ともに如来の利他の行である。自利を全うして利他する。如来自身を失わずに衆生になる。だから出門である。本願力回向は利他回向をあらわす。入出をくわしく言えば自利利他の二利である。それを身口意の三業であらわすのが、五念門の行である。

行は、願という字に結びつく。志願を行ずる。行はまた、業とも結びつく。正定業と言われ、大行と言われる。しかし、行と業とは少し意味が違う。行は、志願を行ずる。願を行ずるのに片手間ではなく、我われの全活動、全存在をもって行ずる。耳で聞くのではなく、全身が耳となる。全身が眼となり、全身が耳となる。願を行ずるのに、三業をもってする。そういうところに、五念門の行だが、三業と言われる。三業二利が、念仏を五つに分けた意味である。

しかし、それだけなら観念の分析である。念仏を五つに分けることによって、生ける念仏の意義をあらわす。念仏を分析したのではない。念仏を理性で解釈したのではない。ドイツ語ではベドイトゥング（Bedeutung）ともう一つ、ジン（Sinn）という意義がある。ジンは広い言葉で感覚、そして感覚から始まって理性という意味がある。精神生活の全領域を、一貫して荷《にな》っているものがジンである。五念門は、語義ではなく説意である。天親菩薩が、念仏を超えている背景を、念仏の中に直観され、あらわされたのである。念仏の中に、念仏を超えた一切を感得する。そのように感得された念仏の意義をあらわすのが、五念門である。念仏を超えたものから念仏が始まり、そこに念仏が終わる。すべてが念仏であるという念仏の歴史を感得され、あらわされた。全部の歴史は念仏から始まるが、そこに歴史として全体がある。念仏の歴史を象徴するのが五念門である。念仏の歴史が、念仏一つにある。

三業二利を考えるときに、五念門も五功徳門も、初めの二門と後の三門とで区別してあるようである。後の三門は、二つに分けたり三つに分けたりしてある。一心の主語は我である。それに対して、五念門の主語は善男子善女人であり、彼らが行を修して菩薩に終わる。五念門を通る間に、展開する間に、善男子善女人が菩薩になる。善男子善女人と菩薩とを包むために、三義に分けたり二義に分けたりしてある。初めの二門である礼拝・讃嘆の主語は善男子善女人であり、第三門の作願になると善男子善女人を超えるもの、すなわち菩薩が出てくる。第三・四門の作願・観察によって、止観があらわされる。第五門は回向である。止観回向は、純粋なる菩薩行である。

『般若経』では、止は前四波羅蜜、観は禅定波羅蜜、回向は智慧波羅蜜である。念仏と言っても、本願の念仏は往生浄土の行、往生浄土の道、願生を往生に転ずる道である。念仏は、ただの自己満足ではなく、菩薩道である、本願の念仏には、こういう意義がある。だから龍樹菩薩も「念必定《ひつじょう》の菩《ぼ》薩《さつ》」（『教行信証』聖典一六三頁）と言われる。必定の菩薩というのは、自覚の面から言われる。行は「必定《ひつじょう》して希有《けう》の行なり」（同頁）と言われるように必定の行である。『愚禿鈔』に「本願を信受するは、前念命終《ぜんねんみょうじゅう》なり。即得往生《そくとくおうじょう》は、後念即生《そくしょう》なり。「すなわち正定聚《しょうじょうじゅ》の数に入る」（論註）文「即《そく》の時必《ときひつ》定《じょう》に入る」（十住論）文「また必定の菩薩《ぼさつ》と名づくるなり」（十住論意）文」（聖典四三〇頁）とあるように必定の菩薩は正定聚の機である。念仏は必定の行であるがゆえに、それを賜るのは善男子善女人、つまり凡夫であっても、菩薩とされるのである。五念は菩薩という意義である。

本願に照らすと、「願生偈」の偈文は如来の世界であり、解義分は菩薩道、つまり如来の歴史である。如来が如来になった歴史が菩薩道である。如来の浄土が二十九種荘厳であり、それを一心のところに満足する。浄土には歴史がある。その歴史を明らかにすることが、解釈することである。如来が如来になった歴史を明らかにすることである。解義分全体が菩薩道である。

真実報土には歴史があり、化土には歴史がない

真実報土には歴史がある。歴史のないものは化土である。描かれたものには歴史はない。理想には歴史はない。浄土は歴史を超えた世界だが、根は歴史にある。浄土を浄土で荘厳することはできない。浄土を荘厳するのは、穢土の歴史である。こういうところから五念門を考えると、五念門の主体は本願の歴史、つまり法蔵菩薩である。『入出二門偈』に、親鸞聖人は「無碍光仏《むげこうぶつ》、因地の時」（聖典四六四頁）と言っておられる。

経と論とを比較してみると、五念門の行は、『大経』に依れば因位法蔵の不可思議兆載永劫の行である。今は経をもって論を照らし、また論をもって経を照らす。『大経』だけで法蔵菩薩の行を見ると、六波羅蜜である。『浄土論』をもって照らすから、法蔵菩薩の行は五念門になる。つまり法蔵菩薩は念仏行者である。

求道者がどうして成り立つかと言うと、菩提心によって成り立つ。結局、必ずしも人格的存在として考える必要はない。阿弥陀と言っても、徳の名前である。光をもって代表する。法蔵が四十八願を発すと言うが、四十八願を法蔵と言う。本願を真に言いあてたのである。如来の願が如来の願自身を言いあてたところに四十八願になり、そこに誓となる。自分の発した願と誓約する。この誓願によって、法蔵という名を立てる。物語としては、法蔵が本願を発すことになっているが、道理から言うなら、本願によって法蔵の名を立てるのである。

願に四十八あるのではない。願の歩みに四十八ある。法蔵と言われる如来の因位の願心が正しく明

白にあらわされたのは、第十八願においてである。第十八願に四十八願の根元があらわれてきている。至心信楽の願と言われるものである。

五念門は菩薩行をあらわすが、菩薩行の根は願にある。願は三心の願である。三心の願を五念門として行じた。本願の三心と『浄土論』の五念は同じものである。本願を三心五念と言う。願心を行じたのが五念門である。三心五念が、因位法蔵の歴史をあらわす。法蔵菩薩と言っても阿弥陀仏と言っても、人格的存在を立てるのではなく、南無阿弥陀仏、つまり法である。三心も五念も南無阿弥陀仏の因位である。

三心五念を南無する阿弥陀の因位と言ってもよいが、南無しないところに阿弥陀はない。南無すればいつでもある。南無する阿弥陀であるから、阿弥陀ということがすでに讃嘆である。阿弥陀は、たすける如来をあらわすのではなく、たすかったことをあらわす。南無した者のたすけられた内容を讃嘆する。そうでないと讃嘆してみようがない。たすけられていない者が、讃嘆するわけにはいかない。阿弥陀にたすけられるということは、仏に成ることである。仏に成った者が、仏たらしめた阿弥陀を称讃し得る。だから、諸仏でなければ称讃できない。

本願に呼び覚まされることを南無と言う。呼び覚まされるところに本願が成就して、阿弥陀に成る。それが南無阿弥陀仏である。法蔵は南無阿弥陀仏の因位である。南無される仏と言ってもよいが、南無されない仏はない。南無されない阿弥陀は、信仰の世界に意味をもつ如来ではない。それでは、そこに花がある、というのと同じである。南無阿弥陀仏は理論ではない。南無すればたすかるというのは、理論ではなく道理である。感応道交の道理である。

三心五念は一心の背景

三心五念は南無阿弥陀仏の歴史である。三心五念ということで、広く言えば菩薩道をあらわす。菩薩道の本当の魂を明らかにしたのが、三心の願である。三心の歴史を、五念があらわす。三心五念は菩薩道であり、一心十念は仏道である。三心五念の菩薩道が、我ら衆生の上に一心十念の仏道として成就する。一心に、五念が五功徳として成就している。三心が一心として成就し、五念が五功徳として回向成就する。

『浄土論』は、仏道から菩薩道を展開し、菩薩道によって仏道を証明する。三心五念が一心の背景である。これを「信巻」では、問答をもって明らかにする（『教行信証』聖典二二三頁参照）。広大無碍の一心ということは、三心五念の歴史の成就において真に言えるのである。親鸞聖人は、曇鸞大師が五念門の偈と解釈された意義を、『大経』の本願を通して明らかにして、「広大無碍《むげ》の一心」（同二九八頁）と言われた。

広大無碍は、如来の因果である。広大は因位本願をあらわし、無碍は光明、本願成就をあらわす。広大無碍は他力の徳であり、因果を包んで如来である。如来の因果が、如来の因果であることを失わずして衆生の因果となる。如来をあらわす広大無碍が、同時に一心をあらわす。小さな一心で無碍の如来を信ずることはできない。広大無碍の成就した一心であるがゆえに、広大無碍の如来を信ずることができる。それを回向と言う。衆生として成就したままが如来である。

我らに残ったものが、広大無碍なのではない。体験でも思索でもそうである。我らの感情や体験に残るなら、広大無碍ではない。残らないで超えて行く。我われのものでないから、我われがたすかる。誰のものでもないから、誰でも救う。誰のものにもなり、なったままが誰のものでもない。二十九種荘厳功徳を証明するのは一心である。我われが如来を信ずるのは、如来が衆生として成就する道程であるという意義がある。一心は仏道であるが、凡夫のままで如来を証明する。無上菩提の真因に、果を証明する。それは、一因一果の仏道である。そういうことが明らかになるために、菩薩道がある。我われが如来を信ずるのは、如来自身が我われとなることがなければならない。如来の因位が衆生である。如来が我となることによって、我われが我としていた我は捨てられる。

如来の祈りを通して初めて、真の意味の平等を得ることができる

我が捨てられるところに新しい我が生まれる。我の転換である。捨てられる我は、エゴ（ego）である。唯識教学で言うと、末那識である。末那識は、「自他差別識」とも言われ、固執する識である。「差別」は固執をあらわす。自他を区別することと、自他を固執することとは違う。自他を固執するのが末那識である。それがエゴである。自他差別に対するのは、自他平等ということである。自他平等と言っても自他を区別しなければ言えないことだが、自他が固執されていない。「為度群生」と言ってあるのはそういう意味である。『浄土論』には我という字があるが、同時に「普共諸衆生（普《あまね》く

もろもろの衆生《しゅじょう》と共に）」（『浄土論』聖典一三八頁）とも言ってある。「共」は共同である。「正信偈」では「必獲入大会衆数（必ず大会衆《だいえしゅ》の数《かず》に入《い》ることを獲《う》）」（聖典二〇六頁）、『浄土論』では「眷属《けんぞく》功徳」（聖典一三九頁）と言われている。曇鸞大師は「四海の内みな兄弟とするなり」（『教行信証』聖典二八二頁）と言われている。如来の本願を離れるなら、自他差別識に立ってしまう。そういう立場から人類を憶念することはできない。エゴはやがて独我論になる。エゴに立つと、自と他と差別するのみならず、自をもって我となし、他をもって我所とする。

ブーバーで言えば、我はイッヒ（Ich 私）、我所はエス（Es それ）である。自己以外のものは、自己としていかなる利益があるかということで意味が与えられる。自己によって利用される意味だけになる。自他平等にならない。イッヒとエスは、主観と客観との関係である。イッヒ（Ich 我）とドゥー（Du 汝）になると、主体と主体との関係である。これが共同体である。自他平等と言い得るのは、如来の願心においてである。我われは如来の祈りを通して初めて、真の意味の平等を得ることができる。

天親菩薩が意識して群生を度せんと考えたのではない。曇鸞大師が他利利他の深義で明らかにされたことは、群生を度するということは如来の利他であるということである。これは人間には言えない。群生を度すると言うけれども、その群生が自分から遠いほど言える。描くなら無限に描ける。自分を遠ざければ言える。近くなると喧嘩になってしまう。群生を度するということは、理念としては言えるかも知れないが、現実に実行してみれば闘争になってしまう。つまり、人間に利他は言えないのである。人間に言えるのは他利だけである。自他平等識で初めて自即他が成り立つ。それで初めて利他が言える。天親菩薩は天親菩薩御自身の救いを求め、如来の本願に目覚められた。そうすると、天親菩薩の一心の上に如来の徳、群生を荷負する徳が輝いているのである。

これが機の深信である。如来の大悲心に目覚めると、目覚めた一心のところに願心が成就する。目覚めた心が願心である。ということは、エゴが転じてセルフ（self）になったことである。一心はそのまま、如来の群生を度する心である。

12、帰入功徳大宝海

帰入功徳大宝海　必獲入大会衆数
得至蓮華蔵世界　即証真如法性身
遊煩悩林現神通　入生死園示応化

功徳大宝海に帰入すれば、必ず大会衆《だいえしゅ》の数《かず》に入《い》ることを獲《う》。
蓮華《れんげ》蔵《ぞう》世界に至ることを得れば、すなわち真如法性《しんにょほっしょう》の身を証せしむと。
煩悩《ぼんのう》の林に遊びて神通《じんずう》を現じ、生死《しょうじ》の園《その》に入《い》りて応化《おうげ》を示す、といえり。

一心を通して、我がための御苦労といただかれた感動がある

『無量寿経優婆提舎願生偈』は、『入出二門偈』に「優婆提舎願生《うばだいしゃがんしょう》の偈《げ》、宗師これを『浄土論《じょうどろん》』と名づく。この論をまた『往生論《おうじょうろん》』と曰《い》えり」（聖典四六〇頁）と言われるように、『浄土論』と呼ばれ、『往生論』とも呼ばれる。

『浄土論』と言えば『大経』上巻の意義を、『往生論』と言えば下巻の意義をあらわす。つまり『浄土論』は『大経』全体を代表する論なのである。『論註』を離れれば、「願生偈」も瑜伽の論に過ぎない。「願生偈」が浄土真宗の聖典になったのは『論註』による。『論註』は、『浄土論』の註であるが、学問的に解釈したのではなく、『浄土論』が無量寿経の論であり、その歴史的意義は真宗の聖典であると明らかにした。『論註』は単なる注釈ではない。『論註』の意義は、無量寿経の教えに照らして、無量寿経の歴史として、『浄土論』を見たところにある。無量寿経の歴史をあらわしたのが『論註』の意義である。

『浄土論』は、偈文を中心にして「願生偈」を見た呼び名であり、『往生論』は解義分を中心にして見た呼び名である。『浄土論』の意義は、「依修多羅顕真実　光闡横超大誓願」であると「正信偈」に明らかにされている。『浄土論』の中心は「論主《ろんじゅ》（天親《てんじん》）は広大無碍《むげ》の一心を宣布《せんぷ》して、あまねく雑染《ぞうぜん》堪忍《かんにん》の群萌《ぐんもう》を開化《かいけ》す」（『教行信証』聖典二九八頁）にあると、「証巻」に明らかにされている。『論註』を離れた『浄土論』は意味をもたない。『論註』を通して明らかにされた『浄土論』の意義によって、法然上人によって立てられた浄土宗が真宗となる。そういうことをあらわしたのが『教行信証』であ

る。法然上人は、浄土を宗として立てられた。内容から言うと、念仏の独立である。それまでの念仏は、仏教の念仏、つまり教学的には聖道教学であった。それを念仏の仏教にしたのが、法然上人である。念仏の仏教こそ、仏教の半分ではなく、仏教の本当の精神をあらわしたものである。

釈尊が世に出興したことに劣らない意義が法然上人の事業にはあるとして、法然上人に高い意義を見出された。それが親鸞聖人である。釈尊の事業が、法然をもって完成した。法然上人の念仏が真宗であることを明らかにするために、親鸞聖人は『浄土論』『論註』によられた。法然上人の教学は、偏《ひとえ》に善導大師による。親鸞聖人は、それを基礎づけるためにさらにさかのぼって、『浄土論』『論註』によって、法然上人の選択本願の念仏こそ真宗であると明らかにされた。それほど天親・曇鸞の教学は深い。親鸞の名は、親鸞聖人の使命をあらわされた名である。

「証巻」の終わりで親鸞聖人は「論主《ろんじゅ》（天親《てんじん》）は広大無碍《むげ》の一心を宣布《せんぷ》して、あまねく雑染堪忍《ぞうぜんかんにん》の群《ぐん》萌《もう》を開化《かいけ》す」（『教行信証』聖典二九八頁）と『浄土論』の功績を簡潔に述べられる。この一言に『浄土論』の意義は要約されるのである。これを別の言葉で言われたのが、「広由本願力回向　為度群生彰一心」である。広大無碍の一心が、ここでは「為度群生彰一心」とあらわされている。それは「あまねく雑染堪忍の群萌を開化す」ということである。「広由本願力回向」の一心であるから、広大無碍の一心である。

我一心は、我こそ一心と気負い立っているのではない。一心には、如来の本願全体を背負う意味がある。ただ個人の一心ではなく、如来が法蔵として本願を発し、不可思議兆載永劫に修行した歴史が一心となっている。一心を通して、我がための御苦労といただかれた感動がある。このように、一心を主題として開かれたのが「信巻」である。法蔵の歴史は三心の歴史である。一心を主題として、そこに開けてきているのが「信巻」である。「信巻」を開かれた、それほどの意義を『浄土論』はもつ。「行巻」では、最後に「正信念仏偈」が置かれてあるのが大切である。親鸞聖人の一心を表明したのが「行巻」である。親鸞聖人の信心は、念仏が信心である。信心を念仏として表明された。「信巻」は、信心を述べるのではなく、信心を掘り下げ、信を問題としている。つまり、「行巻」の一心が難信の信であるということを、問答の形で掘り下げられてある。

「正信偈」のところでも「為度群生彰一心」と置いてあるが、一心の意義を明らかにしたのは「信巻」である。その意味で『浄土論』は一心偈である。「広由本願力回向　為度群生彰一心」という二句が、天親菩薩の『浄土論』の意義の中心である。

続く六句は、一心の利益である。本願力回向による一心の意義を信心の利益として、広大無碍を利益としてあらわすためにこの六句がある。ここであらわされる徳が利益となっているがゆえに、「広大無碍の一心」である。広大無碍の一心は他力の一心である。広大無碍は如来の徳をあらわす。広大は本願であり、無碍は成就である。これで本願力をあらわす。広大無碍は如来の形容であるが、それを一心の形容にする。如来を信ずれば、その一心が如来である。如来が群生の上に成就しているのが一心である。群生ということは機の深信、つまり自力無効をあらわす。しかし自力無効ということが、本当の機であり、本願を証明する場所である。自力無効というところに、絶対無碍の能力が成就する。

自力無効に、如来が自己自身となっている。

宗教の二つの傾向

他力を向こうに置いて信ずるのではなく、他力を信ずることが他力である。自力・他力というのは面倒な問題である。自力は一般に用語としてはセルフ（self）であるが、曇鸞大師の場合は自力と言えばエゴ（ego）、人間の自己信頼になるのではないか。ティリッヒは、宗教は時間と永遠との関係であると言っている。一つはミスティシズム（mysticism）、神秘主義で、これは神が現在、自己が神である。もう一つは神を自分の他に見るエスカトロジー（eschatology）、終末論である。これはキリスト教の宗教の思考を傾向づけている思想である。それは時間の終わりに見えるが、アルチメイト（ultimate）、終局的なものの前に立った人間の思考法であり、自己と神との対決である。

宗教はこの二つの形になる。神秘主義を自力、終末論を他力と考えたらわかるのではないか。宗教には終末論であるような形態と、神秘主義であるような形態がある。神秘主義では、時間の始まるところ、また時間の終わるところがエタニティー（eternity）、永遠であるとされる。終末論から見れば、時間が永遠だというのは時間の神化であるとして、それを批判する。時間が時間に止まろうとするのは越権ではないかとして、それを批判する。宗教は神秘主義の面と終末的な面と、二つの面をもっている。神秘主義と終末論に違いはあるが、どちらもエゴとセルフを混同している。そういう立場では、自力・他力はわからない。

確かに、エゴとセルフが一つであるということも宗教の一面である。真宗でも、如来が成就して自己があるという意味がある。一心帰命して摂取され、阿弥陀であるということもあるが、そこには自力無効がなければならない。単にプライドを捨てたというのではなく、自己が砕けたところに成り立つ如来の確信である。

広大無碍の一心は、他力の一心である。他力を自力で信ずるのでない。自己が砕かれるところに自己が成り立つ。そういう形でないと、宗教の自覚はあらわせない。成り立った自己は如来として成り立つ。そういう意味を「帰入功徳大宝海」からの六句で述べている。

『浄土論』には五功徳門がある。五念門は因、五功徳門は果である。五念門は善であり、善を行ずることによって徳を得る。五功徳門はそういうことでできている言葉である。一応、五念門によって五功徳門を得るという形であるが、因果は固執すべきものではない。因果は単なる自然科学の範疇とも言えるが、しかし、根本的な範疇である。

仏教では逆に、因果であらゆる範疇を摂する。如来の因果と言うが、因果は本来衆生だけにある。因果は世俗諦であり、縁起は第一義諦である。第一義諦をあらわすのに世俗諦をもってする。因果は一如であり、五念門の行・五功徳門の果と言うが、一如の因果である。

五功徳門は衆生であり、五念門は如来である。如来は自ら不可思議兆載永劫において行じ、それを衆生の上に功徳として成就する。五念門は願、五功徳門は信である。本願成就の信のところに、如来の五念門の行が、五功徳として衆生の上に成就する。我らが行ずるのではないから、非行非善である。

信というところに、行が功徳として成就するのである。

『浄土論』において、偈文は一心を説き、解義分は五念を説く。広大無碍の一心の利益が五功徳であらわされている。一心の利益は、如来全体が衆生を満足する形になっている。これを見ると、自力の一心では、このような利益であらわし得ない。このような利益であらわし得るがゆえに、広大無碍の一心と言える。人間を如来全体が満足することである。こういう形で一心の利益があらわされている。一心を獲たことが救いである。一心を獲るのが我らの一生の大事なのだという意義をあらわすのが、不可思議兆載永劫の修行である。信を獲たところに、我らの一生の大事は成就した。信は救われる手段ではない。信そのものが目的である。衆生の信に、如来が満足している。

自利利他と資本主義の問題

自利利他ということで、今日の問題は尽くされる。自己の完成が自利である。自利は、自己自身の成就、自己の人格の成就である。自利利他は共同体の成就である。人格の成就と同時に、人と物との関係の成就である。経済、歴史、文化も、それで尽くされる。今日の問題は人格が奪われているところにある。これは資本主義の害毒である。マス（mass）、大衆が生まれたのが資本主義の害毒である。人間がそこにいない。労働力としてしか人間がない。生のままで人間が出ているのであって、そこに人格はない。人格があるとしても、マスの中にあるということで、人と人との関係ではない。あるのは契約関係だけである。物と言っても商品であって、愛するものはない。あるのは安いもの、便利なものである。時間も、資本主義的時間である。一大事を考える余裕を与えない重苦しい時代が今日である。そのように、人間の問題は自利利他で尽くされるのではないか。

五功徳門は自利利他円満である。五功徳門は「近門《ごんもん》」「大会衆門《だいえしゅもん》」「宅門《たくもん》」「屋門《おくもん》」「園林遊戯地門《おんりんゆげじもん》」（『浄土論』聖典一四四頁）であるが、この六句では「大会衆門」「宅門」「園林遊戯地門」の三つに要約してある。蓮華蔵世界は「宅門」である。「園林遊戯地門」は利他教化地である。大会衆や蓮華蔵世界は自利であるが、『浄土論』では「入第二門とは、阿弥陀《あみだ》仏を讃嘆《さんだん》したてまつりて、名義《みょうぎ》に随順し、如来の名《みな》を称し、如来の光明《こうみょう》智相《ちそう》に依って修行するをもってのゆえに、大会衆《だいえしゅ》の数《しゅ》に入ることを得、これを入第二門と名づく。入第三門とは、一心に専念し作願《さがん》して、かの国に生まれて奢摩他《しゃまた》寂静《じゃくじょう》三《さん》昧《まい》の行を修するをもってのゆえに、蓮華蔵《れんげぞう》世界に入ることを得《う》、これを入第三門と名づく」（同頁）とあるように、「得」という字になっている。ところが「功徳大宝海に帰入すれば、必ず大会衆の数に入ることを獲、蓮華蔵世界に至ることを得れば、すなわち真如法性の身を証せしむと」と、親鸞聖人は、大会衆門は「獲」、蓮華蔵世界は「得」としておられる。因位は「獲」、果位は「得」というのが、親鸞聖人の定義である。

獲得と成就——現在と未来——

獲得成就は阿毘達磨で使う言葉で、いまだ無かったものを得たのが獲得であり、得たものを失わないのが成就である。これが阿毘達磨での解釈である。親鸞聖人も、阿毘達磨のような獲得と成就の使い分けではないが、獲と得を使い分けておられる。現生の利益については獲、未来については得を使われる。蓮華蔵世界に至るのを未来として、得を使われている。自利を、現在と未来であらわされる。それで五功徳門を三つに要約されたのである。

現在と未来とは、離れたものではない。客観的に考えたら現在と未来は別であるが、時間はそのように考える必要はない。そうではなく、いつでも現在の終わりが未来である。未来への現在である。未来に終わるものを現在と言う。現在の延長を未来と言うのではなく、現在の終わりが未来である。どの現在も未来に接している。未来は永遠への現在の方向である。どの現在をとってみても、未来に接している。未来は時間の帰するところである。意識の問題に触れないと、過去・現在・未来という時間の問題はわからない。唯識教学では、あるのは現在だけである。現在に未来や過去を立てる。現在は、過去を背負い、未来を孕んでいる。現在が無限の方向をもっている。現在の方向が未来である。永遠に方向している。

時は有為、永遠は無為である。法相は終末論的である。有為と無為とを完全に区別する。永遠を時間の他者とする。そこに時間の逆説がある。二を止めて一になるというのは混乱である。二のままが一というのが、健康な宗教意識である。

絶対現在をあらわすのが一心

では、「大会衆門」は現在だが、「宅門」や「園林遊戯地門」は未来だから先の話かと言うと、そうではない。五功徳門全体が、広大無碍の一心の徳である。一心を離れて未来もない。一心が大現在である。一心は、時間を超えて時間を包んでいる。絶対現在をあらわすのが一心である。唯一現在の信である。一心の表が往相であり、裏が還相である。「正信偈」には「常覆真実信心《しんじん》天（常に真実信心の天に覆《おお》えり）」（聖典二〇四頁）とある。「真実信心の天」は如来の光明であり、大地は本願である。表裏二面であって、信心の未来もある。現在だから未来はないというのは断見であり、未来が現在の延長だというのは常見である。現在の終わるところが未来である。未来がないのではなく、また未来が延長としてあるのでもない。

現在や未来を総合したのが「功徳大宝海」である。そこに、『浄土論』の言葉を用いながらも、親鸞聖人独自の構成がある。現在も未来も「功徳大宝海」の功徳であり、この功徳を『浄土論』では五つに分けて述べてある。それを親鸞聖人は「大会衆門」「宅門」「園林遊戯地門」の三つに要約されておられる。「功徳大宝海」のほかに、「蓮華蔵世界」や「園林遊戯地門」があるわけではない。信心の利益が、如来の功徳なのである。

『一念多念文意』に「「功徳《くどく》」ともうすは、名号《みょうごう》なり」（聖典五四四頁）とあるように、親鸞聖人にとっては「功徳大宝海」は名号である。曇鸞大師では、功徳の海は如来、あるいは浄土のことである。解釈が違うようだが、実は違わないのであって、何が真実功徳かと言うと名号であり、それはなぜかと言うと如来だからである。南無阿弥陀仏に現在・未来、自利利他が回向成就されてある。「功徳大宝海」というところに、如来が成就しているのである。本願の歴史が「功徳大宝海」として成就しているのが、名号である。

海は、転悪成徳のはたらきであって、これが行ということを示す。海は行の象徴である。この点から考えても、名号をあちら（如来）側へ置くわけにはいかない。功徳は悪を離れてあるわけではない。如来は、衆生に来たって、衆生を如来に転じている。穢土と浄土が二つあるのではなく、行というところに接している。だから穢土の対象として、名号を考えることはできない。名号において、考える自己が転ぜられるのである。

南無阿弥陀仏を通して本願に帰入する。本願に帰入すると、本願そのものが、煩悩の過失を転じた功徳の海となる。我われが帰するのを俟って転ずる。海は全体であって、過失の向こうに功徳を考えるわけにはいかない。過失の転じたのが功徳であって、帰入しないときには功徳も過失もない。過失がはっきりするところに、功徳が即している。二がはっきりするとともに、一になる。

一心の他に五念の行があるのではなく、一心に五念の行が具わっている

「広由本願力回向　為度群生彰一心」の二句が「願生偈」の中心的な意義をもっている。これによって親鸞聖人は『浄土論』を一心の華文と呼んでおられる。そして今度は、この六句で信心の利益を述べられている。この六句は「願生偈」の解義分に基づいて作られている。「功徳大宝海」という言葉は、「願生偈」の中の不虚作住持功徳を述べるところから取られたが、「入大会衆数」「得至蓮華蔵世界」「入生死園示応化」は解義分の最後にある五功徳門によられた（聖典一四四頁参照）。

「願生偈」全体は、総じて言えば一心の華文である。その「願生偈」自身を反省して、そこに含まれている意義を解義分に述べてある。「願生偈」は『浄土論』と呼ばれるが、論の体は偈文にある。論というものは、偈だけのものもあり、偈と論でできているものもある。しかし、解釈だけのものはない。なぜなら、論体は偈文にあるからである。つまり、解義分は偈文に加えたのではなく、偈文の中に含まれている意義をあらわにするのである。インドの論はみなそのようになっている。偈は天親菩薩の信仰告白である。天親菩薩は、本願を体とされた信仰を偈によって述べられたのである。

だから、偈文にはみな、我という字が置いてある。自己を述べた言葉、表白である。それに対し解義分は、自己を述べたと言うより、他の要求に応えた、と考えてよい。解義分の内容は、五念門である。偈文が一心なら、解義分は五念の行をあらわす。一心五念と言っても、一心の他に五念の行があるのではなく、一心に五念の行が具わっているのである。行によって信を立てるということには、「信巻」に「真実の信心は必ず名号《みょうごう》を具す。名号は必ずしも願力の信心を具せざるなり」（『教行信証』聖典二三六頁）と言われる問題がある。ここでは、「具」の字で行信の関係があらわされているのである。行と言っても、一心をもって我われが行ずるのではなく、一心に具わっているところの行である。解義分の一番初めに五念門の行が出ているが、最後には五功徳門が出ている。五功徳門によって行の成就満足をあらわす。五念の因行によって、五功徳の果徳を得る。因果と言っても一如の因果であるが、施設安立《せせつあんりゅう》のために、因果に分けて説く。五功徳によって五念門の行の成就をあらわすのである。

信の主語は我であり、行の主語は菩薩

「行巻」に、「『浄土論』に曰《い》わく」〈『教行信証』聖典一六七頁〉に続いて、初めには第二行の偈文「我依修多羅　真実功徳相　説願偈総持　与仏教相応」〈「我修多羅《われしゅたら》　真実功徳相に依《よ》って、願偈総持《がんげそうじ》を説きて、仏教と相応せり」〈同頁〉〉、次いで「観仏本願力　遇無空過者　能令速満足　功徳大宝海」〈「仏の本願力《ほんがんりき》を観ずるに　遇《もうお》うて空《むな》しく過ぐる者なし。よく速やかに　功徳の大宝海《だいほうかい》を満足せしむ」〈同頁〉〉が引かれている。「観仏本願力」は、仏荘厳功徳の中の不虚作住持功徳を述べられたものである。『浄土論』の偈文全体から見ても、観察門が「観彼世界相」から始まり、ここで改めて、観という字が置かれているところから、二十九種荘厳功徳の中で不虚作住持功徳が眼目であることがわかる。第一行と第二行、そして不虚作住持功徳が説かれている行と、この三行の偈文によって「願生偈」を尽くすというのが親鸞聖人の御心であろう。第一行が引かれていないのは、一層重要だからである。第一行が主題的に取り扱われるのは「信巻」である。「行巻」では、名号として一心を述べられたのである。

こういうわけで、『浄土論』は、第二行の偈文で、くわしくは第一行と第二行と不虚作住持功徳の、三行の偈文で尽くされる。それらによって一心が、本願成就の一心であるとあらわされるのである。天親菩薩が如来の本願に呼び覚まされた一心を述べておられる、天親菩薩御自身の本願成就の文である。「行巻」では、偈文に続いて、解義分から「また曰《い》わく、菩薩《ぼさつ》は四種《ししゅ》の門に入《い》りて自利の行《ぎょう》 成就したまえりと、知るべし、と。菩薩《ぼさつ》は第五門に出《い》でて回向利益他《えこうりやくた》の行《ぎょう》 成就したまえりと、知るべし。菩薩《ぼさつ》はかくのごとく五門の行《ぎょう》を修《しゅ》して、自利利他して、速やかに阿耨多羅三藐《あのくたらさんみゃく》 三菩提《さんぼだい》を成就するこ

とを得たまえるがゆえに」（『教行信証』聖典一六七頁）が引かれている。つまり「行巻」には、偈文と解義分と両方引かれているのである。「菩薩はかくのごとく五門の行を修して、自利利他して、速やかに阿耨多羅三藐三菩提を成就することを得たまえるがゆえに」は解義分の最後の結語である。これで解義分全体があらわされているのである。

　ここは、偈文と照応している。偈文では、我が一心の主語であるが、それに対して解義分の方では、主語は菩薩である。菩薩が、五念門行の主語である。信の主語は我であり、行の主語は菩薩である。このように照応されている。「菩薩はかくのごとく五門の行を修して、自利利他して、速やかに阿耨多羅三藐三菩提を成就することを得たまえるがゆえに」と、解義分の最後のところに「速」という字が出ている。「速」という字で、曇鸞大師は他力を明らかにされた。『論註』では、最後の「速」に問題が提起され、三願をもって他力を証明してある。こういう深い意義を、親鸞聖人は「他利利他の深義」と言われて、利他に特に注意されて読み取られた。それは、「速」の字からきているのである。

　「速」の字について言えば、偈文には他に「能令速満足　功徳大宝海」（『浄土論』聖典一三七頁）とあり、結局、『浄土論』全体では「速」の字は二か所に出ている。これを、親鸞聖人は見逃されない。「観」と「速」の字から見ても、不虚作住持功徳が眼目であることがわかる。速が仏本願力のはたらきをあらわすのである。

自力は思いであり、他力は思いを破ったところにある

今日では、自力・他力という概念は誤解を生んでいるようであるが、もともと自力や他力は一般概念である。しかし曇鸞大師の場合には、独自の用語、信仰概念としての術語になっている。それを一般概念で受け取るところに、今日の誤解のもとがある。曇鸞大師の言われる自力は主観的確信を指す。自己中心、分別を固執する、ある意味では妄想である。自力は思いである。それに対して他力は、思いを破ったところにある。

仏本願力が他力の内容である。他力の「力」は、本願力の「力」であり、自己の思いではなく、思いを超えた力である。自己の思いを固めたのが自力の信心である。不虚作住持功徳が大切なのは、我われの思いを超えて我われを動かしている力である他力ということがあらわれているからである。真の因縁の力、一如のはたらきを他力と曇鸞大師は言っておられる。他力があらわされているのは不虚作住持功徳であるが、他力を証明してあるのは解義分の結びのところである。

偈文の速で他力をあらわし、解義分の速で他力を証明してある。解義分は菩薩を述べ、偈文は一心、その一心は『阿弥陀経』の「一心」(聖典一二九頁)と区別された一心、他力の一心を述べているのである。それで親鸞聖人は、広大無碍の一心と言われる。「我信ず」るのだが、「我信ず」の信が、我を超えた他の力である。「我信ず」が他力であり、他力を信ずることが他力自身の成就である。一心の広大さをあらわすために二十九種荘厳功徳が説かれ、そこに仏本願の徳、本願力が説かれる。他力は仏であるが、仏である他力を証明するのは菩薩である。

『行巻』のこの引文（『教行信証』聖典一六七頁参照）によって、偈文と解義分が厳密に照応されていることがはっきりとあらわされている。仏から生まれて、仏が我として成就している。仏の成就としての我、仏を我として述べてある。そういう意味の一心である。仏の本願が自己の信念として表白されている。仏である信念として、「我一心」が述べられる。信は我であり、行は菩薩であり、一心の背景である。自分が信を獲、またさらに同じ我が五念門を行ずるのではない。我は徹頭徹尾、一心の他にない。一心のところに五念の菩薩行を具している。それは、安心に具わっている行である。我われから言うと信一つであり、そこに行が具わっている。

前に『十地経』の例で話したが、一心の超越的内容は二十九種荘厳功徳である。これは仏の世界、あるいは仏の妙境界であり、仏智のはたらく領域である。境界は領域をあらわす。仏のはたらかない領域はないから、全法界である。仏の境界に対して、菩薩が出ている。仏の荘厳功徳成就と言うが、功徳成就荘厳という言葉の中にすでに解義分の菩薩行が象徴されている。解義分がなくても、偈文にあらわされているから、本当に眼ある者は偈文だけで洞察し得る。解義分において、それが解説された。

ザイン（Sein）をヴェルデン（Werden）に還元してしまうのが縁起

仏は成就されたもの、つまり成ったものという意味である。仏や浄土は成就されたものであるから、仏は単にあるものではなく、成ったものである。仏そのものと言えば、形もない。成ったもの、というところに形であらわされている。仏が何であるかは、仏が仏にまで成った歴史があらわしている。だから荘厳功徳成就というところに、歴史があらわされている。しかし、成ってみれば本来あったものであり、新しくつくったものではない。つくられたことを超えている。こういう意義がある。

仏や浄土は超越的であるが、歴史を超えたという意味で超越しているのではない。歴史があることが大切である。ヤスパースの精神病理学の書物に生活歴という言葉があったが、荘厳功徳成就は生活歴と言えるのではないかと思う。広く言うと、穢土でも浄土でも諸法因縁生、みな生活歴である。念仏の生活歴をあらわした史が『大経』である。物語は史、修多羅は歴史の史になる。如来も、もっと全体的に言うなら南無阿弥陀仏の歴史である。南無阿弥陀仏が南無阿弥陀仏にまで成った経歴書である。荘厳功徳は、荘厳と言っても芸術的構想力でつくったものではない。象徴という言葉も広く考えることができる。記号も一つの象徴になる。物、商品も一つの象徴である。仏教は象徴の問題を縁起としてあらわす。実体を否定することが縁起である。ものはあるのでない、成ったものだということが縁起である。ザイン（Sein）をヴェルデン（Werden）に還元してしまうのが縁起である。

学問的にも芸術的にも象徴ということがあるが、浄土はそういうものではなく、生活をもって、行をもって象徴している。歴史が象徴されたと言えるが、歴史をもって本来あるものが象徴されている。本来あるものは何ものでもない。成った歴史をもって象徴されている。本来のものが、成ることによってあらわされる。成らなければ本来のものはあらわれないが、成ってみれば本来のものであった。そういうことをあらわしているのが名号である。荘厳功徳成就という言葉で、仏はすでに行によって荘厳されたことがあらわされている。仏は菩薩行の満足成就によって荘厳されたものである。こういうことを解義分があらわすのである。浄土の歴史として菩薩行をあらわす。そういうことが解釈ということである。

「願生偈」は仏道をあらわし、解義分は菩薩道をあらわす

一心ということであらわされているのは、仏の世界である。その世界の解釈が、歴史である。だから解義分は、菩薩の一語で語られている。解義分の最後に、「菩薩《ぼさつ》は四種《ししゅ》の門に入《い》りて自利の行《ぎょう》成就したまえりと、知るべし、と。菩薩《ぼさつ》は第五門に出《い》でて回向利益他《えこうりやくた》の行《ぎょう》成就したまえりと、知るべし。菩薩《ぼさつ》はかくのごとく五門の行《ぎょう》を修《しゅ》して、自利利他して、速やかに阿耨多羅三藐三菩提《あのくたらさんみゃくさんぼだい》を成就することを得たまえるがゆえに、と」（『教行信証』聖典一六七頁）とある。「五門の行」、すなわち五念門には、入出構造がある。入出は、自利利他をあらわす。自利利他は、菩薩行をあらわす。阿耨多羅三藐三菩提、無上菩提、無上仏道を成就満足するところに、自利利他円満の菩薩行がある。一心において入出二門を具足するから、一心が無上仏道の真因になる。

「願生偈」は仏道をあらわし、解義分は菩薩道をあらわす。その二つによって菩薩道を証明する。一心が涅槃の真因であるのは、一心に五門の行を具すからである。一心の衆生は、普通の衆生である。本願は老少善悪の衆生を簡《えら》ばない。衆生に条件がない。あれこれに思い煩っている人間、心配する衆生が、何も心配いらないと呼びかけられている。本当に弱いダス・マン（das Mann）が、呼びかけら

れている。死んでも生きてもたいして変わりのない人間が呼びかけられている。仏教はある意味から言うと、ただの人間について、「ただ」でないことを明らかにするのである。

呼びかけられているのはただの人間、つまり凡夫である。一心を得る機は凡夫である。信心は、凡夫を無上仏道の機として成就する。普通の人間を、本願の機として成就する。凡夫が仏に成るのは、奇跡的に成るのではない。菩薩を満足せしめることによって仏を決定する。菩薩になること抜きに、仏に成るということはない。それは飛躍である。一心を発起すれば、そこに菩薩道が円満している。自利利他円満は無上仏道を証明する。

「正信偈」で永劫修行が省かれている理由

五念は、本願の三心十念にあたる。『浄土論』では、本願の十念を五念、本願の三心は一心と言われている。このように照らし合わせると、三心と五念は深い関係がある。一心一行は仏道、三心五念は菩薩道である。三心と五念は、心と行との違いがあるが、『浄土論』において、偈文の一心が解義分で五念に開かれているということは、本願が三心として開かれていることに相当するような重要な意義をもつ。『浄土論』を『大経』の論として見れば、五念の行は法蔵菩薩行であり、法蔵菩薩の行は、五劫思惟ということもあるが、やはり永劫修行である。五劫思惟は勝因段、永劫修行は勝行段の内容である。五劫思惟は「正信偈」に出されている。永劫修行は「正信偈」に出ていないが、大切である。

「正信偈」で永劫修行が省かれているのは、それが「信巻」の問題になるからである。五劫思惟は法、永劫修行は機である。勝行段の経文と論の五念門を互いに照応し、五念門を三心の歴史として見ることを試みた最初の人は、善導大師である。大きく言えば、法蔵菩薩の神話性を克服した最初の人が、善導大師である。歴史を御心としてあらわしたのが『大経』であり、行としてあらわしたのが『浄土論』である。法蔵菩薩を心であらわしたのが『大経』であり、行であらわしたのが『浄土論』なのである。

本願の三心は心理学的な心ではなく安心

五念門の念は、念仏である。念仏が五念に開かれているのは、菩薩をあらわすためであり、念仏が菩薩行を円満することをあらわすためである。それが大切なことである。大切なのは、念仏を概念分析することではない。念仏することにおいて直観されるもの、念仏していることにおいて、念仏している背景を感ずることが、大事である。背景は自己を超えて自己に成就しているものである。その背景を感じるとき、自己は念仏の自己であろう。念仏に即して、そこに自己の背景がある。法蔵菩薩は自己の背景、我の我である。我が法蔵菩薩であるというのではない。法蔵菩薩が我である。念仏の概念分析ではない。そこには、先験というような意味がある。我われは、それを後験するのである。

念仏の経験において、念仏の背景を経験する。一心一行の体験に即して、体験を成り立たせている背景を体験する。前を体験するだけではなく、後を体験する。前を体験するのは往相的、背後の体験は還相的である。『入出二門偈』には「不可思議《ふかしぎ》兆載劫《ちょうさいこう》に、漸次《ぜんじ》に五種の門を成就したまえり」（聖典四六一頁）とある。これは如来を後験されたことであり、このようにいただくことが念仏を五念門に開く意義である。至心・信楽・欲生を三心と言うが、その場合の心は心理学的な意義ではない。心は、安心である。

本願の三心が心理学的な心ではなく安心であると直観されたのは、善導大師である。信が安心である、ということが大切である。安心ということを唯識では、住唯識性、別の言葉では心法性に住するとも言う。心の法性に安んずる。意識を反省しても安心にはならない。本来性は、証である。禅宗では証を安心と言う。証で安心を語る。信で安心と言えるのは、その信は必ず証を含んでいるからである。証を含まない信は、安心ではない。信が安心であるのは、信が証を全うしているからである。

三心の心は、単に心理学的な意味での心ではない。善導大師は、至心・信楽・欲生という言葉の中に、法蔵菩薩の生活歴の内面を直観されたのである。現在の真宗学が死んでいるのは、三心を概念分析だと思っているからであろう。善導大師は、一心の背景に形なきものを感じ、声なき声を聞かれたのである。しかし、そういうことを単に形として、実体的に考えると神話になってしまう。三心は、背後に感覚する。これを歴史観と言う。歴史感覚である。歴史学者でも、歴史感覚のない人がいるし、歴史の専門家でなくても歴史感覚がある人はいる。歴史感覚の有無は、人間が主観的に生きているか、あるいは主観を破って生きているかの違いであって、人間自身の問題である。

どんな弱い衆生でも、一心を賜ればそこに法蔵の行が成就する

歴史感覚で感じられるような時間をカルパ（kalpa）、劫と言う。これは歴史感覚を単位とする時間である。善導大師は「正《まさ》しくかの阿弥陀仏《あみだぶつ》、因中に菩薩《ぼさつ》の行を行じたまいし時、乃至《ないし》一念一剎那《いっせつな》も、三業の所修みなこれ真実心の中《うち》に作《な》したまいしに由《よ》ってなり、と。おおよそ施《ほどこ》したまうところ趣求《しゅぐ》をなす、またみな真実なり」（『教行信証』聖典二一五頁）と言っておられる。この「一念一剎那」の感覚が、劫である。生きた歴史は、自分の肉体の中に流れている。歴史感覚がなければ、「親鸞一人《しんらんいちにん》がため」（『歎異抄』聖典六四〇頁）という言葉は出てこない。

勝行段の中心は、「不可思議の兆載永劫《ちょうさいようごう》において」（『大経』聖典二七頁）から「大荘厳《だいしょうごん》をもって衆《しゅ》行《ぎょう》を具足し、もろもろの衆生をして功徳《くどく》を成就せしむ」（同頁）である。ここに一心の背景の全体がある。それが荘厳成就である。『大経』だけから見ると、大荘厳は福智二荘厳であり、衆行は六波羅蜜である。もとは『般若経』にあり、前五は福荘厳、第六般若波羅蜜は智荘厳である。第二十二願には「弘誓《ぐぜい》の鎧《よろい》」（同一九頁）という男性的な言葉もある。「大荘厳」の直後の経文には「自《みずか》ら六波羅蜜《ろくはらみつ》を行じ」（同二七頁）ということがある。ところが、これは『浄土論』に照らすと五念門であり、功徳は五功徳であると、親鸞聖人は解釈されたのである。

法蔵菩薩は念仏行者である。観音菩薩や勢至菩薩は有名だが、法蔵は無名の菩薩であって、求道者、つまり善男子善女人である。念仏の道を歩んだ人である。しかし、個人というのではない。法蔵菩薩は、本願の歴史を象徴する人間であって、求道の歴史そのものである。そういうところに五念門の行

があるが、それが成就するのは、我らの上に成就する。一心において、五念門は五功徳門として我らの上に成就する。法蔵の全体が、一心において我らに成就する。どんな弱い衆生でも、一心を賜ればそこに法蔵の行が成就する。これが五念門・五功徳門の趣旨である。

今、「正信偈」の「帰入功徳大宝海」以下六句では、五功徳門は信心の利益としてあらわされている。五功徳門として五念門の行が成就する。これから我われが菩薩行を満足するのではない。本願をたのむ一心に、本願の歴史が成就する。一心に成就すると言うが、むしろ身に成就していると言った方がよいのかも知れない。「功徳大宝海」、煩悩悪業の身に功徳の大宝海を満足せしむ。天親菩薩が「我一心」と言われたのを、親鸞聖人が解釈されて「我《が》ともうすは、世親菩薩《せしんぼさつ》のわがみとのたまえるなり」（『尊号真像銘文』聖典五一八頁）と言われる。「正信偈」には、「我」は「我亦在彼摂取中」と「大悲無倦常照我」（聖典二〇七頁）の二か所にある。後者は『往生要集』の「大悲無倦常照我身」（『尊号真像銘文』聖典五二五頁）から取られているが、偈文の関係上、身の字が略されている。源信僧都の「我身」から天親菩薩の我を解釈されたのである。

心に本願をたのめば、本願の歴史が身に成就する。我らの身は単なる身でない。だから、業という言葉であらわされる。身は、単に生理的なものではない。業は、身体の形而上学的表現である。業が、法蔵菩薩の本願の歴史の場所である。歴史は身にある。歴史の自覚は心、一心である、我われの問題は、歴史的にあることを自覚的に明らかにすることである。本来歴史として与えられているものを、自覚的に明らかにすることである。

一心自身の法性を開くのが方便であり、開示する方便が名号

『浄土論』では、一心によって、一心の超越的内容として浄土が説かれる。それが二十九種荘厳功徳である。五念門は、列挙されただけではなく、秩序がある。秩序は、仏教の言葉で次第と言う。天親菩薩御自身が、二十九種荘厳功徳についても、浄土の行についても次第があると言われている（『浄土論』聖典一四〇～一四一頁参照）。五念門では、入出が次第である。浄土について「如来の自利利他の功徳荘《しょうごん》厳次第に成就したまえる」（同一四一頁）と、「自利利他」と「次第」という言葉が使ってある。国土十七種、仏八種は自利利他の次第である。この場合、浄土は如来の自利利他、五念五功徳門は菩薩の自利利他の次第であるという点に、注意すべきである。

浄土は仏の境界である。一心が浄土の根であり、浄土は信心の花である。一心によって浄土が開けている。一心に形はないが、形のない形を浄土があらわす。浄土と一心と別々にあるわけではなく、一心を開示したのが浄土である。一心は現在だからこちら側であり、浄土は未来だからあちら側と、浄土を向こうへ置くのは間違いである。浄土は方便法身である。方便法身を向こうへ置くと、法性法身はまたさらにもう一つ向こうへ置くことになる。これが間違いである。

これまでの宗学の考えは、すべてこういう具合に向こうへ置いている。向こうへ置いたら、法性にならない。向こうに置かれるものは法性ではない。向こうへ置くことができないので、空性と言われる。方便も法性も、信心をあらわす。これらの言葉は、一応浄土をあらわすと言えるのだが、一心をあらわす言葉なのである。法性法身は一心自身である。一心が法性でなければ、必ず分別がくっつい

てきて、一心が安心にならない。方便法身は一心の信ずるところであるが、法性は一心自身である。一心自身の法性を開くのが方便であり、開示する方便が名号である。

一心には、形がない。信心に形があれば、安心にならない。こういうことをあらわすために方便がある。一心を純粋な安心として成り立たせるものが、方便法身である。もし法性法身がなければ、方便法身が対象になってしまう。法性法身は、対象化を禁じている。そのために空性と言うのである。法性法身は主体的概念である。だから法性法身によって、方便法身の客体化を超えることができる。方便法身が客体的でない場合、何になるかというと、表現になる。法性法身がなければ方便法身が客体になる。方便法身を表現に転ずるはたらきが法性法身である。法性法身によって、方便法身が表現にされる。

もし法性法身がなかったら方便法身は対象になるが、逆に方便法身がないと法性法身は表現のないものになり、形のない一つの形として実体化される。無として実体化される。こういうわけで方便法身がある。法性法身は浄土について語られることであるが、実は、方便法身によって「一心帰命」（『浄土論』聖典一三五頁）の一心が他力回向の一心になるという運動が、明らかにされているのである。

一心は、親鸞聖人によって「広大無碍の一心」と言われている。広大無碍は如来だが、如来を信ずれば、信ずる心が広大無碍である。広大無碍の主になる。浄土を信心の外へ置いてはいけない。信心の他に何ものもない。絶対主体性は無対象の心である。無対象が無対象に止まるなら、それ自身無という対象になってしまう。名号は対象ではなく、名号自身が自己創造の果相の表現である。浄土は信仰の創造、自己創造である。

人が人になるという根元的な問題を言いあらわしたのが、「自利利他」

信心は如来の境界である。一心を如来の境界として明らかにしてあるのが、「願生偈」の偈文である。五念門は仏境界ではなく、仏が仏に成る歴史である。「願生偈」の偈文は世界観であり、解義分に説かれている五念門は歴史観である。そのいずれも、自利利他であらわされている。自利利他は無上仏道の問題を尽くす。『浄土論』から振り返ると、四十八願にも次第がある。四十八願には個人の著者がいないから『浄土論』のようにはっきりとはわからないが、しかし次第がないのではない。朗読すれば、次第なき次第を感ずる。自利利他の次第がある。自利利他が人間の問題を代表している。

『浄土論』の二種世間の構造は、人間は人に対して人だが、また、ものに対して人であるという考え方から出ている。マルティン・ブーバーは Ich-Du という根元語と、Ich-Es という二つの根元語を考える。Es はもの、Du は人である。Ich も、Du に対する場合と、Es に対する場合とで変わってくる。こういうことを考えてみても、一人の人ということは、一人の人も成り立たない。ロビンソン・クルーソーでも、人であるなら、空飛ぶ鳥や樹木を相手にしなければ生きられない。

そういう、人間の問題、人が人になるという根元的な問題を言いあらわしたのが、自利利他という言葉である。五念門の場合でも自利利他が基礎にある。入は自利、出は利他をあらわす。すべて論というものは、五念門の行の法相をあらわすために、次第であらわす。本当は、入出というような次第があるのではなく、相を述べる場合に次第をもってあらわすのである。入出は時間的次第でない。因果も本当は同時であるように、法相をあらわすときにも次第で記述するのである。入をさらに分けると近と大、宅と屋の二つの組ができる。

回向が如来回向であることとは、親鸞聖人の解釈を俟たないと出てこない

親鸞聖人は「獲字《ぎゃくのじ》は因位《いんに》のときうるを獲《ぎゃく》という。得字《とくのじ》は果位《かい》のときにいたりてうることを得《とく》というなり」（『末燈鈔』聖典六〇二頁）と言われる。この御理解を通して、「必獲入大会衆数」と、近・大は獲とあらわされ、「得至蓮華蔵世界」と、本来は因位の門である宅・屋を得とあらわされている。一般的には入出であるが、親鸞聖人はさらに置き換えて、近と大は一つにまとめられ、因位において獲る利益とされ、宅・屋は果位において得る利益をあらわしておられるのである。

出門の「園林遊戯地門《おんりんゆげじもん》」（『浄土論』聖典一四四頁）は、回向門の果としてあらわされている。五念門の中では、回向は利他の行を示す。曇鸞大師は回向を往・還に分けられたが、往を入、還を出と分けることはできない。回向である限り、ともに出であって、往を入と言うわけにはいかない。曇鸞大師は回向を明らかにされたが、それは回向門を二種に分けられたのである（『教行信証』聖典一七〇・二二三頁参照）。しかしその重要性を見出されたのは親鸞聖人である。

曇鸞大師では、回向が他力という教説ほど明瞭ではない。回向の場合は、何か言い切っておられないものがある。もし言い切っておられるなら、誰もが、たとえば法然上人は『論註』を読んでいるの

だから、回向を言われるはずであるが、法然上人は不回向と言われる。回向が如来回向であることは、親鸞聖人の解釈を俟たないと出てこない。

五念門を本願から見れば、行は念仏である。本願の立場に立つ親鸞聖人の教学では、人間も仏も本願から考える。こういう考え方を教学は徹底しなければならない。親鸞聖人の立場は個人の立場ではなく、本願からすべてを見ていく。そうすると、念というのは念仏ではないか。本願に乃至十念と言ってあり、成就には一念とある。その念と五念門の念とを区別するわけにはいかない。本願を離れて行を考えると、観が行である。だから観察門がある。釈尊の仏法から考えると行は観であるが、釈尊を超えて本願から見ると行は念仏である。

念仏が仏道であるためには、菩薩道の意義をもたなければならない

その念仏は、初めの二門であらわされている。曇鸞大師は「「帰命《きみょう》」はすなわち礼拝《らいはい》門なり、「尽十《じんじっ》方無碍光如来《ぼうむげこう》」はすなわちこれ讃嘆《さんだん》門なり」（『教行信証』聖典一六八頁）と分けておられるが、一心の主体を帰命尽十方無碍光如来、つまり南無阿弥陀仏であらわすのである。そこに念仏が尽くされている。それを作願・観察・回向と開いてくるのは、念仏が外道や二乗の行ではなく、無上仏道であることをあらわす意義がある。念仏が仏道であるためには、それが自利利他円満の意義をもたなければならない。つまり菩薩道の意義をもたなければならない。

初めは善男子善女人と出ている。性でもって行者をあらわすのは、その行者が在家であることをあ

らわすためである。本願が、観をもって行とする人間の立場を転じて、念仏をもって行とする。このように言えるのは、行をするのが在家ということで如来を本願が限定されているからである。本願が自己自身を、衆生に行として与える。その衆生は在家であり凡夫であって、特別な人間ではない。普通の人間である。それが本願の呼びかける人間である。

しかし、普通の人間のままで終わると元も子もない。そういう、何でもない人間をして菩薩たらしめるところに、仏道がある。何でもない人間という点で、念仏が行として選ばれているのだが、菩薩たらしめるというところに、念仏に菩薩道を含まなければならない。菩薩行が出てくるのは第三門からである。

『大経』だけなら、念仏は何でもない人間を救うが、それでは何でもないことになる。『浄土論』によって、何でもない人間が、念仏すれば菩薩たらしめられるということが明かされる。経だけ見たのでは、それは出てこない。『十住毘婆沙論』を見てもやはり、易行ということだけが出ていて、龍樹菩薩は念仏すれば菩薩たらしめられるということをはっきりとは言っておられない。むしろ、仏道を求めるのに易行を求めるのは、儜弱《にょうにゃく》怯劣《これつ》な人間だと言ってまず叱っておられる（真聖全一、二五三頁参照）。我われはたまたま願を起こしても、やることが末通らない。そういう人間にとって菩薩行をするということは、想像することさえできない。だからこそ、念仏すれば菩薩たらしめられることを明らかにしなければならないのである。

五念門の第三門以下は菩薩行があらわれてくる。曇鸞大師は、第三門以下を二、三種に分ける。作願を三種、観察を三種、その勢いに乗じて回向を二種に分ける（真聖全一、三一五～三一六頁参照）。作願・観察をそれぞれ三種に分けるのは、範囲を拡大するのである。作願は奢摩他、観察は毘婆舎那である。天親菩薩の教学から言うと、礼拝・讃嘆は加行智の行、作願・観察は根本智の行、回向は後得智の行になる。加行は根本のための前段階である。帰命するところの無碍光如来を作願し、観察する。

浄土の中で浄土を観察する

一心帰命の無碍光如来を、垣間《かいま》見るのではない。それなら浄土は外境である。一心の外にあるものは外境である。浄土を観察するのは、浄土の中で浄土を観察するのである。浄土に生まれた体験が、浄土自身を内観する。如来の荘厳功徳を観察する。その如来は、一心帰命する如来である。初めの二門は加行であるが、我われから言うと、ただ本願に一心帰命することしかない。本願に一心帰命することが全体である。そうすれば、そこに如来自身が自己を開示してくる。それが、本願から見た作願・観察二門の意味である。我われが如来に帰すれば、帰した我われに如来が如来自身を開いてくる。我われが如来を想像するのではない。如来を想像する場合の観は、『観経』の観、観想である。田辺元氏が悪く言う意味での観想である。今、天親菩薩の場合は観照する。それは、妙観察智である。

曇鸞大師、親鸞聖人によって、入出二門、往還因果という構造が明瞭になる

曇鸞大師は回向を二種に分けられたが、そのことは、曇鸞大師だけでは特別な意義はない。曇鸞大

師が回向を二種に分けられたのは、浄土の行を、善男子善女人にできるような世界にまで拡大しただけに過ぎない。もともと回向は往相回向であるが、それを穢土まで包む回向（還相回向）に拡大したのであって、曇鸞大師が回向を二種に分けたということに、それほど特別な意義はなかった。それを親鸞聖人が、曇鸞大師以上の深い意味を洞察されたのである。

親鸞聖人からご覧になると、回向を二種に分けたのはまったく違った意義があり、それは五念門全体を見直すようなものである。それが如来回向ということである。曇鸞大師では回向を二種に分けても、それは衆生が回向することである。他力は明確であるが、回向については明確でない。回向を明確にされたのは、親鸞聖人である。「園林遊戯地門《おんりんゆげじもん》」（『浄土論』聖典一四四頁）は、還相回向である。天親菩薩では回向の果であり、曇鸞大師では回向の果をもって因の回向の意義を明らかにされた。こういう果を成り立たせる回向は、もう我われの努力の入る余地がない。

こうなると、どこまでが曇鸞大師で、どこからが親鸞聖人か、区別がなくなる。とにかく、曇鸞大師と親鸞聖人によって、入出二門、往還因果という構造が明瞭になったのである。一心は自利利他円満である。一心に往相・還相、行信因果全体がある。仏道を円満している。一心に菩薩行が仏道として成就している。ただもらうということではない。一心は、菩薩道によって成就された如来である。

一般の聖道の教学からは、信は初めであって、高い位置にない。五根五力の初めは信、終わりは智である。親鸞聖人は、念仏によって信に全体を与えられた。信は如来の智慧である。如来を信ずる信心が如来だということを、明らかにされた。これが絶対主体性としての信心である。形のない信心である広大無碍の一心が、利益を通してあらわされる。法蔵菩薩の行が、この一心に円満しているということを、この「帰入功徳大宝海」から「入生死園示応化」までの六句が示している。

「獲」と「得」

果位に得ると言うと、得るのは未来ということになってしまう。時間論は面倒なものである。獲は現在、得は未来ということであるが、信仰の時間は、普通の時間ではない。法は自覚を明らかにするためにある。自覚という言葉は、一般に使われるが、この場合には不充分である。意識の自覚と智慧の自覚とを、明確に区別しなければならない。意識の自覚は自証分であり、自意識の自覚である。そこにも自覚は成り立つ。デカルトがこれを明瞭にしている。

しかし、意識の自覚だけでは信心の自覚は明らかにはならない。信心の自覚は仏法の正覚、さとったという自覚である。ただ知ったというだけではなく、本来の自己を知ったという自覚である。これは、夢から覚めたという自覚でなければならない。智慧の自覚でなければならない。時間についても、そこから考えなければならない。

信仰の時間を、意識的時間でとらえるのは充分ではない。夢から覚めた今の時間は、夢には属さず、覚めた世界に属する。信心を何時何分に獲た、とは言えないが、しかし信心は知らない間にいつの間にか獲た、という無責任なものでもない。夢の時間に信仰を得ると、自覚を物体化する。今は永遠に属するものであり、時間に属するものでない。今において獲、未来において得と分けて言うのも俗諦である。因果も俗諦である。勝義諦では、因果は一如である。単に未来ではなく、今に包まれている未来である。未来は、永遠の今の内容の記述である。

今が決まるのが獲である。今が決まる中に一切が決まり、過去も未来も決まるのが得である。時間で言うと、獲はプレゼント（present）、現在であり、得はフューチャー（future）、未来である。還相回向はパスト（past）、過去になる。穢土は信心の過去であり、法蔵菩薩の還来穢国、つまり一心の背景である。法蔵菩薩の園林遊戯によって、我らは一心を得たのである。還相は他のことで、自己以外は還相である。しかし、その還相も自己に関係した還相、自己の背景である。我が還相によって成り立ち、我が大きなプレゼントとなる。「宅門」「屋門」は一心が浄土を包み、「園林遊戯地門」は穢土を包んでいる。

この六句に見られるように、五門を大会衆門、宅門、園林遊戯地門の三門に要約されるときに、親鸞聖人の修正が入っている。その修正は、今言ったように「獲」という字を入れられたことである。『浄土論』では五功徳門全部が「得」である。しかしそれでは果位に得ることになるから、親鸞聖人は「必獲入大会衆数」と「得」を「獲」に替えられた。これによって『浄土論』を一層『浄土論』にされたのである。これが大きな修正である。それから「帰入功徳大宝海」も親鸞聖人の修正である。「功徳大宝海」は、『浄土論』の不虚作住持功徳であるが、それをここへもってこられた。

外を外と自覚することによって、内に転ずる

だから「大会衆の数に入る」も、「蓮華蔵世界」も、「煩悩林」も、「功徳大宝海」の内容である。「功徳大宝海」は、親鸞聖人では南無阿弥陀仏である。「願生偈」の偈文の序分に「真実功徳」（『浄土論』聖典一三五頁）という言葉が出ているが、二十九種荘厳功徳全体は真実功徳大宝海である。これを曇鸞大師は、真実功徳は如来の功徳だと言われるが、これは当然である。「真実功徳」ということの中に二十九種荘厳功徳全体を包む。曇鸞大師は、『浄土論』によって逆に、浄土の三部経の意義を得られる（『教行信証』聖典一六八頁参照）。

浄土の三部経は、如来の荘厳功徳をあらわす。真実功徳は如来である。親鸞聖人は、さらにくわしく「仏の名号《みょうごう》をもって、経の体《たい》とする」（『教行信証』聖典一五二頁）と言っておられる。これは曇鸞大師の「すなわち、仏の名号《みょうごう》をもって経《きょう》の体《たい》とす」（同一六八頁）という言葉を受けている。なぜ「真実功徳」なのかと言えば、如来だからである。真実であるか虚偽であるかは、如来から決まる。教・行・信・証はすべて如来である。如だから真と言い、来だから実と言う。

如来は、如から来るという漢文であるから、如から来るのはわかるが、何がいかにしてどこへ来るかを全部答えなければ、如来とは言えない。全部が如である。如から不如に来ると言うが、如から見れば、実は不如はない。如から如へ如にして来る。だから、本当は来たのではない。来るが如しである。行ったり来たりしているのは、迷っていることである。不去不来である。そういうものを具体化している限りにおいて、真実の教、真実の行なのである。

如来と言うだけでは、色もなく形もない。それでは、たのむこともたすかることもできない。如来をたのむこともでき、たすかることもできる形が、名である。寺へ詣ると、花が上がっている。上げるなら仏の方を向けるべきである。他者として如来があるなら、向こうへ向けなければならない。向こうへ向けないのは、我われの方に南無阿弥陀仏として仏が来ているからである。南無はたのむ、阿弥陀仏はたすかる。たのむことができ、たすかることができる如来が、名号となる。そこに初めて教学になる。如来が教・行・信・証になる形が、名号である。そういう名号の他に、穢土も浄土もない。

外は穢土であるが、穢土である外が内だというのが南無である。外が外と自覚されたら内になる、それが南無である。外を外と自覚することによって、内に転ずる。外が、南無阿弥陀仏の内なる浄土となる。南無を機として内をあらわす。穢土も、南無阿弥陀仏に関係しなければ穢土とも言えない。外と言うと内に関係する。一如に逆《そむ》くということも、一如があるから言えるのである。一如と離れたならば、逆くこともない、南無阿弥陀仏の外だという形で関係している。南無阿弥陀仏に、浄土だけではなく穢土もある。それが、「宅門」「屋門」であるとともに、「園林遊戯地門」であるわけである。

『浄土論』の五念門・五功徳門を包んで、親鸞聖人は「帰入功徳大宝海」の一句を加えておられる。南無阿弥陀仏によって開かれた一心であるがゆえに、一心が穢土も浄土も包んでいる。本当の意味で浄土を得るとともに、本当の意味で穢土を得る。我われは、生まれさせられ、死なされている。運命的である。園林遊戯地は、運命を自由に転ずる。真に生まれ、真に死する。これは運命愛である。死なされ生まれさせられているのは凡夫であるが、生まれ死するのは菩薩である。真に生死できるのは、南無阿弥陀仏である。

二十九種荘厳功徳は、「功徳大宝海」の他にはない。功徳は、過失と反対にあるのではない。過失を転じたのが功徳である。穢土も園林遊戯すれば、浄土に転ずる。過失の向こうに功徳があるのではなく、回転された過失が功徳である。真実功徳大宝海は、穢土が浄土に転じている。五念門も五功徳門も包んで、一心の利益であらわしてある。ここに親鸞聖人の大きな修正が入っている。

「我」の文字が偈文の組織をあらわす

この六句は、前の「為度群生彰一心」の一心の利益をあらわしている。『浄土論』の解義分は、偈文としての表白の中にすでに含まれている意義を明らかにするものである。そこに五念門の行が出て、最後に、五念門の行によって得る五功徳門が置かれている。五功徳門は、五念門の成就満足をあらわす。一心のところに、五念門の行が五功徳として成就している。こういう形で一心の利益をあらわす。「行巻」に、『浄土論』を、偈文と解義分を合わせて引かれている（聖典一六七頁参照）。偈文の方には「我」という字が出ている。「願生偈」の偈文を見ると、五か所に「我」という字がある。それらの「我」の文字が置いてある場所を見れば、自ずから偈文の組織がわかる。序分に「世尊我一心」「我依修多羅」（『浄土論』聖典一三五頁）の二回、正説分に「故我願生彼　阿弥陀仏国」（同一三七頁）、終わりに「我願皆往生」「我作論説偈」（同一三八頁）の二回ある。このように「我」の文字が偈文の組織をあらわす。いずれにしても「我」が全体を貫くのである。

しかし、最初の「我」が大切である。一心によって「我」を立てる。「世尊我一心　帰命尽十方無碍光如来　願生安楽国」（『浄土論』聖典一三五頁）は一応、帰敬序であるが、「我」が発起序にも正説分にも終わりにもあることから、「願生偈」は「我」で貫かれていると言える。一心は、天親菩薩の自督の安心を表明する。「願生偈」の偈文全体は、天親菩薩の安心の表白である。信仰の告白であることを「我」の文字があらわす。そのことは「行巻」の引文にはっきりと出ている。「行巻」には、第二行の偈文「我依修多羅　真実功徳相　説願偈総持　与仏教相応」（『教行信証』聖典一六七頁）と、もう一つ「不《ふ》虚《こ》作《さ》住持《じゅうじ》功《く》徳《どく》」（同一九八頁）の偈文の、この二つが引かれている。

三行の偈文で、二十九種荘厳の趣旨をあらわす

「願生偈」全体は、第一行によって代表される。第一行はここでは引用されないが、それは第一行が軽いからではなく、一層重いからである。第一行を主題として取り扱うのが「信巻」である。第一行、第二行の二つの序分に、単に序分に止まらない、深い意義を親鸞聖人は見ておられる。「我一心」、一心の主語が我である。信によって機を成就する。「一心……願生」、願生という文字があるために、一心が漠然たるものではなく、本願成就の一心であることがあらわされる。願生は、本願成就を示す。第二行には真実功徳ということが出る。真実功徳が二十九種荘厳の全体をあらわすが、二十九種荘厳の眼目は不虚作住持功徳にある。このように第一行と第二行および不虚作住持功徳の三つの偈文が非常に重要であるが、「正信偈」ではそれらが言葉を替えて全部あらわされてある。三行の偈文で、二

十九種荘厳の趣旨をあらわす。三行の偈文で、本願成就の心を、つかむことができるのである。「願生偈」の偈文は、天親菩薩御自身の本願成就の文である。これが三行で尽くされるわけである。

本願成就の文を、親鸞聖人は二つに切ってあらわされる（『教行信証』聖典二二八・二三三頁参照）。前半の「諸有衆生、聞其名号、信心歓喜、乃至一念」（『大経』聖典四四頁）は、三心の願成就の文と信心成就をあらわしているものといただかれ、後半の「至心回向。願生彼国、即得往生、住不退転。唯除五逆　誹謗正法」（同頁）は、欲生心の成就をあらわすことによって、一心の利益、現生不退が示されているものといただかれた。一心のところに、願の満足があらわされている。一心を獲るところに、我ら衆生の一生の大事がかかっており、仏にとってもその事業の満足をあらわす。「願生偈」の偈文の第一行は、本願成就の前半、不虚作住持功徳は後半をあらわす。『大経』にかえして見ると、「願生偈」の偈文が、如来の御心である至心信楽をいただかれた天親菩薩御自身の体験を、あらわされたものであることがわかる。

我でない信仰はない。もちろんその我は、エゴという意味の我ではない。このことは、曇鸞大師が、我と言っても邪見や自大をあらわすのではないと注意されておられる（真聖全一、二八二頁参照）。「願生偈」自身にも、最後に「普《あまね》くもろもろの衆生《しゅじょう》と共に」（『浄土論』聖典一三八頁）とあって、もろもろの衆生を排外した我ではないことを示されている。自他を差別する我ではない。一切衆生を代表する我である。我われの意識で言うと、一切衆生を代表することはない。如来の心こそ、一切衆生として如来があらわされた心である。如来の心、一如の心が願心である。そういう願心に呼び覚まされるところに、一心において初めて一切衆生に通ずる。如来を通して、一切衆生が我となる。如来の心を賜る。そこに我が成り立つ。こういう意味で、我は大切なのである。

「速」は他力をあらわす

偈文に「仏《ぶつ》の本願力《ほんがんりき》を観ずるに、遇《もうお》うて空《むな》しく過ぐる者なし、能《よ》く速やかに功徳《くどく》の大宝海を満足せしむ」（『浄土論』聖典一三七頁）とあるように、二十九種荘厳が満足するのは、「速やか」なのである。解義分の最後には、「菩薩、かくのごとく五念門の行を修して、自利利他して速やかに阿耨多羅《あのくたら》三藐《さんみゃく》三菩《さんぼ》提《だい》を成就したまえることを得たまえるがゆえに」（同一四五頁）と述べられており、ここにもまた速の字がある。速の字は、偈文と解義分との二つに出ているわけである。これを親鸞聖人が見逃されるはずがない。速が他力をあらわす。

「自利利他して速やかに阿耨多羅《あのくたら》三藐三菩《さんみゃくさんぼ》提《だい》を成就したまえる」とあるように、自利利他円満を内容とするものが、阿耨多羅三藐三菩提である。自利利他円満は、無上仏道である。五念門の成就をもって、無上仏道の成就をあらわす。願生道は無上仏道である。外道でも二乗でもない。一心一果である。一心は、無上菩提の真因である。一心によって、一果を得る。

一心が一果として成就されているところに、如来の本願がある。一心一果を証明するのが五念門の行の満足である。一心一果の内容が、五念門の行の満足である。それがなければ、言うだけの法になる。一心をもって一果を満足するがゆえに、無上仏道の成就である。

本願文の「乃至十念」の念仏が、五念門として与えられてある

五念門の行は何をあらわすか。偈文では主語は我であるが、解義分では行の主語は菩薩、我が菩薩に替わっている。このことによって、分際がはっきりする。一心によって我が成就する。我信じ、そして我行ずるということはない。ここははっきりしなければならない。混乱してはならないところである。我われからすると、信が初めにして終わりである。信の後はない。信仰は、「あの日あの時、私は確かに信じた」と、信じた体験を相続することではない。そうなると記憶である。経験であり、信仰の物質化である。

信仰は時間の中に入らない。時間を超えている。時間や空間の中に入るものではない。だから、我があって信ずるのではなく、信ずるところに我が成り立つ。世界の中に我というものがあって、我が肉体の中に心があると考えるが、これは逆である。一心によって我が生まれる。エゴとしての我が死んで、新たなる我が生まれる。信のところに我がある。だから、我から言うと、一生が一心の中にある。我から言うと、信が初めであり終わりなのである。

五念門の行の主語は菩薩である。解義分では、五念門の初めに「善男子《ぜんなんし》・善女人《ぜんにょにん》」（『浄土論』一三八頁）が出るが、しかし菩薩に終わっていく。礼拝・讃嘆では、善男子善女人の位であり、作願・観察をくぐると善男子善女人が菩薩になる。菩薩という言葉は、時代が経つと神話化して、特別な人になってしまうが、善男子善女人と矛盾するものではない。善男子でも善女人でも、大乗の仏道に立つならば菩薩である。菩提心に触れるならば、大乗の法門によって菩提心が喚起されるならば、菩薩であ

る。

菩薩は、形の上で優れた人格なのではない。それなら声聞の方が勝れている。人格の輝きということを言えば、かえって声聞・縁覚の方が勝れている。迦葉・目連は我われが足元にも及ばない偉い人で、なれなれしく近づけない人格であろう。敬遠しなければならない人である。しかし、菩薩は目立たない。出家より在家が多いのではないか。善男子善女人は、男女という性であらわすが、つまり在家である。男は働き、女は孕む。生産という運命を受けているのが善男子善女人である。そういうところに菩薩がある。善男子善女人が、五念門の行を行ずるなら菩薩とされる。所行の五念門によって、善男子善女人が菩薩とされる。衆生を菩薩にするのは行である。行によって、我が菩薩とされる。そういうことは「願生偈」だけではわからないが、親鸞聖人が「行巻」に引文されることによって明確にされた。どんな人でも、注意できるようになっている。

本願文の「乃至十念」の念仏が、五念門として与えられてある。これは分析してそうなったのではない。五念門の徳によって、阿耨多羅三藐三菩提、無上仏道を得るということは、五念門の満足成就である。満足も成就も同じである。解義分は十段になっており、第九・願事成就、第十・利行満足の二章が、五念門の結びである。願事は願生の事業であり、利行は二利の行である。だから願事成就、利行満足と別に言われるが、これらは同じことである。願事成就と利行満足は、満足成就である。

五念門の行は、自利利他の二利をあらわす。だから二利と入出の二門になっている。前四門は入、第五門は出である。入出自在であることをあらわすのが門である。二利は、一つは自利、もう一つは利他である。利他は浄土の行であるから、二十九種荘厳功徳は如来の世界である。偈文の一心は「我一心」と言われているが、一心において尽十方無碍光如来に帰命しているのであるから、無碍光如来を実証している一心である。一心は、如来の世界、つまり浄土である。それに対して解義分は歴史をあらわす。如来の世界が単なる世界ではなく、願成就の世界であり荘厳された世界であることを明らかにする。ただある世界ではなく、歴史が成就された世界であることをあらわす。だから解義分の二十九種荘厳功徳という言葉の中に、五念門の行が包含されている。

こういう解釈は、眼《まなこ》のある人には必要がない。詩は高い世界である。詩がわからない頭にもわかるように、散文であらわした。菩薩行の歴史によって、如来の世界は荘厳されている。言ってみれば偈文は世界観であり、解義分は歴史観である。浄土と国土の歴史であるから、自利利他を入出であらわすのである。

このように、自利利他円満が無上仏道の満足である。自利利他が満足されるところに、無上仏道の事実がある。自利利他ということは、我われは何でもないように思うが、大悲を考えないとわからない。利は利益であって経済世界の用語であり、功利的に見える。しかし利益功徳は、大悲をあらわす。功徳利益を功利的だと嫌う心は、理想主義である。功徳利益は、いわゆるリアリズム（realism）よりもっと深いリアリズムをあらわす。信仰のリアリズムである。悲惨な人間存在に対する、深い痛みから生まれた言葉である。

果によって因を満足する

五念門の趣旨は、自利利他円満である。その五念門の行の最後に満足があり、五功徳門であらわされている。これについて因から言うと五念門、果から言うと五功徳門である。しかし因果は一如であり、因によって果を成就するとともに、また果によって因を成就する。因果は法相を明らかにするための範疇である。説明の方法であって、施設されたものである。一如であるが、一如の法相を明らかにする。混乱せずに、しかも一体であることを明らかにする。二が二のままで一であることを、明らかにするためである。二を止めてではなく、二を明らかにするところに法相がある。因はどこまでも因としての相、果は果の相であり、しかし一如である。こういう果を結果するような因であるということを、果によってあらわす。果によって因を満足する。こういう具合になる。

如来が本願を発されたということは、如来が求道者になられたこと

『浄土論』だけを見ると五念門も個人的に見えるが、『大経』に照らし合わせて見ると、『浄土論』の偈文の一心は「聞其名号、信心歓喜、乃至一念」（聖典四四頁）である。そういうところで、『浄土論』が『大経』の歴史の上に意義をもっていることがわかるのである。『大経』を離れた『浄土論』ではなく、『大経』の歴史としての『浄土論』、『大経』の展開としての『浄土論』という意義をもってくる。『浄土論』は、世親菩薩個人が何をどう考えていたかを知るためのものではなく、世親菩薩を超えた意義をもつ。世親菩薩を超えた『大経』の歴史的意義がある。世親菩薩の意識から言うと、

『浄土論』は瑜伽大乗の論である。確かにそういう意味もあるが、同時にそれを超えて『大経』の歩みとしての意義を見出す。そのように見るのが七祖の伝統である。『大経』の歴史として見ると、「願生偈」の一心は「聞其名号、信心歓喜、乃至一念」である。

それに対して、五念門行は『大経』に返すと勝行段にあたる。偈文は下巻の第十八願成就の文にあたり、解義分は上巻の勝行段の意義がある。如来が菩薩として自己の願いを行ぜられた。だから、五念門の菩薩は法蔵菩薩、つまり解義分の菩薩を代表するのは法蔵菩薩である。五念門は、不可思議兆載永劫に四十八願を行ぜられた、四十八願の歴史を示す。そうでないと、つまり五念門における念仏が三業二利となると、概念分析になる。勝行段に照らすと歴史感覚である。このように親鸞聖人は読んでおられる。もちろん、善男子善女人が菩薩行を止めてしまったというのではない。善男子善女人がするのが間違いで、法蔵菩薩が、というのではない。それが矛盾しない。逆に言うと、法蔵菩薩は善男子善女人である。法蔵菩薩も特別なものではない。本当の意味の求道者である。

如来が本願を発されたということは、如来が求道者になられたことである。求道しない衆生ではない。求道しないならば因位でもない。眼があり鼻があるというだけになる。法蔵菩薩と善男子善女人は矛盾しない。親鸞聖人が、法蔵菩薩の勝行段に照らし合わせて、『浄土論』の五念門を解釈しておられるのが『入出二門偈』である。勝行段の経文に「大荘厳《だいしょうごん》をもって衆行《しゅぎょう》を具足し、もろもろの衆生をして功徳《くどく》を成就せしむ」（『大経』聖典二七頁）とある。法蔵菩薩の不可思議兆載永劫が、これに要約される。この言葉が、因の五念門と果の五功徳門との関係である。衆行は五念門、功徳は五功徳である。親鸞聖人も、「信巻」に勝行段の経文を「欲覚《よっかく》・瞋覚《しんかく》・害覚《がいかく》を生ぜず。欲想《よくそう》・瞋想《しんそう》・害想《がいそう》を起《お》こさず」（同頁）からここまでを引いておられる（『教行信証』聖典二二五頁参照）。

念仏の本願を通して、阿弥陀仏と我われとの深い関係を感得する

論を経に照らして明らかにし、経を論に照らして明らかにする。論と経を交互に照らす。そういう形で、親鸞聖人の教学は、新たな意義を明らかにしてくる。経だけ見ると、平々凡々たるものである。「大荘厳《だいしょうごん》をもって衆行《しゅぎょう》を具足し、もろもろの衆生をして功徳《くどく》を成就せしむ」（『大経』聖典二七頁）は、後の方に「自《みずか》ら六波羅蜜《ろくはらみつ》を行じ」（同頁）と出ているように六波羅蜜行のことである。法蔵という名の一般の菩薩が、ただ六波羅蜜を行ぜられただけのことになる。論も経を離れれば、菩薩は個人的になり、衆行は六波羅蜜であって一行ではなくなる。『浄土論』に照らすと、衆行は五念門である。我われに近いものになる。我われと同じ、なんでもないただの人になる。法蔵が念仏行者になる。

『大経』だけで見ると、漠然として一般の菩薩である。如来の本願というところに、菩薩が我われに近い。我われと阿弥陀仏とに深い因縁がある。今日我われが信を獲るのは、初めて出くわしたのではなく、如来が本願を発されたときにすでにもう約束されているという親近感がある。神話的表現をもって、その親近感をあらわす。それが「遠く宿縁を慶《よろこ》べ」（『浄土論』聖典一四九頁）である。遠い宿縁がある。念仏の本願を通して、阿弥陀仏と我われと深い関係を感得する。阿弥陀仏の本願というところに、約束されていると感ずる。

こういうことも理論で言っているのではない。そういうものを感ずるのである。これは理知ではわからない。阿弥陀仏の本願に、他人事でないものを感ずる。我がための本願という、本願と我との関係は、感ずる人にあることである。回向は大切な言葉であり、回向ということが真宗をあらわす教相である。『大経』は、一乗であり、絶対の法門という点においては華厳・涅槃と同じであるが、しかし論に照らして見ると、『大経』でなければならないものが出てくる。本願が絶対であるという場合の絶対は、かえって『涅槃経』の方がはっきりする。

しかし、『大経』には回向ということがある。回向は本願成就に出る。回向の眼を開くと、この「大荘厳《だいしょうごん》をもって衆行《しゅぎょう》を具足し、もろもろの衆生をして功徳《くどく》を成就せしむ」（聖典二七頁）という経文が、回向という言葉を用いずに回向が説かれていることがわかる。回向の事実がここに出ている。五念門の満足成就は、くわしく言うと回向成就であり、如来が我として成就している。

成就の二つの意義

成就には二つの意義がある。一つは、如来が如来として成就する、自利という意義である。浄土は、如来の自利の世界である。同時にもう一つ、衆生成就という意義がある。内には如来自身、外には衆生を成就する。利他の成就をあらわすところに、回向がある。自利の成就は、回向と言わずに荘厳と言う。荘厳する主語は、菩薩である。菩薩は「大荘厳《だいしょうごん》をもって衆行《しゅぎょう》を具足し」（『大経』聖典二七頁）とあるように自ら五念門をもって荘厳する。五念門は、如来を浄土として荘厳する意義をもつ。如来と浄土と二つあるのではない。如来が本願成就の如来であることをあらわすのが、二十九種荘厳功徳である。如来自身が浄土として荘厳されるのが、成就である。

菩薩は自ら五念門の行を行ずるが、行が成就するのは衆生の上に成就する。それが「もろもろの衆生をして功徳《くどく》を成就せしむ」（『大経』聖典二七頁）ということである。これから衆生を救うのではない。行を成就して衆生に与える。自らの回向成就がここにあらわされている。本来は、衆生が無上仏道を成ずるために行ずるのであって、行は衆生の問題である。菩薩はその衆生の問題を、自己の課題とする。したがって、その行は衆生の上に成就するのである。因である行は如来自ら行じ、果である成就は衆生の上に成就する。これが五念門と五功徳門との関係である。五功徳門は、法蔵の行が衆生の上に成就したことである。

如来が浄土を荘厳された行の他に、我らが浄土へ生まれる行はない。五念門を個人的に見ると、礼拝は簡単なことに思われる。しかし考えてみると、一番簡単に見える礼拝が、如来の歴史として見ると一番大きな意義をもつのではないか。我われが礼拝、合掌できるのは歴史の威力であり、歴史のないところに礼拝はない。礼拝は象徴であって、五体投地、全身を投げ出すことである。こういうことは、個人の計らいからできることではない。歴史の威力のなせることである。我われが一心を得るところに、本願自らが歴史として行ぜられた五体投地が成就する。我われからの礼拝はない。我われは一心として念仏を賜る。本願を憶念するところに、五体投地の意義が成就される。

南無阿弥陀仏と讃嘆と別にあるのではない。南無阿弥陀仏は最高の讃嘆である。仏を讃嘆するのは仏である。我われにとっては憶念が讃嘆となる。善導大師が、三品の懺悔と言われるのは、我われには懺悔が不可能であることを言われるのである（『教行信証』聖典三三七頁参照）。懺悔できない懺悔を語る。懺悔は念仏がないと、自分を痛めつけるだけ、人間の自虐に終わる。我われから見ると、憶念という単純なところに、大きな事業が行われる。憶念や懺悔という精神生活の大事業が、一心のところに成就する。今さら改めて懺悔する必要はない。我われにはできない。できないことは必要ない。我われにできることは、信心だけである。

観から区別された念仏は、称名念仏

このように、一心のところに五念門の行と五功徳門が成就する。一心のところに念仏を賜るのである。自らの行の成就が菩薩道の成就であり、それが無上仏道の成就である。それを一心の利益として説かれる。しかしこの六句では、『浄土論』を多少修正されてある。これはただ変えたというのではない。一層純粋になっている。「帰入功徳大宝海」は五功徳門にはない。『浄土論』のままではなく、偈文の不虚作住持功徳を「正信偈」のここにもってきたことによってはっきりする。

五念門・五功徳門と言っても、個人的に一々やって行くのではない。五念門・五功徳門が南無阿弥陀仏なのである。真実功徳大宝海に全体がある。「生死の園に入りて応化を示す」と言われるが、「功徳大宝海」の外にあるのではない。功徳大宝海が全体である。経典と論とを別々に見たのではわからないことであるが、五念門の念と乃至十念の念とを別にするわけにはいかないだろう。こういうことは、梵語から出てくるものではない。経典を離れては、五念の念が念仏の念であるということはわからない。念というと八正道の念もある。観念に通ずるが、観念でもない。本願でも、念と言うがはっきりしない。だから善導大師は、観念の念と念仏の念を明らかに区別されて、『観経』を一経両宗と言われた（『教行信証』聖典三三三頁参照）。観仏を表に立て、観仏を通して念仏があらわされている。一般的には、念というと観念だが、本願の念は観念ではない。だから観仏から念仏を区別してある。観から区別された念仏は、称名念仏である。このように、善導大師は本願の心を『観経』に照らして明らかにされた。親鸞聖人はそれを受けて、『観経』に満足せずに、直接に『大経』の本願にかえってご覧になり、そこに第十七願を見出された。善導大師は『観経』を通して本願を、親鸞聖人は本願を通して本願を解釈されたのである。

これは親鸞聖人が発見されたのではなく、龍樹菩薩にかえるとそうなっている。龍樹菩薩の易行道では、名は称名し憶念するためにある。しかし、称し得るものを称し、念じ得るものを念ずるのではない。自己を超えた、自己の根元を念ずる。また自己を超えた世界の徳を、称讃するのである。唯仏与仏の世界を称讃し、自己を超えた自己の根元である本願を憶念する。本願は自己を超えている。本願成就の如来の功徳は、自己を見抜いている。こういうことがあって、誰でも、いつでも、どこでもできるために、名が選ばれている。

功徳の大宝海は、名である。親鸞聖人は、「願生偈」の功徳の大宝海を受けて、法然上人が選択本願と言われたことと総合して「選択大宝海」と言われている。「行巻」に「大小の聖人《しょうにん》・重軽《じゅうきょう》の悪人、みな同じく斉《ひと》しく選択《せんじゃく》の大宝海《だいほうかい》に帰して、念仏成仏《じょうぶつ》すべし」（『教行信証』聖典一八九頁）とある。大小乗の聖人、重軽の悪人、聖者も聖者の誇りを捨て、悪人も悪人の恥らいを捨て、平等に念仏できるのが大道である。自慢する必要も遠慮する必要もない。そのために名が選ばれたのである。

功徳大宝海は、親鸞聖人においては名号

この六句の言葉のもとは、『浄土論』解義分の五功徳門の言葉である。五功徳門の最後には、五念門の成就満足を示してある。因から言えば五念門、果から言えば五功徳門であるが、一如の因果である。だから親鸞聖人は、一つにして述べておられる。親鸞聖人は『入出二門偈』で、『浄土論』の五念門・五功徳門を『大経』の教説に照らし合わせておられる。『大経』の勝行段、不可思議兆載永劫の修行に照らして、経と論とを合わせて解釈されているのである。経文だけ見ると六波羅蜜になるが、『浄土論』に照らすと五念門になる。

勝行段の経文の最後に「大荘厳《だいしょうごん》をもって衆行《しゅぎょう》を具足し、もろもろの衆生をして功徳《くどく》を成就せしむ」（『大経』聖典二七頁）とある。この衆行というのが、『浄土論』に照らすと五念門になる。「もろもろの衆生をして功徳を成就せしむ」とは、如来が菩薩として五念門を行じ、その行が衆生の上に功徳として成就するということである。回向という言葉を用いずに、回向があらわされている。これは、回向成就である。我われが自ら行ずるのではない。我われには、行はない。我われは、一心を立てる。我われが、信を獲て行ずるのではない。うなずくだけが我われの仕事である。本願がなければ、信では

なく行が問題になる。しかしすでに本願があるならば、我われの行を俟たない。本願自らが、行を成就している。我われは、ただうなずくだけである。信を立てるのは行の代わりではない。行あるがゆえに信を立てる。行信成就しているから、信を立てる。一心に、五念門の行が五功徳として成就されている。行を満足することを、一心の利益としていただかれるということが、この六句にはあらわされている。

この六句の中に、親鸞聖人による修正がある。「帰入功徳大宝海」は五功徳門にはない。偈文にある不虚作住持功徳の「功徳大宝海」をここに置かれている。五功徳門も「功徳大宝海」も『浄土論』の言葉であるが、親鸞聖人の了解された『浄土論』である。この「功徳大宝海」という言葉の意味するところは重い。この一句のために、全体が生きてくる。五念門・五功徳門と言うが、功徳大宝海の他にない。五念門・五功徳門が別々にあるのではない。功徳大宝海に全体を尽くしているのである。

功徳大宝海は、親鸞聖人においては名号である。五念門の念は、原語の上でどうかはわからないが、『大経』の本願から見れば、乃至十念の念と五念門の念は別ではないであろう。だからやはり、五念門には五念仏門という意義があるのである。無量寿経を離れると、五念門の念は観念の念かも知れない。しかし無量寿経の本願から見ると、本願の念仏は称名である。本願を離れたら、念は観念ととるのが当然である。本願から『浄土論』を照らせば、五念門の念は念仏の念、称名である。称名であるなら、名号である。我われが念ずることや称することができるために、名がある。名がなければ、如来を念ずるのは如来にしかできない。凡夫が仏を称讃することもできない。名がなければ、たのむこともたすけることもできない。いつでもどこでも誰でも、たのんでたすかることのできるために、名がある。我われは凡夫であるが、いつでも一如の世界に眼を開くことができるのは、名があるからである。

念仏も称名も名号も同じ、というのが七祖の伝統である。五念の念が念仏の念であるなら、五功徳は名号において称讃される功徳である。五功徳門の功徳と、不虚作住持功徳の「功徳大宝海」の功徳と、二つあるわけではない。この功徳大宝海は、親鸞聖人においては本願の名号である。曇鸞大師では如来、無量寿仏の荘厳功徳をあらわす。如来の功徳、あるいは二十九種荘厳功徳、つまり浄土の功徳である。だから真実功徳と言われる。不虚作住持の功徳は、『浄土論』の偈文の序分では「真実功徳」（聖典一三五頁）となっている。それによって、偈文にある「観彼世界相」以下の二十九種荘厳功徳が、みな真実であるとわかる。だから親鸞聖人は、「真実《しんじつ》功徳《くどく》大宝海《だいほうかい》」（『一念多念文意』聖典五四三頁）とあらわされている。

曇鸞大師においては、功徳と言えば二十九種荘厳功徳であり、如来の功徳である。親鸞聖人においては、功徳は名号である。これは違うことではない。曇鸞大師は功徳を浄土としてあらわされ、親鸞聖人では功徳は名号をあらわす。曇鸞大師ではなぜ真実かと言うと、如来の功徳であるからである。曇鸞大師は、不実功徳に相対して真実功徳を明らかにしておられる（『教行信証』聖典一七〇頁参照）。『教行信証』における引文のされ方を見ると、『浄土論』は、原則上、「化身土巻」を除く前五巻に引かれる。そして、道綽禅師以下の引用については、前五巻と「化身土巻」との両方にまたがる。『浄土論』は『大経』の精神をあらわされた論であって、『浄土論』と『論註』の教学が真実の教学であるということで、親鸞聖人はそのように扱われる。しかし、例外はある。

如来は一如の功徳

例外として、「化身土巻」に『論註』の不実功徳について明らかにされた箇所を引いておられる（『教行信証』聖典三三八頁参照）。これは、念を押されたのである。念を押さないと、真実功徳が我われにも成り立つように思えてしまう。我われに功徳がないわけではないが、我われの功徳は有漏の功徳である。如来も真実、というのではない。如来のみが真実である。如来の功徳を我われが賜れば、それが真実となる。我われが賜ったままが、我われを超えている。如来の功徳だけが真実である。如来は一如の功徳であって、ある意味では形がない。だから『碧巌録《へきがんろく》』にあるように、如来の功徳、真実功徳は「無功徳」と言ってもよいかも知れない。

如来は一如の功徳である。「如来」をそのまま読めば、「如より来る」であるが、もっと言うと、如にして来る、来るが如しである。本当に来るわけではない。行ったり来たりするのは、迷いの世界にあることであって、一如の世界にはない。真実功徳は、我われを標準に真実ということを言うのではない。『浄土論』でも、菩薩荘厳を明らかにする段に、「如実の修行」の意義を解釈している（聖典一四一～一四二頁参照）が、親鸞聖人が『論註』を元に言われるように、「体、如にして行ずれば、すなわちこれ不行《ふぎょう》なり。不行にして行ずるを、如実修行と名づく」（『教行信証』聖典二八八頁）である。こういう意義が一如の功徳、大般涅槃の功徳である。天親菩薩の言葉から言うと「第一義諦《ぎたい》　妙境界《みょうきょうがい》の相」（『浄土論』聖典一四〇頁）である。

真実功徳と言うが、なぜ真実なのかと言えば、如来だからである。では何が如来かと言えば、それは名号である。つまり、名号がなぜ真実功徳かと言えば、如来なるがゆえに真実功徳なのである。如来と言えば浄土であるが、名号というところに穢土にもかかる。名号というところに、純粋な浄土が純粋なままに穢土を包んでくる。南無を機として、穢土が浄土に転ずる、あるいは浄土が穢土にはたらく。如来も浄土も、名号にある。名号にあるということは、南無にあるということである。南無すればいつでもある。たとえ穢土であっても、南無すればいつでも浄土に触れることができる。南無すれば、南無した我われが浄土の内容となる。特にその意味で、「功徳大宝海」というように「海」という字が付けてあることが大切である。

海という譬喩によって何があらわされているか

海という字は何でもないようだが、「行巻」に親鸞聖人が深く注意しておられる（『教行信証』聖典一九八頁参照）。それに先立って、善導大師が「一乗海」（同一九九頁）と言われて、本願の教えをあらわされ、教の分際を明らかにされている。さらに求めれば、仏の智慧のはたらきを「海」で喩えられたのは、曇鸞大師である。親鸞聖人は、「行巻」の一乗海釈の後に、『大経』「東方偈」（聖典五〇頁参照）から「如来の智慧《ちえ》海は深広《じんこう》にして涯底《がいてい》なし。二乗の測《はか》るところにあらず」（『教行信証』聖典一九八頁）

を引かれ、さらに『論註』から「「海」とは、言うこころは、仏の一切種智《しゅち》、深広《じんこう》にして涯《きし》なし、二乗雑善《ぞうぜん》の中下の屍骸《しがい》を宿さず、これを海のごとしと喩《たと》う」（同一九九頁）を引かれる。『浄土論』の「海」が『大経』の「如来の智慧海」を受けていることが、『論註』によって明らかになった。そのことに親鸞聖人は気づかれ、『大経』と『論註』から引文して並べられたのである。曇鸞大師では大乗は菩薩乗であるが、本願の教えから言えば大乗は仏乗である。『大経』から見れば、大乗は仏乗、一仏乗なのである。しかし瑜伽の教学から見れば、一乗方便・三乗真実と言われ、逆になっている。一乗と三乗のどちらが権でどちらが実かという論争が昔からあって、南都北嶺の争いはそれであった。真宗ばかりではなく、日本仏教はすべて、一乗と自負している。一乗と三乗はどこが違うか。同じ大乗でも、三乗は菩薩から仏へという道である。仏を考えないわけでないが、菩薩から仏へという考え方を脱することができない。一乗になると、仏から人間を見る。仏が菩薩になる。こういうのが一乗の教学ではないか。仏を人間から見るのが、三乗である。そうではなく、人間そのものが仏から見直されるのが一乗の教えである。到達点から出発する。かえって衆生の方が到達点になるのである。

『大経』「東方偈」の「如来の智慧《ちえ》海は、深広《じんこう》にして涯底《がいてい》なし。二乗《にじょう》の測《はか》るところにあらず。唯《ただ》仏のみ独《ひと》り明らかに了《さと》りたまえり」（聖典五〇頁）に「海」という字があることを先ほど述べたが、ここの「唯仏」は、菩薩からもえらんである。つまり、この場合の仏は、菩薩ではないという意味での仏である。如来の本願の世界の不思議というのは、智慧がないからと思われるが、そうではない。智慧があっても不思議である。菩薩であっても不思議ということをあらわす。『大経』では、弥勒菩薩も凡夫も同じように取り扱われる。衆生から如来へ、というのでは、衆生はわかったが如来がわからないということになる。そうではなくて、わからないのは衆生である。如来から見なければ、衆生の意義はわからない。

『大経』の「如来の智慧《ちえ》海は、深広《じんこう》にして涯底《がいてい》なし」（聖典五〇頁）を受けて、『浄土論』は「功徳大宝海」と言われたと見られて、経と論との関係を明らかにされたのが、曇鸞大師である。もし天親菩薩に聞いてみたら、『大経』の海をもって来たのではないと言われるかも知れない。仏教の学問の目的は、天親菩薩の意見をもう一度明らかにすることではない。如来を明らかにすればよい。天親菩薩がどう考えたかを明らかにするのは、思想史の仕事である。

海という字は、インド以来注意されてきた歴史があり、海という譬喩によってあらわされている独特の意義がある。曇鸞大師は、『浄土論』の海の譬喩があらわす内容をどのように見られたか。真実功徳の本願の徳を「海」とあらわしてあるのを「「海」とは、言うこころは、仏の一切種智《しゅち》、深広《じんこう》にして涯《きし》なし、二乗雑善《ぞうぜん》の中下の屍骸《しがい》を宿さず、これを海のごとしと喩《たと》う」（『教行信証』聖典一九九頁）と『論註』に解釈しておられる。これはインド伝承の解釈である。ところが親鸞聖人自らは、転成ということで海の意義を明らかにされる。

もともと転成という考え方はあるが、必ずしもそれは海ではない。近いところでは、『楽邦文類』に「罠丹《かんたん》の一粒《りゅう》は鉄《くろがね》を変じて金《こがね》と成す」（『教行信証』聖典一九九頁）とあって、転成が言われている。また、もし七高僧の中から求めるなら、『安楽集』に引かれている『観仏三昧経』の「栴檀《せんだん》」（『教行信証』聖典一七一頁）の香樹の喩えである。そこには、栴檀が「伊蘭林《いらんりん》」（同頁）を改変するとある。栴檀は念仏を信ずる心の喩えであり、伊蘭の大森林は我らの煩悩の喩えである。念仏を信ずる心は、煩悩の衆生の中に名告《なの》って、逆に煩悩の林を改変する、とこのように言ってある。

しかるに親鸞聖人は、転成を海に用いられた。親鸞聖人以前にも、海は何かの喩えとしてあるが転成ではなく、転成はあるが海で喩えられてはいない。親鸞聖人は、転成を海であらわされた。そして「行巻」の御自釈で「これを海のごときに喩《たと》うるなり」（『教行信証』聖典一九八頁）と、曇鸞大師の言葉を用いて言われたが、これは大きな独創である。決して「屍骸《しがい》を宿さず」（同一九九頁）を嫌ったわけではなく、包んだのである。総じて言えば転成、その中に「屍骸を宿さず」を包んでいる。転成はアウフヘーベン（Aufheben）、止揚である。弁証法はヘーゲルに始まったが、それを特に信仰の上に明らかにしたのはキルケゴールである。キルケゴールの場合は、ヘーゲルの意味と多少違って質的弁証法になる。質を変える。先鋭化したのである。そのように質を変えるという意味で「屍骸を宿さず」と言うこともある。

普通ならば、川の水を海に転ずると喩えそうなものだが、親鸞聖人の解釈によれば、我われの善は川のようなものであり、しかも有漏である。そして我われのもっている悪、染汚、無明、煩悩は、海の如きものである。煩悩が有漏であるのは言うまでもないが、善も有漏である。

海を海に転ずるという、これは質の弁証法、絶対否定である。そういう意味で「屍骸《しがい》を宿さず」（『教行信証』聖典一九九頁）の契機が転成の中に生かされている。ヘーゲルの弁証法では、アウフヘーベンがあるところに発展がある。歴史の弁証法である。マルクスが継承したのはその面であろう。しかしキルケゴールにおいては、人間が神に変えられる。これは歴史を超える。だから質的弁証法である。親鸞聖人においても、人間の煩悩が、如来に発展していくわけではない。高められていくのではなく、煩悩悪業を消し失わず、しかも質的に転換がある。そういうことがあるから止揚と言えるのである。そして得るところの功徳は、希望通りになるのではない。得たものは求めたものでなく、想像することのできなかったものに変えられるのである。人間を失わずに、人間を人間の描くことのできなかったものに変える。これは絶対弁証法である。発展ではない。絶対否定即絶対肯定である。肯定の契機として「屍骸を宿さず」を包む。屍骸のような我われを包んで、しかも屍骸として止めないのである。

親鸞聖人は、後にあるように「大車《だいきょ》」「疾風《しっぷう》」「大地《だいじ》」「大《だい》水」「大火」（『教行信証』聖典二〇一～二〇二頁）と、人生のあらゆるものに本願を喩えておられるが、特に海に注意された。御自身の信仰のリアリズム、人生の現実の体験を、海に喩えられるのである。動乱の人生、人間の理性では間に合わない、抽象化を許さない生の体験が、親鸞聖人に海を選ばせた。親鸞教学における寂滅は、動乱のままの寂滅である。海は一如の現実をあらわす。龍樹菩薩の「難度海」（同一六六頁）や、曇鸞大師の「生死《しょうじ》海《かい》」（同二三三頁）という静かな言葉が思い出される。

親鸞聖人においては、生死海、煩悩海、無明海と、人間を海と喩えるだけでなく、「本願大悲智慧《ちえ》真実恒沙《ごうじゃ》万徳の大宝海水」（『教行信証』聖典一九八頁）とあるように、如来もまた海である。こういう意味で功徳宝海には深い注意が与えてある。「功徳大宝海」の海は、我われ人間を抜きにして自らあるのでない。「一切苦悩の衆生海《しゅじょうかい》」（同二二五頁）や煩悩海を離れて「功徳大宝海」があるのではない。煩悩が功徳として成就しているのである。向こうの方にある功徳を海と言うのでは、意味をなさない。離れたところに対象として置くことはできない。功徳海と言っている者が、すでに早《はや》、功徳海にいるのでなければ、言えないのである。

海というところに、人間が一如に転ぜられているのである。一如の徳が、衆生の上に回向成就している。その意味で「帰入功徳大宝海」はつまり、南無阿弥陀仏である。「帰入」は南無、「功徳大宝海」は阿弥陀仏である。この他に何もない。他に考えたのでは、海にならない。これが全体だと思う。「大会衆の数」も、「蓮華蔵世界」も、「生死の園」も、穢土も、浄土も、南無阿弥陀仏において「功徳大宝海」となる。帰入（南無）を機として穢土の人間を一如に転じている。

「五功徳門」はやさしいことで、甚深な意義をあらわす

『浄土論』の言葉を親鸞聖人が再認識されることによって、『浄土論』以上に生きてきている。不虚作住持功徳と、解義分の五功徳門とを合わせて、新しい文章になっている。これは、五功徳門全部を述べてあるのではない。五功徳門は、「近門《ごんもん》」「大会衆門《だいえしゅもん》」「宅門《たくもん》」「屋門《おくもん》」「園林遊戯地門《おんりんゆげじもん》」（『浄土論』聖典一四四頁）の五つである。これらは、『浄土論』解義分にあるが、だからといって威《いか》めしいばかりの言葉ではない。

「近門」は、無上菩提に近づいたということである。南無というところに無上菩提は目前にあり、南無というところに人間の永い流転の方向が転ぜられた。旅から故郷にかえる方向に転ぜられたのである。「大会衆門」は、村の入り口に来たら、旧知の連中が迎えにきた。それから、自分の宅に一歩入り、草鞋を脱いで座敷に上がるのが「屋門」である。そして、御馳走を食べて一服して庭の方を見るのが「園林遊戯地門」である。このように、やさしいことで甚深な意義をあらわす。子供でもわかるような形で、大人でもわからないことが書かれている。田舎者をおどかさない。唯識などは高遠にして厳密な表現であるが、本願を語るときは我われと同じ心で語られる。

親鸞聖人は、「近門」と「大会衆門」とを一つにし、「近門」を「大会衆門」に含められた。次は、「屋門」を「宅門」に合わせ、それから「園林遊戯地門」を出され、三門に要約されている。これは偈文の形に要約する関係上であろうが、注意すべきは「獲入」と「得至」である。もとの『浄土論』では、全部が得になっていて、得生や得入である。しかし、その字を親鸞聖人は替えられた。法相から言うと、得はインドの阿毘達磨では重要に考えられていて、得を一つの法とする。得や不得の法を考える。

得はどうして成り立つか

煩悩を得するという。得ということは、意識作用でも物質のはたらきでもない。煩悩を得たとか、智慧を得たというような経験において、得ということがどうして成り立つかを解釈する。我われは金を得たというが、円札は金の代用品であって、円札が金なのではない。円札を得たからといって、金を得たとは言えない。また銀貨、紙幣などにおいて、銀や紙という物質については、得るということは本当には成り立たない。落とすことがあるからである。しかし煩悩を道で落とすだろうか。金は落とすが、金に対する執着は落とさない。慧が来るまで落ちない煩悩は、どこかに預けることもできない。どこかに預けていても、縁があれば出てくる。

信心を得たけれども今では駄目になった、というのは、得ていないことである。信の一念は、ひとたび目覚めたら、もう眠らない。未来際を尽くす。究竟位である。一旦目覚めた心があれば、我らがどんな経験をもとうが、その経験によって消えることがない。得る、得ないということは大切である。得は得せしめる法であり、煩悩を衆生に関係せしめる法である。意識で得ようとすると、得ようという意識が消えることがある。意識が得ているのではない。得しめる法を、考えなければならない。そういうところから得という法を立てたのである。ひとたび得たものは永遠に失わない、ということを得という。獲は初めて得たことである。得と獲は同じだが、成就も同じである。煩悩成就もここから来ている術語である。

「園林遊戯」と「大会衆」の意味

親鸞聖人は、「獲字《ぎゃくのじ》は因位《いんに》のときうるを獲《ぎゃく》という。得字《とくのじ》は果位《かい》のときにいたりてうることを得《とく》というなり」（『末燈鈔』聖典六〇二頁）と言われる。信を獲する、往生を得すると言われる。現在を獲、未来に得るを得と言われるのである。『浄土論』では全部が得だが、親鸞聖人は区別して用いられた。そのことを念頭に置いて、この「必獲入大会衆数」以下の五句を見ると、「近門」と「大会衆門」は現在の利益、「宅門」「屋門」は当来の利益である。これは往相の利益、自利の入の門の利益であって、「園林遊戯地門」は利他の益である。しかし、全部が功徳大宝海の他にない。

「園林遊戯」ということ、生死の世界に出るということも、南無阿弥陀仏の外にあるのではない。生死も南無阿弥陀仏の中にある。如来の中にある。生死を嫌わない心が、如来の心である。我われは生死にありつつ、生死を恐れる。我われは生死にいるが、生死と一つにならない。生死そのものになるところに遊ぶという、神通遊戯がある。我われは、容易に現在・未来と言うが、時間のことは、本当は面倒なのである。時間を静止的に考えずに連続しているととらえると、現在の裏には未来があるのである。南無阿弥陀仏は静止的なものではなく、展開しているのである。

「大会衆門」は、南無阿弥陀仏が僧伽であるということをあらわしている。僧伽は、衆生を包む社会である。曇鸞大師は、念仏について「遠く通ずるに、それ四海の内みな兄弟とするなり」（『教行信証』聖典二八二頁）と言っておられる。これは、純粋な浄土の徳が、現実の意義をもっていることをあらわすのである。人類が、兄弟姉妹として見出されてくる。今日の社会、あるいは僧伽と言ってもよい。浄土、つまり真実報土は共同体である。共同体でないのは化土になる。化土は孤独である。真実報土は現実に対する理想ではない。理想は化土である。真実報土は現実を成り立たせるものであり、その意味で僧伽という意味をもってくる。

真実の浄土は「広大会《こうだいえ》」(『浄土和讃』聖典四八〇頁)である。会という字は、社会の会である。曽我量深先生は、教法社会という言葉は悪いと言われるが、それは曽我先生が社会という言葉をよく御存じないからそう言われるのではないか。平凡なことで、よい社会、本当の社会という意味といただけばいいのではないか。本当の社会、つまり本当の共同体である。宗教的共同体というような特別な共同体を考える必要はない。人類が教団の内容となる。それがモナステリー(monastery)、修道院ではない教団である。それは、如来の本願において開ける。我われが人類を兄弟姉妹と思えるのは、本願があるからである。

本願なしに、南無なしに、我われの意識で直接、そのようには思えないはずである。もし思えたら、思えたものはユートピアである。現実から遠く離れていれば、思い描ける。しかしそれは必獲にはならない、必ず獲られるものにはならない。現実になるほど正反対のものが出てくるからである。いかに美しくても、描かれたものに過ぎない。現実に人類を兄弟姉妹に思えるというようなことは、南無において実現された如来の心にしかない。だから念仏が行ぜられるところに、本当の社会がある。念仏しなくてもあるのではない。念仏すればどこにでもある。本当の僧伽、本当の社会は、念仏すればどこにもあるけれども、念仏しなければどこにもない。そういう形をとる。これは信の一念における現実の利益である。人類が兄弟姉妹に思えることが救いとなる。病気であろうが貧乏であろうが、浄土である。病気のあることを拒まない。悩みを共にすることができたのが浄土である。

この六句の中に「蓮華蔵世界」が出てくる。「近門」のところに「安楽世界」が来たり、安楽浄土に入れば無上菩提に近づく。「宅門」に来ると、蓮華蔵世界という言葉に変わる。蓮華蔵世界は、仏の自内証、純粋な一如の世界をあらわす。これは法界をあらわし、純粋な内面的な世界である。それに対して、安楽世界は衆生にかかわる。安楽浄土は、阿弥陀仏の浄土ということである。蓮華蔵世界は、純粋法身の浄土である。これは、たすける必要もたすかる必要もない世界である。安楽世界は、本願の浄土という独自の意義をあらわす。安楽世界は浄土、蓮華蔵世界は法性をあらわす。安楽世界は我われが迎えられる世界である。

「大会衆門」は、人類の社会を建設していくというものではなく、人間を迎えるものである。僧伽は政治家のつくる世界ではない。我われが召される世界であり、迎えられる世界である。こういう世界をあらわすのが、安楽世界であり本願成就の浄土である。だから、浄土は我われが生まれる。往く、迎えられると言ってよいが、かえるとも言う。『唯信鈔文意』には「法性《ほっしょう》のみやこへかえる」（聖典五四九頁）という表現がある。往くことによってかえるのである。自己は自己だというだけでは、本当の自己にならない。自己が呼び出されることによって、かえって自己になるのである。召されるのはかえる所以である。蓮華蔵世界は直接性の世界であり、うなずく世界である。南無阿弥陀仏によって召される世界は、安楽世界である。如来は、蓮華蔵世界を安楽世界として荘厳された。だから、我われは安楽世界を通して、蓮華蔵世界に触れるのである。

安楽世界に生ずるということは本願成就に照らせば即得往生

『浄土論』は、五功徳をもって一心の利益をあらわしている。五功徳門によって、五念門の行が成就しているということが、五功徳門の趣旨である。一心のところに、五念門が五功徳門として成就している。南無阿弥陀仏をもって一心を呼び起こし、その我らの一心において本願の徳全体を満足せしめる、こういう趣旨である。「正信偈」では、その五念門の行を五功徳に包んで、しかもそれを要約してある。第一の「近門」を第二の「大会衆門」に包み、第四の「屋門」を第三の「宅門」におさめ、それらと第五の「園林遊戯地門」を合わせて、三つに要約し、さらにそれを不虚作住持功徳の「能令速満足　功徳大宝海」（『浄土論』聖典一三七頁）たる南無阿弥陀仏におさめて、あらわしてある。

五念門の行徳も、体を押さえれば「大宝海」である。だから「帰入功徳大宝海」は全体である。「必獲入大会衆数」は、第二の「大会衆門」であり、その中に「近門」を包んである。「得至蓮華蔵世界　即証真如法性身」（「正信偈」聖典二〇六頁）は「宅門」であって、その中に第四の「屋門」を包んである。最後の二句は出第五門の功徳である。このように五門を要約してある。

『浄土論』の本文では「得入大会衆数」（「大会《だいえ》衆《しゅ》の数《しゅ》に入ることを得《う》」〈聖典一四四頁〉）、「得入蓮華蔵世界」（「蓮華《れんげ》蔵《ぞう》世界に入ることを得《う》」〈同頁〉）と、全部が「得」となっている。第一門は「生まるることを得」、第二門・第三門は「入ることを得」、第四門は「到ることを得」とある。前四門は入であり、第五門は出である。「正信偈」では「得入」を「獲入」、「得至」に替えてある。親鸞聖人は得と獲とを分けて使っておられる。『浄土論』では、第一門の安楽世界は得生、第三門蓮華蔵世界は得入となっていて、安楽世界と蓮華蔵世界の二つで世界をあらわしてある。

一見すると安楽世界は世界の入り口、世界の初めであって、中が蓮華蔵世界とも見える。浄土に段階があって、安楽浄土は方便化土、蓮華蔵世界が真実報土であるように見えてしまう。だから親鸞聖人は、安楽世界に生ずるということは本願成就に照らせば即得往生であると、こういう意味に還された。「得生安楽世界」（「安楽世界に生まるることを得《う》」〈『浄土論』聖典一四四頁〉）は、本願成就としての即得往生安楽世界である。即は一心において成り立つ。一心の時がすなわち往生を得る時である。往生ということが、一心の現在における内容をあらわす。一心の信のところに、往生の願が満足している。

往相と還相、現生正定の益と成仏の益、これらが入出の益

親鸞聖人においては「得生安楽世界」も「得至蓮華蔵世界」も、みな未来のことではなく、信の一念において当来している。第一近門と第二大会衆門は、現在という意味で獲に改められた。そして、浄土は純粋に蓮華蔵世界である。第三門は真如法性の身を証するというから法界、成仏をあらわす。浄土に生まれることは、成仏である。「必獲入大会衆数」は現生に正定聚の位に住する利益をあらわし、「得至蓮華蔵世界　即証真如法性身」は往生即成仏の利益をあらわす。「遊煩悩林現神通　入生死園示応化」は出門、還相の利益をあらわされる。

往相と還相、現生正定の益と成仏の益、これらが入出の益であろう。還相の回向として利他教化地の益を、『教行信証』においてくわしく述べられる（聖典二八四頁参照）。南無阿弥陀仏に、往相の利益

も還相の利益も回向成就され、その往還の利益全体を、「功徳大宝海」としてあらわされたのである。南無阿弥陀仏をもって一心を開き、一心を機として往相還相の利益を成就する意味をあらわされたのである。

南無阿弥陀仏は法であるが、機を包んだ法である。南無阿弥陀仏をもって一心を呼び覚まし、一心において、阿弥陀仏自身を衆生の上に実証する。南無において、阿弥陀仏が現実になる。往相も還相も自利も利他も、南無阿弥陀仏において円満するのである。こういうことが全体の趣旨である。

安楽世界は本願成就をあらわし、蓮華蔵世界は法界をあらわす

『浄土論』は、浄土を安楽世界と蓮華蔵世界の二つに分けている。安楽世界は『大経』の本願成就の世界である。如来は四十八願において、如来を浄土として荘厳された。蓮華蔵世界は『大経』にはなく『華厳経』にある。蓮華蔵世界は仏の自内証をあらわす。蓮華蔵世界は安楽浄土を否定しているのではなく、安楽浄土の意義を示す。『高僧和讃』（天親章）に「安養浄土《じょうど》の荘厳《しょうごん》は　唯仏与仏《ゆいぶつよぶつ》の知見なり」（聖典四九〇頁）とあるように、浄土は唯仏与仏の世界である。蓮華蔵世界は『華厳経』によると、毘盧舎那仏法身の浄土である。蓮華蔵世界は、阿弥陀仏の浄土を毘盧舎那仏の浄土という意義で明らかにする。蓮華蔵世界は仏仏平等の世界である。Aの仏の自証も、Bの仏の自証も、自証の世界はみな平等であることをあらわす。「生死即涅槃」（「正信偈」聖典二〇六頁）、「煩悩即菩提」（『往生要集』真聖全一、七八三頁、『大乗荘厳経論』大正三一、六二二頁bなど）を自証するのである。諸仏所証の法界は、

浄穢不二の法界である。こういうものをあらわしている。

安楽世界は本願成就をあらわし、蓮華蔵世界は法界をあらわす。蓮華蔵世界は自力を超えた世界であるから、我われにはわからない。蓮華蔵世界を、いかなる衆生にも触れ得るように公開されたのが、安楽世界である。人間の社会は、人間そのものの構造である。だから人間と、間という字が付いている。人は、三悪道や神々と区別され、人天の人だけに間が付けてある。人の特殊性は間的存在というところにある。間が人間の社会的範疇である。一人の人というのは成り立たない。社会や共同体は、人間の構造である。

しかしそれは、迷った意識、自分の意識では見出せない。エゴの加わった意識を前提として社会や共同体を求めるなら、ユートピアしかない。社会や共同体の問題の鍵は、エゴの放棄にある。我われは友達がいないと言うが、そういう心を捨ててみると、友達は初めからあった。友というものは、作るものでない、与えられるものである。何が与えないようにしているかと言うと、友達がいないという意識である。

信仰の世界は前提の吟味から出発する

現代の思想や学問は、人間のもっている意識そのものを肯定して出発している。出発点自身が吟味されない。現代、仏教に意味があるとすれば、出発点が間違っていることを知る智慧を与えるというところにある。科学が出てもなお信仰の世界があるのは、信仰の世界は前提の吟味から出発するからである。前提自身が批判されなければならない。仏教の見方からすれば、人間の意識は原始林であって、そこには大きな独断がある。

仏教は、道元禅師が言われるように、進歩を放棄しなければならない。回光返照の退歩を学ばねばならない。宗教の世界に携わる人自身が、進歩のみを考えて退歩はできないのである。退歩は一見、没落して行くように見えるから、進歩以上に勇気がいる。大事なのは根底的なことである。問題は出発点にある。

浄土は答えである。そこに問いがあるはずであって、問い自身が答えである。共同体は、人間自身の構造であって、そこには人間が人間になれないという問いがある。世の中に矛盾が多々あるが、これほど大きな矛盾はない。人間が人間であることは自明なことであるが、にもかかわらず人間になれないというのは、絶対矛盾である。無数の矛盾があるのではなく、根元的矛盾がある。信仰問題を離れた教団はない。あるとしたらそれは単なる経営学である。

ロンリネスとソリテュード

「大会衆」は、単独ではないということをあらわす。一方で「世尊我一心」(『浄土論』聖典一三五頁)と言って、信仰には独りという一面がある。一人が大会衆をもった一人であることをあらわすのが、浄土の意味である。その意味でティリッヒが、独りということについて、単独という概念を二つに区別する。単独という概念をロンリネス(loneliness)とソリテュード(solitude)の二義に分けている。

ロンリネスという意味での独りは、他と交わると他に一人が消えてしまう。個人と社会とある場合、社会があると個は消える。だから、個を守るために社会から遊離しなければならない。たとえば、変わった格好をするのはそれである。本当の独り、ソリテュードは、交わっていても消えない個である。

　ロンリネスは矛盾している。独りでいると淋しい。だから、独りでいることができず、人が集まるところに出かける。しかし、人が集まるところでは騒がしくてうるさい。だから、両極の間を絶えずウロウロしている。本当の個は、独りでも賑やかであり、しかも他と交わっても、各々安立《かくかくあんりゅう》している。

　阿頼耶は、人間が個であることをあらわした。人間は阿頼耶という構造をもつことによって、一人で全体である意義をもつ。阿頼耶は蔵と言われるように、何かを蔵している。人間の一人ではなく、一人の人間である。人間の一人なら一例であり、一人は例外である。阿頼耶は、一人の人間に全体がある。だからモナド（monad　単子）である。阿頼耶はそういう意義をもつ。末那が、自と他を区別する。末那が、阿頼耶を我と解釈するのである。

　阿頼耶（ālaya）はセルフ（self）である。それが末那に解釈されて、エゴになる。エゴがロンリネスである。阿頼耶はソリテュードの一人である。これは反省してもセルフになれない。修道を通した自覚が要る。自覚の智慧が、信心である。独断の夢は、破られなければならない。信仰の智慧によって初めて、セルフが成り立つのである。勝ちとってみれば本来のものであるが、しかし、勝ちとらなければならないものである。勝ちとってみれば、本来の構造である。そういうことを、信心によって機を成就すると言う。

天親菩薩の我の内容は、普《あまね》くもろもろの衆生と共である我である。信は我である。「普《あまね》くもろもろの衆生《しゅじょう》と共に」（『浄土論』聖典一三八頁）の世界こそ、浄土である。信心は、浄土をもっている。信心において、あらゆる衆生と共であることができる。苦でも、共同できれば楽である。そうでないと、楽も信仰の意味の楽にならない。信仰の意味の楽は、苦のままが楽である。自分一人が楽しむのではなく、一緒に苦しむことができるということが信仰の意味の楽である。誰とも苦を共にし、喜びを共にする世界が見出されたということの他に浄土はない。浄土は、信心のもっている意義を明らかにするものである。

大会衆は、本願として約束されている。信心は、それを自覚することである。眼を開けば、共同体が与えられていた。生命の共同、それが本願の共同体である。信仰でも、エゴの入った信仰には浄土がない。

大会衆は、マス（mass）とは違う。現代はマスが特色である。これは浄土の頽廃《たいはい》（退廃）態、転落態である。我われが電車の中で突き当たる大衆、そこには誰も人間はいない。Ich und Du（我と汝）はない。機械化された人間である。共同体は、三宝具足の僧伽である。浄土は僧伽をあらわす。化土は自己矛盾、一人の浄土であって、穢土でもない。本当の穢土が浄土である。

一心帰命するところに、本願の南無阿弥陀仏が行として南無阿弥陀仏になる

「帰入功徳大宝海　必獲入大会衆数　得至蓮華蔵世界　即証真如法性身　遊煩悩林現神通　入生死

園示応化」。この六句は、五念門によって成就された五功徳門の内容をあらわしている。五念門によって五功徳門を成就するのは、菩薩行である。ゆえにこの六句は、浄土の歴史を語ったものである。

五念の因果と言っても因果は一如であって、五念門によって五念門の成就、満足をあらわす。五念門の行は、衆生の上に五功徳として成就する。それをもっと具体的に言えば、南無阿弥陀仏である。「功徳大宝海」は五功徳門ではなく、「願生偈」の不虚作住持功徳にある言葉である。「功徳大宝海」は、南無阿弥陀仏である。だから、五念門が五功徳として成就するのが、南無阿弥陀仏である。「正信偈」では『浄土論』をそのまま述べるのではなく、『浄土論』自身によって明らかにされたところを、徹底して親鸞聖人の言葉として述べられた。正信念仏の立場から、正信念仏を述べる形で組織されている。

一心の利益として、五念門の行が五功徳として成就することは、南無阿弥陀仏においてある。南無阿弥陀仏に帰入するところに、南無阿弥陀仏が南無阿弥陀仏になる。南無阿弥陀仏は、一心に具わっている。所具である。念仏は所具であり、能具は一心である。我われが信心を発し、また行を起こすことはない。我われにおいては、一心帰命ということだけが問題である。一心帰命するところに、本願の南無阿弥陀仏が行として南無阿弥陀仏になる。本願に帰入する一心のところに、本願の行たる五念門が成就する。

因の礼拝門・讃嘆門に「功徳大宝海」である南無阿弥陀仏が象徴されている

五功徳門は「近門《ごんもん》」「大会衆門《だいえしゅもん》」「宅門《たくもん》」「屋門《おくもん》」「園林遊戯地門《おんりんゆげじもん》」（『浄土論』聖典一四四頁）であるが、「必獲入大会衆数」と「入大会衆数」に「獲」の字が使われているのは、「近門」「大会衆門」は、現在に得るところの利益という意味である。『浄土論』においては、五念門のすべてが願生行者の行である。しかし曇鸞大師は、後の三門を二種、三種に分けられ、願生行者の行であるとともに菩薩の行である、と範囲を拡大して解釈された。近門は礼拝門の果、大会衆門は讃嘆門の果であるが、因の礼拝門・讃嘆門のところに、「功徳大宝海」である南無阿弥陀仏が象徴されているのである。そのために親鸞聖人は、「帰入功徳大宝海」を六句の初めに置かれたのである。

五念門の前四門は入、後一門の回向は出である。こういう意味で利他回向の「園林遊戯地門」は独特の意義をもつが、自利の四門においても現在と当来が直結している。この六句では、「近門」は「大会衆門」に、「屋門」は「宅門」に摂して示されている。『論註』の最後に三願的証があるが、五功徳門は自ずから三願の功徳になる。「近門」「大会衆門」は第十八願、「宅門」「屋門」は第十一願、「園林遊戯地門」は第二十二願である。

「遠く通ずるに、それ四海の内みな兄弟とするなり」こそ功徳の大宝海

眷属功徳ということが『浄土論』の中にあるが、大義門功徳と並んで重要であり、これが浄土の社会をあらわす。これは如来の生の共同体をあらわすから、平等が特色である。正覚の化生だから平等

と言える。『浄土論』偈文に説かれている大義門功徳成就の文は「等しくして譏嫌《きげん》の名なし」（聖典一三六頁）であるが、この「等しく」が平等をあらわす。こういうことが浄土としては重要な意義である。このような精神が、特に曇鸞大師の註解によって示されているが、『入出二門偈』を見ても「女《にょ》人根欠《にんこんけつ》二乗の種、安楽浄刹《あんらくじょうせつ》には永く生ぜず。如来浄華《にょらいじょうけ》のもろもろの聖衆《しょうじゅ》は、法蔵正覚《ほうぞうしょうがく》の華《はな》より化《け》生《しょう》す。諸機は本《もと》すなわち三三の品《ほん》なれども、今は一二の殊異《しゅい》なし。同一に念仏して別の道なければなり。なお淄澠《しじょう》の一味なるがごときなり」（聖典四六一頁）と、大義門と眷属功徳があらわされ、さらに曇鸞大師の註解が加えられている。この同一念仏ということは、「遠く通ずるに、それ四海の内みな兄弟とするなり」（『教行信証』聖典二八二頁）ということである。これこそ功徳の大宝海であり、念仏によって感ずる世界である。念仏を通して、念仏によって感ずる世界であって、雑業雑生の世界と区別されている。雑業雑生は同一の世界が異熟している。念仏によって、それが開放される。

こういうことは経典に書かれたお話ではない。今、我われの住んでいる世界に、兄弟はいない。今の世界は、人間が無くなる世界である。有るのはものである。ものも本当のものではない。対象化されたもの、つまり商品が有るだけである。ものそのものは法性である。そういうものが商品として異熟されている。我われはそういう世界にいる。

ブーバーがIch und Duに対してIch und Esということを言う。EsをItと言ってもよいが、そこにheもsheも入ってしまっている。本当の意味の兄弟姉妹は、浄土の眷属である。絶対に我らの手段にならない。目的そのもの、汝である。念仏において、我と汝の世界が成り立つ。本当の意味の人と人との世界が成り立つ。ものになっている人間に、Ich-Du が成り立つのが一心である。そうすると物も Du になる。日々是好日というように、昨日は今日に対して汝である。時間も空間も生きてくる。

一人が大会衆

こういうことも、なかなか現代ではわかりにくい。月給は、労働力によって勝ちとったものである。しかし、ものも、いただくと Du になる。我がものを取り扱うと、同時に我もものの一部になる。いただくというのは、一方的に考えると卑屈になるが、いただくことによって自己自身がいただかれるものになっていることをあらわす。

鈴木大拙氏は「わしはこうだ」と言われる。曽我量深先生は「我われはこう聞いている」と言われる。我われでないわしなら、つまらないものになる。しかし、「わしはこうだ」と言えない我われなら、一向に意味をなさない。われは能安の心である。そういうわれが成り立つのが、安心である。それに止まらずに、所安に帰する。所安は浄土である。浄土なら、我われである。裏と表のようなものであって、能安の心から言うと一人だが、所安ということになると一人は同時に共同体である。一人と共同体は矛盾しない。

穢土では矛盾する問題に、このように応えるところに、信仰の世界がある。穢土はあらゆる矛盾が見出される。自と他との矛盾、個人生活と公の生活の矛盾など、いたるところに矛盾が見出される。

社会生活と私生活の矛盾に対して、一多相即という世界をもって応えるのが信仰である。南無阿弥陀仏において、人間社会の問題が、一多相即として応えられている。一人が大会衆である。

広大は因位本願をあらわし、甚深は果位の証りをあらわす

「近門」「大会衆門」では安楽世界になっていたが、「宅門」では蓮華蔵世界となっている。『浄土論』では得の字が使われているが、それを獲という字に改めた。なぜそのように親鸞聖人が修正されたかと言うと、それは、現に得ることを示すのである。得至は、必至滅度の必至と同じである。必は必然性ということである。それを時間関係に入れると、至といって未来になるようだが、必ずしもそうではなく、必は必然不改という意味である。「必然の義なり、不改の義なり」（真聖全一、二八七頁）というのは、曇鸞大師が性功徳を解釈されるときに用いられる言葉である。南無阿弥陀仏に帰入させられるものは凡夫だが、帰入すれば仏に属するものになる。凡夫が帰入すれば、如から来たれるものになる。凡夫が仏に帰入するが、帰入した限りは凡夫のままであり得ない。これは必然的である。

安楽世界は、本願の世界であるということで蓮華蔵世界と区別される。『大経』の「東方偈」に「如来の智慧《ちえ》海は、深広《じんこう》にして涯底《がいてい》なし」（聖典五〇頁）とあるように、如来の智慧には、広ということと、深いということがある。「深広」とは、広大甚深という意味である。広大は因位本願をあらわし、甚深は果位の証《さと》りをあらわす。蓮華蔵世界は、甚深の自証の世界である。安楽世界は、広大の本願を象徴する世界をあらわす。広大とは、十方衆生、五乗斉入、等しく同じくということをあらわす。

「行巻」の御自釈に「大小の聖人《しょうにん》・重軽《じゅうきょう》の悪人、みな同じく斉《ひと》しく選択《せんじゃく》の大宝海《だいほうかい》に帰して、念仏成《じょう》仏《ぶつ》すべし」（『教行信証』聖典一八九頁）とあるように、同一であることを強調してある。あらゆる衆生を簡《えら》ばない。こういう精神をあらわすのが広大である。門戸開放である。

しかし、入っても善悪があるならば、破れた風呂敷に包んだようなものである。風呂敷はどんな石をも選ばずに包む。その風呂敷に当たるのが名である。どんなものでも、名に包まれた以上は、如来そのものに帰しなければならない。名はあらゆるものを包むが、ただ包むだけではない。ここにアウフヘーベン（止揚）がある。多を包んで一に転ずるのである。善人も悪人も凡夫も聖人も、みな大会衆となる。条件を付けない。条件のないことが、念仏の精神である。少しでも努力があれば、念仏にならない。

蓮華蔵世界に至ったり証したりするのは、一心が至り、一心が証する

本願をあらわすのが、安楽世界である。安楽世界と蓮華蔵世界が、二つ別にあるのではなく、安楽世界はそのまま同時に蓮華蔵世界である。これは如来の自証の世界、「即証真如法性身」の真如法性である。「平等法身」（聖典一四一頁）ということが『浄土論』にあり、『論註』では「真実の智慧無為《むい》法身《ほっしん》」（『教行信証』聖典二九〇頁）と言われている。蓮華蔵世界は法界である。真如法性の身と言うが、法身と法界は同じである。このように、意識の世界を破ると、自己も法身である。自己に対するものも、法界になる。意識の世界は、覆われている。我われは自己と言うが、言うだけであって自己に触

れていない。我われが自己と言うのは、極限概念である。

カントは、極限概念に主観を考える。主観は、経験の中に入らず経験の条件になるような、誰のものでもないものであって、ノエシス（思惟）に立てられた極限概念である。また、ものそのものをあらわすディングアンジッヒ（Ding-an-sich）という概念もある。我われがものに触れたと言っても、触れたものは、ものそのものではなく、範疇で規定されたものなのである。主観は、我そのものではない。神秘主義者は、我よりも近い我と言うが、これに触れれば、解釈されたものではなくもの自身に触れたことになる。我われは、自身にも、ものにも触れていない。エゴの世界である。これを破れば主体が開ける。一如であり、また依報正報一如である。世界は法界であり、我は法身となる。法界は蓮華蔵世界であり、法身は真如法性身である。蓮華蔵世界に至ったり証したりするのは、意識ではない。一心が至り、一心が証するのである。

　真如法性がセルフであり、同時に世界である。証と至は、同じことである。解釈するのではない。「蓮華《れんげ》蔵《ぞう》世界」（聖典一四四頁）という言葉は、『浄土論』にある。「正覚《しょうがく》の花より化生《けしょう》す」（聖典一三六頁）と『浄土論』に言われているところから「蓮華蔵」ということを言えないこともないが、『摂大乗論』（真諦訳）に「依止円浄」（大正三一、一三二頁c）という言葉がある。浄土は何を依止としているかという問題は、大切な問題である。われであるとともに、我われであることを応えているのが浄土である。これは、意識ではなく真如法性によって応えたのである。

有垢真如は法蔵菩薩、無垢真如は阿弥陀仏

人間の課題が、人間を超えた無為自然によって応えられた。これを依止円浄と言う。浄土は真如を依止となし、その真如法性を蓮華と言うのである。真如法性の象徴が蓮華であり、その上に浄土が置かれる。真如には無垢真如・有垢真如ということがある。垢は煩悩である。真如は煩悩に覆われても、自己自身を失わない。煩悩の中にあっても煩悩に覆われても、そのために自己自身を失わない。煩悩があっても増減されないという意味である。我われが世界を解釈しても、世界は解釈されたことによって変わらないのである。

理性で世界を解釈し、解釈に固執して妄想を抱くのが我われであるが、解釈されても歪《ゆが》められても法性はなくならない。解釈という形で実存があらわれる。とにかく、本当の実在に物語の表象を与えると、有垢真如は法蔵菩薩、無垢真如は阿弥陀仏ということになる。『摂大乗論』の世親釈である『摂大乗論釈』の真諦訳には「浄土為依何法　論曰。無量功徳聚所。荘厳大蓮花王為依止　釈曰。以大蓮華王。譬大乗所顕法界真如。蓮華雖在泥水之中。不為泥水所汚。譬法界真如雖在世間。不為世間法所汚。」（大正三一、二六四頁ａ）と、浄土の依止が蓮華であるということが出ている。そのことが『浄土論』にないのは、『浄土論』全体がそのことをあらわすからである。一層根本的な意義だからである。

三種荘厳の浄土を、二種清浄で言い換えるのが「依止円浄」である。この意味から「蓮華蔵」ということが出ているのである。法性の一つの徳を、蓮華と言う。法性によって初めて、浄土は見出され

る。浄土は実在の徳である。『観経』の第七華座観に「かくのごときの妙華《みょうけ》は、これ本《もと》、法蔵比丘《ほうぞうびく》の願力《がんりき》の所成なり」（聖典一〇二頁）とある。蓮華は法性をあらわすとともに、願力をあらわす。法性が願力によって浄土として荘厳されている。如来自身が、一切衆生の浄土として荘厳されている。このようなことが、安楽浄土が蓮華蔵世界と言われる意味である。

遊戯は、人と自分と二つない世界であり、目的と手段と二つない世界

曇鸞大師は「還相」ということを言われるが、穢土に還《かえ》ると言っても、浄土を止めるのではない。安楽世界と言う場合は、我われにとっては死して願に生きる世界である。ひとたび生まれれば、浄土ならざるはない。それが蓮華蔵世界である。穢土も蓮華蔵世界の中にある。そのように見た場合に、穢土が「園林遊戯地」になる。こういうことがみな連続している。現在という一点を押さえれば、みな響いている。「帰入功徳大宝海」を出ない。南無阿弥陀仏が済んで次が穢土、というのではない。浄土の心だけが、穢土に無碍である。

穢土は闘争の世界であって、遊ぶ世界ではない。遊戯というのは、曇鸞大師の解釈では神通自在という意味である。曇鸞大師は二つの解釈を挙げておられる（『教行信証』聖典二九七～二九八頁参照）。第一の遊戯の意味は自在、獅子が鹿を搏《う》つようなことを言う。第二の意味は度無所度《どむしょど》、度するも所度がないということである。度するままが、何も度したのではない。この二つで遊戯をあらわされる。この点から考えると、遊戯は、ものそのものである行である。人と自分と、二つない世界である。目的

と手段と二つない世界である。我われは足で道を歩くと言うが、道そのものになる。歩く自分と歩かれる道と二つあると、くたびれる。全法界と一つに生きている。悪戦苦闘を傍観すると苦しい。悪戦苦闘そのものになる。算盤《そろばん》を弾かない生活である。誰をどうかしたという意識の入らない世界である。意識が入れば解釈の世界になる。本当の意味の観念遊戯が、一番リアルなことである。言葉は観念的だが、それによって現実的なことをあらわす。かえって分別の方は現実的ではない。こういうものを包んで往生と言うのである。

天親菩薩から言うと、これも往生である。浄土ばかりが往生なのではなく、穢土にも往生する。無限の道が、願往生の道である。還ることによって一層往くことが明らかになる。外から見ると、眼にも見えない。しかし、ただ念仏ということの内面的意義は、現在が未来を包み、穢土を浄土が包むということをあらわしている。形のない世界は、いかなる世界よりも大きい。ただ念仏は、時間も空間も象徴に転ずるような世界である。念仏の利益はどこまでも内面的である。

安田　理深（やすだ　りじん）

仏教哲学者、真宗大谷派僧侶。

1900年、兵庫県生まれ。青年時代は禅やキリスト教などを学ぶが、金子大栄の著作に影響を受けて1924年大谷大学に入学、曽我量深に師事する。1935年頃より京都で学仏道場「相応学舎」を主宰し、唯識論や親鸞思想などの講義を行った。生涯無位無官を貫き、在野にて自己の思索を深めるとともに、後進の指導にあたり多くの学生・僧侶らに影響を与えた。1982年、逝去。

著書は、『信仰的実存』（文明堂）、『人間像と人間学』（文栄堂）など多数。

その他、『安田理深選集』全15巻・補巻・別巻４巻（安田理深選集編纂委員会編、文栄堂）、『安田理深講義集』全６巻（相応学舎編、大法輪閣）などがある。

正信偈講義　第二巻

二〇一四年七月二〇日　初版第一刷発行
二〇一八年一〇月一五日　初版第二刷発行

著者　安田理深
編者　相応学舎
発行者　西村明高
発行所　株式会社　法藏館
京都市下京区正面通烏丸東入
郵便番号　六〇〇-八一五三
電話　〇七五-三四三-〇〇三〇（編集）
〇七五-三四三-五六五六（営業）

装幀　山崎　登
印刷・製本　中村印刷株式会社

ISBN978-4-8318-4095-0 C3015